Inhaltsverzeichnis

Einführung............................. ix

Teil Eins: Vergangene Leben

1. **Sie haben schon einmal gelebt**........... 3
   Rad der Inkarnation • *Ihre vergangenen Leben erwecken* • Unsere spirituellen Weckrufe • *Tipps zum Studium vergangener Leben* • Zurückkommen • Ich kannte dich, als du alt warst • *Was zieht Sie an?* • Zwischen den Leben • »Dame« • »Überraschung zu Halloween«

2. **Leben der Vergangenheit, Lektionen der Gegenwart** 19
   Vergangene Leben sind mit Karma verbunden • Karmische Familiengruppen • Gutes und schlechtes Karma • Einsicht in ein anderes Leben • *Der Nutzen von Reisen* • Lektionen aus vergangenen Leben • »Gott, wen soll ich heiraten?« • »Ein tödliches Rennen gegen die Zeit« • »Ausstieg aus der spirituellen Wohlfahrt«

3. **Sich an vergangene Leben erinnern**..... 41
   Lernen über uns selbst • Charakterbildung • *Wissen* • Sich zu erinnern beginnen • *Titanisches* Gedächtnis • Unser Karma bei der Geburt • Spirituelle Gelegenheit • Erinnerungen im Unterbewusstsein • Um das Rad herum • »Eine geschäftliche Herausforderung«

4. **Der Tod als ein Kontinuum des Lebens**........................... 65
   Todesangst • Den Tod von oben sehen • Ihre Bestimmung als Seele • Lehren aus jedem Leben • Etwas über Liebe lernen • Eine Reihe von Schritten • »Papas Reinkarnation« • »Ein besonderes Gefühl der Liebe«

5. **Spirituelle Übungen, um sich an vergangene Leben zu erinnern und sie aufzulösen** 85
   Die Filmleinwand-Methode (um Ihren inneren Führer zu finden) • Die Sherlock-Holmes-Technik • Die Radioansager-Technik • Die Formeltechnik • Die Datei dekomprimieren • Ein leichter Weg, um Karma aufzulösen

Teil Zwei: Träume

6. **Die spirituelle Sicht der Träume** 97
   Weisheit aus dem Herzen • Zeit für ein Nickerchen • Hilfe durch Träume • Helle Lichter • Warum wir träumen • Traumlektion • Traumbuch • Direkter Dialog • Die sanfteste Traumtechnik • Schutz im Traum • Beobachten Sie sich beim Einschlafen • »Das Geheimnis eines würdevollen Lebens« • »Traumheilung«

7. **Traumreisen: Der Zugang zu Ihren inneren Welten** 123
   Seminarträume • Gott spricht zu uns • Traumbuch • Karma in Träumen • Das Schicksal ändern •»Wie ich mich selbst befreite« • »Der innere Vertrag« • »Der Hölle entkommen« • »Die Rauchgewohnheit loswerden«

8. **Spirituelle Freiheit** 155
   • Was ist ein spiritueller Traum? • Traumcharaktere • Träume mit Tieren • Den Traummeister einladen • Von der Dunkelheit ins Licht • Mahanta, ich liebe dich • »HU, ein Liebeslied an Gott« • »Wie ein Zukunftstraum wahr wurde«

9. **Spirituelle Übungen für Träume** 173
   Der goldene Becher • Ihr Traumwörterbuch • Die zweiteilige Tür der Seele • Lernen Sie Hingabe • Bei vollem Bewusstsein träumen • Wie Sie Antworten in Ihren Träumen bekommen • Reise auf einem Ozean von Licht

Teil Drei: Seelenreisen

10. **Seelenreisen — Reisen in die höheren Welten** 185
    Gleichgesinnte Seelen • Was ist Seelenreisen? • Der goldene Kuss Gottes • Eine sanfte Übung vor dem Schlafengehen • »Ein Herz aus Gold zu finden« • »Die Gottwelten des ECK«

11. Seelenreisen lernen 203
    Sich außerhalb des Körpers befinden • Antwort auf ein Gebet • *Einen glänzenden Gegenstand anschauen* • Erste entscheidende Treffen mit ECK-Meistern • Nach Hause zu Gott • »Vaters Geschenk von der anderen Seite«

12. Über Seelenreisen hinaus: Sein, Wissen und Sehen 217
    Seelenreisen durch Imagination • Bewusstes Seelenreisen • Der geheime Weg zum Himmel • Über Seelenreisen hinausgehen • »Seelenreisenüberraschung«

13. Das Licht und der Ton Gottes 227
    Es gibt noch mehr • *Eine Erinnerung* • Träume führen zum Seelenreisen • Innere Welten besuchen • Licht und Ton • Den Körper verlassen • Auf der Welle nach Hause reisen • *Ein Tor zum Seelenreisen* • »Ein Tod, der mein Leben veränderte«

14. Spirituelle Übungen zum Seelenreisen 247
    Das uns innewohnende Verlangen nach Gott • *Der einfache Weg* • Was ist Seelenreisen? • *Im Zimmer umher* • Vorstellung falsch gelaufen • *Imaginationstechnik* • Was ist spiritueller Erfolg? • *Die Wahrheit entschlüsseln* • Was kam zuerst? • *Die beste Schlaftechnik zum Seelenreisen* • Die tägliche Routine der spirituellen Übungen • *Erste Orientierungspunkte zum Seelenreisen* • Rebazar Tarzs hilft ihr beim Seelenreisen • *Gymnastik* • Eine Realitätskontrolle • *Der blaue Vorhang Gottes*

Übrigens 277

Glossar 279

Stichwortverzeichnis 283

Über den Autor 307

Einführung

Ein bestimmter Glaube über das Leben nach dem Tod wurde mir als Junge eingehämmert. Es war die Idee, dass beim Tod die Seele bis zum Tag des Jüngsten Gerichts »schläft«, dass der Tod eine Zeit vollkommener Bewusstlosigkeit darstellt. Aber diese Vorstellung klang wie eine hölzerne Schlittenglocke.

Für mich bot so ein Todeszustand die Schrecken eines Albtraums.

Ich wuchs auf einer Farm auf. Das Familienleben bedeutete, Pferde, Vieh, Schweine, Hühner, Katzen und etliche Hunde großzuziehen und für sie zu sorgen, aber auch Ackerbau, um sie und uns zu ernähren. Aber genau so sehr fühlte sich unsere Familie sonntags für die spirituelle Nahrung zu unserer Kirche hingezogen. Die Kirche war zugleich ein religiöses und ein soziales Zentrum. Natürlich kamen alle, um Gott anzubeten, aber die Würze des Tages war die Unterhaltung mit Nachbarn nach dem Gottesdienst außerhalb der Kirchentüren.

Die Männer hatten es mit Land, Vieh, Ernte oder lokalen Themen. Die Frauen tischten Leckerbissen über die Familie, Gesundheit, Kochen oder ihre Kinder in der Schule auf. Die Jungs zogen sich gegenseitig auf, während die Mädchen sich über ihre eigene Art von Angelegenheiten oder Dummheiten unterhielten.

Aber kaum jemand sprach über Religion. Der Gottesdienst war vorbei.

Fast jeder in der Kirche war Teil eines größeren Familienkreises. Es war damals ganz selbstverständlich, dass jeder jeden kannte, so dass ein Gottesdienst eine Zusammenkunft von Freunden und Verwandten war.

In diesen Jahren lebten Opa und Oma oft auf der Familienfarm bei einem ihrer erwachsenen Kinder. Die Großeltern, weise und geliebte ältere Leute, halfen auf die Enkel aufpassen, erledigten leichte Hausarbeiten, kümmerten sich aber immer noch um die Herde ihrer erwachsenen Kinder. Mit der Zeit starben natürlich die Alten einer nach dem anderen. Der Tag einer solchen Beerdigung war wie ein Sonntag, insofern als die Farmer bloß die Morgen- und Abendarbeiten erledigten, Kühe melken und den Hof säubern.

Das Hinübergehen einer Seele war daher ein Feiertag, wenn auch einer der Trauer.

Die Kinder waren während der Tage oder Wochen, bevor einer der Großeltern starb, dabei. Der Vorgang des Sterbens war damals noch nicht sterilisiert und versteckt, wie das heute der Fall ist, wenn die Kranken und Alten in die Jahre kommen und fern von Zuhause sterben. Die Tatsache des Sterbens vollzog sich direkt vor unseren Augen. Wir haben den Tod bei vielen Gelegenheiten erlebt.

Während der Tod den Verlust von jemand bedeutete, der uns nahe stand und lieb war, war er nicht das geheimnisvolle Verschwinden eines Alten, den man nur ein- oder zweimal im Jahr zur irgendwelchen festlichen Gelegenheiten sah.

Darüber hinaus beobachtete ein Kind auf dem Land die Eltern und Nachbarn bei der Vorbereitung des Begräbnisses. Es hörte ihnen am Telefon zu. Sie riefen einander an, um ihren Kummer zum Ausdruck zu bringen, Trost anzubieten und vielleicht einen freundlichen Kommentar über den guten Charakter des Verstorbenen abzugeben – ob es stimmte oder nicht.

Der endgültige Abschied kam in der Kirche. Ganze Familien, von den Säuglingen bis zu den schwächsten Alten besuchten den Begräbnisgottesdienst, soweit Gesundheit und Wetter es zuließen. Zuerst sprach der Pastor vor der Gemeinde den Segen zum Begräbnis. Dann zog die ganze Versammlung zum Friedhof an der Kirche hinaus, wo die Hülle des Sarges in ein dunkles, düsteres Loch sank und die Haufen frischer Erde sorgfältig mit grünen Tüchern abgedeckt waren. Wir Jungs blieben dann, um zuzuschauen, wie die vier dazu vorgesehenen Farmer das Grab zuschaufelten. Schließlich rannten wir zum Gemeinderaum der Kirche zu einer kräftigen Gemeinschaftsmahlzeit, die vom Frauenverein vorbereitet worden war.

Dort, bei solchen Landbegräbnissen, kamen mir die Zweifel in den Sinn über den »Schlafzustand« eines Menschen beim Tod. Jeder in der Kirche ging davon aus, dass der menschliche Körper und der Seelenkörper ein und derselbe waren.

Jahre später erfuhr ich von anderen Gedanken zu diesem Thema. Eckankar lehrte die Tatsache der Fähigkeit der Seele, den Körper zur Zeit des Todes bei vollem Bewusstsein zu verlassen.

Ja, die Kirche hielt an ihrer dunklen Philosophie fest. Der physische Körper, sagte sie, würde zerfallen und als Nahrung für die Würmer dienen, aber am Tag des Jüngsten Gerichts würde ein glorreicher Körper aus dem Grab auferstehen. Das würde den Sieg der Seele über den Tod darstellen.

Aber diese Grundsätze ließen meinen Verstand kaum zur Ruhe kommen.

Welches Kind hätte nicht gerne alles dafür gegeben, an diesem letzten großen Tag einen Logenplatz auf dem Friedhof zu bekommen. Was für eine Chance, das Schauspiel des Lebens zu ergattern. Wie die Gräber sich öffnen und man all die Leute sieht, wie sie einander helfen, aus der Erde zu steigen. Ein tolles Schauspiel. (Besser als eine Bezirksausstellung!)

Aber trotz all der Aussicht auf das aufregende Ereignis warf eine ominöse Wolke ihren Schatten über diese einmalige Vorstellung. Wie standen die Chancen, dass dieses Schauspiel je zu Zeiten meines Lebens stattfand? Eine Million zu eins? Nein, eine Trillion. Da blieben höchst unglückliche Aussichten. Wäre ich dann auch eine der Milliarden und Milliarden von unglücklichen Seelen, die für tausend oder zehntausend Jahre in einem dunklen Gefängnisloch gefangen waren? Kein glänzendes und aufmunterndes Bild für ein Kind mit Klaustrophobie.

Außerdem, was war, wenn etwas mit dem Plan der Auferstehung schief ging? Konnte er scheitern? Was, wenn ich nicht aus dem Todesschlaf erwachte?

Fehler kommen ja vor.

Deshalb wandte sich mit der Zeit meine Aufmerksamkeit mehr und mehr Begräbnissen zu. Man könnte sagen, ich war auf der Suche nach einem sichereren Plan für das Leben nach dem Tod.

So wurde ich zum Sucher.

Tatsächlich fand eine Erweckung statt, als ich von einem Jungen zu einem jungen Mann heranwuchs. Diese Erweckung hatte sich wie die ersten schwachen Strahlen einer Sommerdämmerung in mein Bewusstsein gestohlen und entfaltete sich dann einige Jahre später zu vollem Glanz.

Eine frühe Wahrnehmung der Liebe und Gnade Gottes hatte mich als Kind gesegnet. Zum Beispiel, was war dieser geheimnisvolle Summton nachts, als ich zwei oder drei war? Mein Bruder, zwei Jahre älter, und ich hatten immer noch ein Bett im Schlafzimmer unserer Eltern, so dass alle aufgeweckt wurden, wenn meine winzige Stimme die Dunkelheit durchdrang.

»Was ist das?«

Aber weder Mutter, Vater, noch Bruder konnten hören, was ich hörte. Als ich versuchte, das »was« als einen Summton zu erklären, sagten sie: »Das sind nur die Stromleitungen draußen. Und jetzt geh schlafen.« Papas Wecker rasselte um vier Uhr morgens, damit er zur Arbeit aufstand. Er hatte keine Zeit für den Unsinn eines Kindes.

Als aber die Jahre vorbeizogen, gingen meine Gedanken nachts manchmal zu diesen frühen Kindheitserinnerungen des geheimnisvollen Summtons zurück. Ich hatte mich leicht, erfüllt und gut dabei gefühlt. Wo war er hin verschwunden? Die Stromkabel verliefen immer noch draußen an meinem Fenster entlang, aber dieser besänftigende, fast musikalische Summton war zweifellos für immer weg.

Wie unrecht ich hatte.

Später, in Eckankar, erfuhr ich, dass dieser Summton einer der vielen Ströme Gottes war. Er war Teil der Bewegung der Stimme Gottes – des Heiligen Geistes oder des ECK –, die die Äther von Zeit und Raum auf einer Höhe in Schwingung brachte, die manche Ohren hören konnten. Wie zum Beispiel die eines Kindes.

Einem dieser heiligen Töne zuzuhören, ist eine große Freude und ein spiritueller Segen.

Auf jeden Fall hatten eine Menge sanfter oder stürmischer Wolken den Himmel meines Lebens überquert, bevor mir die Offenbarung über den Ursprung des Summens kam. Zwischenzeitlich gab es auch noch andere Erweckungen. Kleine, im Rückblick. Aber jede für sich war alles, was ich auf der jeweiligen Stufe der Entfaltung akzeptieren konnte. Zu diesen Erweckungen gehörten Visionen, Träume von vergangenen Leben und der Zukunft, Seelenreisen und andere spirituelle Erfahrungen, die mich in Erstaunen versetzten und manchmal auch in Schrecken.

Aber sie sprachen von den Geheimnissen des Ewigen, Gottes, des Schöpfers.

Diese kleinen Erweckungen waren auf ein einziges Ziel gerichtet: spirituelle Freiheit in diesem Leben zu finden. Hier und jetzt. Es gab keinen Grund, in einen »Todesschlaf« zu versinken, der über Jahrhunderte oder vielleicht sogar für immer anhalten konnte. Was, wenn die Religion meiner Kindheit falsch gewesen wäre? Es gab eine Menge anderer Religionen da draußen, mit sich widersprechenden Überzeugungen. Wenn meine Kirche die falsche Auffassung vom Leben danach hätte, würde ich lange im Grab warten.

Der Spaß wäre zu meinen Lasten gegangen.

* * *

Sie sind auch an diesem Punkt, wo eine Stimme Gottes Sie aus einem tiefen spirituellen Schlummer wachgerüttelt hat.

Ich denke, Sie werden die Geschichten auf diesen Seiten von Leuten wie Sie mögen. Sie werden hören, wie andere eine bezwingende Geschichte über ein vergangenes Leben, einen Traum oder eine Seelenreise erzählen, die die alles umsorgende Natur der Liebe Gottes enthüllt. Diese Liebe bewirkt Wunder.

In diesem wertvollen Buch befinden sich die Stimmen von Suchern wie Sie, von Menschen, die ebenfalls auf dem direktesten Weg zu spirituellem Verständnis und spiritueller Freiheit sind – hier und jetzt.

Willkommen zu vergangenen Leben, Träumen und Seelenreisen.

Teil Eins

Vergangene Leben

1
Sie haben schon einmal gelebt

Ein sechs Jahre alter Junge saß in meiner Nähe am Fenster in einem Flugzeug, das über Louisiana flog. Als er auf das weite Sumpfland mit seinen zahlreichen durchgezogenen Wasserkanälen herunterschaute, drehte er sich zu seiner Mutter um und rief mit erregter Stimme: »Es sieht genau aus wie Äthiopien.«

Die verlegene Mutter versuchte, ihn zu beruhigen. Jedermann weiß, dass sich Äthiopien nicht mitten in einem Sumpf befindet, weil die Trockenheit dieser Gegend das Leben entzogen hat. Ein Geschäftsmann, der auf dem Gangplatz gegenüber dem Jungen saß, ließ seine Zeitung sinken und begann zu kichern. »Äthiopien!«, sagte er. »Bist du schon mal in Äthiopien gewesen, Junge?« Er lachte und ergötzte sich an dem Gedanken, dass es überhaupt irgendeine Ähnlichkeit zwischen Äthiopien und Louisiana geben könnte.

»Es sieht aus wie Äthiopien«, sagte der Junge.

Der Mann brach in ein brüllendes Lachen aus. Andere Passagiere schlossen sich dem an. »Der Junge denkt, Louisiana schaut wie Äthiopien aus«, sagte er, und wiederholte die Worte des Jungen für jeden,

»Es sieht aus wie Äthiopien«, sagte der Junge.

der sie vielleicht nicht mitbekommen hatte. Das führte erneut zu einem schallenden Gelächter.

Der gedemütigte Junge wurde ruhig und seine Mutter wurde puterrot. Als das Flugzeug zur Landung bereit war, sagte der Junge zu ihr: »Wir sind fast da.«

»Wo?«, fragte seine Mutter.

Der Junge zögerte. Lieber als »Äthiopien« zu sagen, sagte er: »Da!«

Der Junge hatte sich an eine entfernte Vergangenheit erinnert, als gewisse Gegenden der Welt, die nun trocken und braun sind, sich einer üppigen Vegetation erfreut hatten. Seine Erinnerung an jene Tage war klar und sicher. Er erinnerte sich an die Vergangenheit, weil er einen kurzen Einblick von einem höheren spirituellen Standpunkt aus erhalten hatte. Seine Augen hatten kurz die Zeitspur gesehen.

Rad der Inkarnation

Die meisten Menschen auf der Erde sind Rückkehrer. Sie waren schon einmal hier und sie werden noch einmal wiederkommen.

Die meisten Menschen auf der Erde sind Rückkehrer. Sie waren schon einmal hier und sie werden noch einmal wiederkommen. Die Bezeichnung für dieses Wiederkehren der Lebenszyklen ist Rad der Wiedergeburt. Karma, das Handeln und Reagieren der Menschen im Leben, ist sein Motor. Der Zyklus geht weiter – Leben für Leben.

Die Menschen des Christentums glauben, dass es das war, wenn man stirbt. Ein Leben, eine Zeit, und dann Himmel oder Hölle. Sie erkennen nicht das unveränderliche Gesetz des Karmas, das sie nichtsdestoweniger wieder zurück auf die Erde zerrt. Sie sind auf dem Rad der Vierundachtzig, was sich auf die vielen Tausend Leben bezieht, in die die Menschen in den niederen Welten der Materie, der

Energie, des Raumes und der Zeit eintreten.

Es ist ein sehr ermüdender Zyklus. Nachdem ein Mensch viele aufeinander folgende Leben durchläuft, hat er allmählich das Gefühl, dass etwas an dieser Szene verkehrt ist, dass etwas an dem Drehbuch falsch ist. Dann schleicht sich ein Gedanke ein. Er beginnt, die »Ein Leben, eine Zeit«-Theorie in Frage zu stellen. Könnte das ein Irrtum sein?

Er beginnt tastend nach der Wahrheit zu suchen.

Es ist in den heutigen Medien durchaus verbreitet, irgendwelchen direkten oder indirekten Hinweisen auf Reinkarnation zu begegnen. Manche der Geschichten vermitteln ein klares Verständnis davon.

Aber wie leicht es ist, die Geschichte über ein vergangenes Leben abzutun mit: »Schon wieder mal eine unwahrscheinliche Geschichte von einem Träumer.« Und es ist eine echte Versuchung, kleine Kinder bloßzustellen, die detaillierte Berichte von vergangenen Leben geben. Auch wenn das bedeutet, dass man die unvoreingenommenen Beschreibungen von Umgebungen, Situationen und möglichen alten Familienbanden ignoriert. Und dennoch geschieht dies ständig in Familien mit Kindern im Alter bis zu fünf oder sechs Jahren. Nehmen Sie zum Beispiel den Jungen im Flugzeug, der sich an das Äthiopien eines grüneren Zeitalters erinnerte.

Es ist für manche Menschen in einer christlichen Gesellschaft schwer, diese Information über Reinkarnation als eine Grundlage für das Wunder der Geburt zu akzeptieren. Also legen sie sich andere Erklärungen zurecht, dass Behauptungen von vergangenen Leben vielleicht eine Art mentaler

Übertragungshandlung sind. Aber wäre es nicht weniger problematisch, die einfache Tatsache der Wiedergeburt zu akzeptieren? Dann würde man hinter den Schranken der Reinkarnation einen Sinn finden.

Genie und Behinderung sind schnell zwei Beispiele des Einflusses vergangener Leben.

Menschen anderer Religionen als Eckankar kennen und akzeptieren das Prinzip der Reinkarnation. Es ist ein Prinzip der göttlichen Liebe in Aktion.

Die Reinkarnation gibt Menschen wie Sie und ich eine Chance, die Qualität der göttlichen Liebe zu entwickeln. Diese Gelegenheit entsteht durch die Härten und Ungewissheiten des Lebens und auch in den Freuden und der Erfüllung des Lebens. So entwickeln wir die Qualität der göttlichen Liebe.

Diese Liebe macht uns zu mehr gottähnlichen Wesen.

Die Reinkarnation gibt Menschen wie Sie und ich eine Chance, die Qualität der göttlichen Liebe zu entwickeln.

> **IHRE VERGANGENEN LEBEN ERWECKEN**
>
> Wenn Sie sich Ihre vergangenen Leben anschauen möchten, dann ist das Wort, das Sie für einige Minuten zur Schlafenszeit singen sollten, *Mana* (gesprochen MAH-nah). Dann legen Sie sich wie gewöhnlich schlafen. Dieses Wort stimmt sie auf die Kausalebene ein, die Region der Erinnerung an vergangene Leben. Sich an vergangene Leben zu erinnern, braucht Übung. Aber andere tun es und Sie können es auch.

Unsere spirituellen Weckrufe

Die Seele hat, als sie diesmal zur Erde kam, mit sich selbst eine Vereinbarung geschlossen, ein Ziel zu erreichen und damit Fortschritte in ihrer spirituellen

Entfaltung zu machen.

In den 1930ern, während der Depression, machte sich ein junges Mädchen im Alter von fünf Jahren in den Slums von Birmingham, England, zur Schule auf. Nennen wir sie Rose. Sie war aufgebrochen, um ihre Cousine zu besuchen, die innerhalb der nächsten Stunde schulfrei hatte. Ganz plötzlich hüllte sie ein goldenes Licht ein. Dieser goldene Lichtkreis war ein spiritueller Weckruf und sein Glanz riegelte Rose vom Rest der äußerlichen Welt ab. Sie konnte andere weder hören noch sehen. Aber geborgen in der Glückseligkeit des Augenblicks hielt sie inne, zufrieden im Herzen dieses wunderschönen goldenen Lichts.

Stellen Sie sich ein fünf Jahre altes Kind vor, das versucht, Worte zusammenzubringen, um über ein derartiges Ereignis zu berichten. Welcher Erwachsene hätte ihr auch nur zwei Minuten gegeben? Ein himmlisches Licht von der Dauer einer halben Stunde, das alles Geschehen ringsum außerhalb des Bereiches von Sehen und Hören versetzte? Lauf, Kind und geh spielen.

Sie können die Schwierigkeit erkennen. Nach ein paar solcher Versuche, von der Erfahrung zu erzählen, gab Rose auf.

Jahre später entschloss sich Rose, die Natur ihres jugendlichen Abenteuers kennen zu lernen. So begann eine fleißige Erkundung vergangener Leben. In ihren Mitdreißigern war sie eine eifrige Studentin sowohl von Edgar Cayce als auch der Rosenkreuzer gewesen. Sie erinnerte sich an Anzeigen über Eckankar in der Zeitschrift *Fate*. Aber die Suche ging weiter. Sie studierte auch Astara und Theosophie und las die Bücher von H. Rider Haggard und anderen.

Die Seele hat, als sie diesmal zur Erde kam, mit sich selbst eine Vereinbarung geschlossen, ein Ziel zu erreichen und damit Fortschritte in ihrer spirituellen Entfaltung zu machen.

1972 sah Rose zu ihrem Erstaunen UFOs.

Auf ihrem Weg war sie ein Anhänger von drei verschiedenen Zweigen des Buddhismus geworden. In schneller Folge kam eine Heirat mit einem leitenden Angestellten in der Filmindustrie und eine Familie von drei Kindern. Rose ging außerdem viele soziale Verpflichtungen ein. Ein Leben im Schnellgang, in der Tat.

Ihre Vereinbarung mit sich selbst aus der Zeit vor diesem Leben lautete etwa so: Ein breit angelegtes und gründliches Studium der Weltreligionen und psychischen Gruppen vorzunehmen. Also las sie Bücher zu jedem Thema. Mit der Zeit eignete sie sich ein solides Wissen über die ganze Breite von Ideen zur Wahrheit an.

Die Seele beginnt jedes Leben mit einer reinen Weste.

Die Herren des Karmas tilgen jede Erinnerung an die alten Fehler eines Menschen, was einen neuen Beginn ermöglicht. Durch dieses Entgegenkommen umgeht man eine Sackgasse. Es vermeidet den Irrtum, dass jemand ein neues Leben aufnimmt und es an Probleme vergangener Leben verschwendet, wie z. B. Rache für den Verlust einer Liebe, von Eigentum oder einer gesellschaftlichen Position.

Ein solcher Gedächtnisverlust ist daher von Vorteil für den Fortschritt der Seele. Dann sendet der Göttliche Geist, irgendwo auf dem Weg, auf die eine oder andere Weise einen spirituellen Weckruf.

Die Botschaft lautet: »Okay, es wird Zeit, sich daran zu erinnern, warum du zur Erde gekommen bist.«

Natürlich wird die Erinnerung an unsere spirituelle Mission selten in so einer klaren Sprache übertragen. Viele gehen durch Jahre des Zweifels

Die Herren des Karmas tilgen jede Erinnerung an die alten Fehler eines Menschen, was einen neuen Beginn ermöglicht. Durch dieses Entgegenkommen umgeht man eine Sackgasse.

und der Ungewissheit. Sie versuchen es mit der einen oder anderen Religion und wandern auf dem Gebiet des Okkultismus von einem Bereich zum anderen oder bewegen sich von der Philosophie zur Psychologie oder gar zur Mathematik. Es dient alles dem Streben nach dem Schlüssel zu Leben und Wahrheit.

Manchmal kommt dabei für einen Sucher offensichtlich wenig heraus, aber an einem bestimmten Punkt sagt er sich: »Da muss doch mehr drin sein.«

Irgendetwas im Inneren macht ihn unzufrieden mit dem Wissen, das er bisher gewonnen hat. Ein verborgener Impuls des Herzens treibt ihn vorwärts im nicht enden wollenden Streben nach Gott und Wahrheit.

> **TIPPS ZUM STUDIUM VERGANGENER LEBEN**
>
> Um Träume aus vergangenen Leben zu erwecken, machen Sie eine Liste von Menschen und Dingen, die Sie mögen oder nicht mögen. Halten Sie auch fest, ob Sie eine spezielle Anziehung für irgendein Land, einen Schauplatz oder eine Zeitperiode in der Geschichte verspüren. Es gibt einen Grund für ein solches Interesse.
> Achten Sie dann auf Ihre Träume.

Zurückkommen

Wir hatten immer eine Menge Katzen auf der Farm. Alle paar Jahre gab es drei neue Kätzchen: eins mit grauweißen Stellen, ein anderes mit schwarzweißen Flecken und ein Kätzchen mit Tigerstreifen. Das Farmleben war gnadenlos, daher gingen (starben) sie oft innerhalb weniger Jahre. Aber bald danach kam dieselbe kleine Gruppe von drei Kätzchen in einem neuen Wurf wieder. Die Seele nahm den Körper eines Kätzchens an, bis dieser Körper abgenutzt war. Dann ging sie gewöhnlich für eine Weile und einige Zeit später kam sie dann in einem neuen Katzenkörper wieder.

Dasselbe Prinzip der Reinkarnation gilt im Falle von Familien und Freunden, die sterben und hinübergehen. Im Allgemeinen empfindet man Trauer bei dem Verlust – das ist natürlich. Aber wenn die Seele in einen höheren Bewusstseinszustand übergehen kann, in eine freudvollere Welt, entdeckt sie eine Glückseligkeit, die jeden Traum an Glanz übertrifft. Sie ist zufrieden in ihrem neuen Zustand.

Wenn die Seele in einen höheren Bewusstseinszustand übergehen kann, in eine freudvollere Welt, entdeckt sie eine Glückseligkeit, die jeden Traum an Glanz übertrifft.

Ich kannte dich, als du alt warst

Ein junges Mädchen begleitete ihren Vater zu einem Altenheim, um eine Großtante zu besuchen. Als sie im Zimmer der Verwandten ankamen, trafen sie zum ersten Mal die Mitbewohnerin der Großtante. Ihr Name war Sophie. Sie war im fortgeschrittenen Alter und der anderen Seite des Lebens nahe genug, um einen flüchtigen Blick auf das Leben an jenen erhabenen Orten zu werfen. Wenn sie aber mit anderen darüber sprach, schüttelten die Leute resigniert ihren Kopf.

»Arme alte Sophie«, sagten sie. »Sie hat ihren Verstand verloren.«

Das junge Mädchen ging in das Zimmer hinein, ging an ihrer Großtante vorbei und ging geradewegs auf die alte Sophie zu. Die zwei schauten sich lange Zeit intensiv an. Sophie unterbrach die Stille und sagte leise: »Ich kenne dich. Ich kannte dich, als du eine alte Frau warst.«

Das kleine Mädchen erforschte die Frau mit klarem Blick. Der Ausdruck auf dem Gesicht des Kindes gab zu erkennen, dass auch es eine Erinnerung hatte. »Ich kannte dich, als du eine junge Frau warst«, sagte das Mädchen.

Zwei alte Freunde, die wieder Kontakt aufgenommen hatten.

Die Großtante kam von der gegenüberliegenden Seite des Zimmers herüber und tätschelte den Arm der Großnichte. »Lass Sophie nur«, sagte sie. »Ihr Verstand geht gerne spazieren.«

Wie leicht es ist, die Weisheit sowohl des Alters als auch der Jugend durch jemand abzuwerten, der bezüglich der Reinkarnation im Dunkeln tappt.

WAS ZIEHT SIE AN?

Die Anziehungskraft, sagen wir von Rittern, mittelalterlichen Kriegen und Schlachten könnte von einer schwachen Erinnerung an vergangene Leben in einer bestimmten Periode der Geschichte stammen. Ein Fan des Bürgerkrieges hat ohne Zweifel den Militärdienst während der tumultreichen 1860er erlebt. Dieser Krieg hat solche Wunden bei der amerikanischen Nation hinterlassen, dass er sich immer noch als tiefempfundenes Interesse an der Geschichte des Bürgerkrieges offenbart.

Ein Kind mit einer Leidenschaft für Modellflugzeuge ist vielleicht als Flieger im Ersten oder Zweiten Weltkrieg geflogen, oder gar als Kommandierender eines Sternenschiffs aus Atlantis.

Jemand mit einem Gefühl des Grolls gegen eine bestimmte Kirche oder ein bestimmtes Land ohne ersichtlichen Grund war vielleicht einmal Opfer einer religiösen oder politischen Leidenschaft. Ein Schmerz ohne eine bekannte Ursache, wie z. B. ein chronischer Nackenschmerz

Der Ausdruck auf dem Gesicht des Kindes gab zu erkennen, dass auch es eine Erinnerung hatte. »Ich kannte dich, als du eine junge Frau warst«, sagte das Mädchen.

kann ein Hinweis darauf sein, dass jemand einst gehängt oder geköpft wurde.

Immer wenn starke Liebe oder Hass anscheinend ohne Ursache auftauchen, bedeutet dies, dass wir durch Übereinstimmung die Vergangenheit in die Gegenwart ziehen.

Zwischen den Leben

Jeder, der in Harmonie mit dem wahren Weg des Heiligen Geistes ist, stellt ein Beispiel für den Überlebensfaktor dar.

Jeder, der in Harmonie mit dem wahren Weg des Heiligen Geistes ist, stellt ein Beispiel für den Überlebensfaktor dar. Es bedeutet, immer das zu tun, was notwendig ist, um einen weiteren Tag zu überleben. Warum sollen wir uns die Mühe machen? Weil jede Sekunde des Lebens ein wertvoller Augenblick ist. Jeder Tag bietet eine weitere Chance, mehr über Gottes Liebe zu lernen.

Die Seele wird an einem bestimmten Punkt zu einem neuen Leben auf der Erde zurückkehren. Gleichgültig, wie hart die Seele das Leben findet, die Erde ist ein ausgezeichneter Ort, die vielen Dimensionen der göttlichen Liebe kennen zu lernen.

Nicht nur im Empfangen der Liebe, sondern auch im Geben der Liebe.

* * *

Die nächsten beiden Geschichten sind aus Erde an Gott, bitte kommen ..., Buch 1 und 2. *Sie bieten eine einzigartige Einsicht in Gelegenheiten, bei denen das ECK, der Göttliche Geist, gewöhnlichen Leuten eine außergewöhnliche Einsicht in die Wahrheit gegeben hat. Lesen Sie diese Berichte, um sich die Wunder des Lebens näher anzuschauen.*

Dame
von Doug Culliford

Ein Kind war sechs und das andere drei. Es war ein vorweihnachtliches Familientreffen, und jemand warf die Frage auf:

»Was möchtet ihr zu Weihnachten?«

»Ein Damespiel«, erwiderte das sechsjährige Mädchen. »Ich möchte ein Damespiel zu Weihnachten.«

»Dame! Warum? Du weißt nicht einmal, wie man das Spiel spielt.«

»Doch, das weiß ich!«, sagte das kleine Mädchen.

»Wer hat dich gelehrt, wie man Dame spielt? Hast du es in der Schule gelernt? Haben es dir deine Eltern beigebracht?«

»Niemand. Wir haben früher immer Dame gespielt.« Die Augen des Mädchens waren Spiegel der Wahrheit.

»Du und wer noch?«, fragte jemand

»Mein Bruder und ich.« Der drei Jahre alte Bruder blickte auf und nickte den fragenden Erwachsenen zustimmend zu. »Wir haben früher gespielt, als wir groß waren.«

»Früher, wann war das?«

»Als wir das letzte Mal groß waren. Bevor wir hierhin kamen zum Leben. Wir waren alt, älter als ihr.«

Die Erwachsenen berieten sich. Minuten später hatte man eine alte, staubige Schachtel mit einem Damespiel gefunden und vor den beiden Kindern aufgebaut. Tatsächlich waren ihnen die Züge bekannt. Sie spielten wie alte Profis. Die Erwachsenen schauten erstaunt zu, während die Geschwister die Steine flink über das Brett bewegten.

Die Erwachsenen schauten erstaunt zu, während die Geschwister die Steine flink über das Brett bewegten.

»Habt ihr früher zusammen gelebt?«, fragte jemand.

Der kleine Junge spielte weiter und überließ seiner älteren Schwester das Reden. »Mein Bruder und ich lebten damals im selben Haus. Wir waren verheiratet.«

Irgendjemand erwähnte einen verstorbenen Onkel.

Das kleine Mädchen legte los: »Ich habe ihn auch gekannt. Ich habe ihn getroffen, bevor ich herkam, um bei euch zu leben!«

Dieser Onkel war gestorben, bevor die Sechsjährige geboren worden war, und die zweifelnden Erwachsenen schüttelten den Kopf über ihre Fantasie. Aber sie fuhr fort, ihn perfekt zu beschreiben.

Nun kommt etwas Seltsames. Diese Familie hielt an einer bestimmten Religion fest, die Reinkarnation nicht anerkannte. Aber im Laufe der Jahre hatte die Familie viele mysteriöse Begegnungen mit verstorbenen Verwandten gehabt, bis die Familie Stück für Stück die feine Linie zwischen religiöser Doktrin und tatsächlicher spiritueller Erfahrung überschritt. Durch die Gewissheit dieser Erfahrungen begannen sie anzuerkennen, dass Reinkarnation nicht nur möglich, sondern wahrscheinlich war.

Und so entfernten sie sich einen Schritt weiter von ihren Begrenzungen und bewegten sich einen Schritt näher auf die spirituelle Freiheit zu.

Überraschung zu Halloween
von Cameron Fox

Das Halloween-Komitee traf sich sechs Wochen lang jede Woche, um die Party für die

Durch die Gewissheit dieser Erfahrungen begannen sie anzuerkennen, dass Reinkarnation nicht nur möglich, sondern wahrscheinlich war.

Angestellten des Krankenhauses zu planen. Wir wollten, dass jeder reichlich Zeit hat, die Entscheidung für sein Kostüm zu treffen.

Viele der Jobs im Krankenhaus drehen sich um Kriseneingriffe und andere stressbeladene Situationen auf Leben und Tod.

Diese Partys sind eine Zeit, in der alle Abteilungen die Mittagsstunde gemeinsam verbringen, sich in bizarre Kostüme kleiden, lachen und wieder eine spielerische, kindliche Einstellung erlangen können.

Die Musik begann am Tag der Party prompt um elf Uhr. Mehrere Komiteemitglieder legten Gebäck auf den Tisch, das beurteilt werden sollte. Dann gingen die Richter – der Krankenhausdirektor, der Diätspezialist, der Geistliche und andere – von Teil zu Teil und probierten die köstlich aussehenden Sachen.

Die Krankenhausangestellten kamen allmählich herein – viel mehr als wir erwartet hatten. Der Raum füllte sich bald mit lachenden, in Kostüme gekleideten Menschen. Dieses Jahr waren die Kostüme besonders kreativ. Einer, als ein Sack von schmutzigen Kleidern angezogen, hatte so viel Lumpen an, dass niemand raten konnte, wer er war.

Nachdem die Preise für den Backwettbewerb verteilt waren, nahmen die Richter ihre Plätze auf den Stühlen ein, so dass sie die kostümierten Wettbewerbsteilnehmer sehen konnten, wie sie über die Bühne gingen.

Der Raum war mit Wettbewerbsteilnehmern, Mitgliedern des Komitees und anderen Krankenhausangestellten bevölkert. Alle Augen richteten sich auf die Bühne. Nacheinander begannen die Wettbewerbsteilnehmer langsam über die Bühne zu gehen und einige führten eine zum Kostüm passende Parodie auf. Die zerlumpte Ann machte einen kurzen Tanz, der Rocksänger sang für uns und der Soldat marschierte.

Ich fand einen bequemen Sitzplatz im hinteren Teil des Raums, schloss meine Augen für einen Augenblick und begann einen stillen Gesang des HU, ein anderer Name für Gott.

Dieses Liebeslied an Gott zu singen, ist etwas, was ich oft tue. Man bekommt ein Gefühl von Frieden und Sinnhaftigkeit und vermindert die Sorgen an einem geschäftigen oder stressigen Tag.

Nachdem ich einige Augenblicke gesungen hatte, öffnete ich meine Augen und blickte im Raum herum. Ich hatte das Gefühl, das könnte ein Traum sein. Als ich aber auf mein Zigeunerkostüm herunterschaute, wusste ich, dass das nicht der Fall war. Ich hatte mich jahrelang an jedem Halloween als Zigeuner verkleidet. Als Kind war ich sogar in einer Gruppe von Zigeunertänzern bei einer Ballettaufführung aufgetreten.

Als ich meine Augen für einen Augenblick schloss, sah ich ein lebhaftes Bild. Es war wie eine bebilderte Postkarte. Es erschien eine Vision von mir, wie ich mit anderen, gekleidet wie Zigeuner, um ein Feuer tanzte.

Indem ich diese Art Kleidung immer wieder auswählte, machte ich einen Schritt zurück zu einer Zeit im elften Jahrhundert, als ich Lektionen des Überlebens als Zigeuner lernte.

Sehr häufig werde ich in meinem Beruf als Facharzt gerufen, um Patienten zu helfen, einen

Ich schloss meine Augen für einen Augenblick und begann einen stillen Gesang des HU, ein anderer Name für Gott.

Sinn in ihrem Leben zu finden. Das macht es erforderlich, die grundlegenden Überlebenstechniken zu unterrichten, wie z. B. physische, mentale und Umweltgesundheit. Als ein Facharzt bin ich oft unter höchst emotionalen oder sogar unberechenbaren Menschen. Das macht mir nichts aus.

Ich habe während dieses Zigeunerlebens Überlebenstechniken und die Fähigkeit gelernt, Unsicherheiten auszugleichen. Sie sind auch heute für mich immer noch nützlich.

Im hinteren Teil des Raumes sitzend, hatte ich das Gefühl, als wäre ich von Licht umgeben. Dieses Licht projizierte sich auf fünf andere Mitarbeiter in dem Raum – den Gorilla, den Pilger, die Katze, den Indianer und den Soldaten. Von all den kostümierten Mitarbeitern, waren dies die angenehmsten und glaubwürdigsten in ihren Rollen.

Hatten Sie ihre Kostüme aus demselben Grund ausgesucht wie ich – wegen der Chance, einen Schritt zurück in die Vergangenheit zu tun?

Als diese Wettbewerbsteilnehmer auf der Bühne an die Reihe kamen, klatschte jeder im Raum Beifall. Auch die Richter waren offensichtlich beeindruckt. Diese fünf bekamen alle den Spitzenpreis verliehen – ein Abendessen zu zweit im besten Restaurant in der Stadt.

Halloween hat eine ganz neue Bedeutung angenommen! Es wird niemals wieder für mich ganz dasselbe sein.

Ich habe während dieses Zigeunerlebens Überlebenstechniken und die Fähigkeit gelernt, Unsicherheiten auszugleichen. Sie sind auch heute für mich immer noch nützlich.

2
Leben der Vergangenheit, Lektionen der Gegenwart

So seltsam es erscheinen mag, Sie hatten einen besonderen Grund, in dieses Leben zu kommen. Es geschah, damit Sie ein gottähnlicheres Wesen werden, aber die meisten Menschen werden sich dieser Tatsache nicht bewusst. Sie nehmen an, dass die Geburt eine Laune des Schicksals ist.

Ich bin hier; ich weiß nicht warum, denken sie. *Pech gehabt, vielleicht? Ein unangenehmer Ort, das hier.*

Alles in allem ist die Erde nichts anderes als eine spirituelle Schule. Gott hat diesen Ort so geplant und eingerichtet, dass Sie und jede andere Seele hier gottähnliche Qualitäten entwickeln und somit gottähnlicher werden können.

Viele Menschen denken, sie existieren, um Zeit und Raum auszufüllen, bis die Trompeten am Jüngsten Tag erschallen. Dann haben sie ein fruchtloses, selbstsüchtiges Leben geführt und erwarten, in irgendeine höhere Welt zu fliegen, um auch dort ein nutzloses, nur sich selbst dienendes Leben fortzuführen.

> *Es ist der Zweck des Lebens, ein Mitarbeiter Gottes zu werden. Es bedeutet Dienst an anderen, indem wir unsere Talente und Interessen nutzen, um einander bei Bedarf Hand, Ohr und Herz zu leihen.*

> *Sie sind die Summe aller Ihrer Gedanken, Gefühle und Handlungen aus diesem Leben und jedem Leben in der Vergangenheit.*

So nicht, meine Herzchen.

Nein, wirklich nicht. Es ist der Zweck des Lebens, ein Mitarbeiter Gottes zu werden. Es bedeutet Dienst an anderen, indem wir unsere Talente und Interessen nutzen, um einander bei Bedarf Hand, Ohr und Herz zu leihen.

Alle Leben, die Sie je gelebt haben, dienten zur Polierung der Seele. Ob Sie es mögen oder nicht, Sie sind nun auf einer höheren und spirituelleren Stufe als in irgendeiner vorhergehenden Inkarnation. Also schauen Sie sich selbst an. Gefällt Ihnen, was Sie sehen? Denken Sie daran, was immer es auch ist, zum Besseren oder Schlechteren, es ist von Ihnen selbst verursacht.

Sie sind die Summe aller Ihrer Gedanken, Gefühle und Handlungen aus diesem Leben und jedem Leben in der Vergangenheit.

Vergangene Leben sind mit Karma verbunden

Manchmal fragen die Menschen: »Was hat Eckankar Einzigartiges zu bieten? Wie unterscheidet es sich vom Christentum?« Dann kann ich also zu ihnen von Karma und Reinkarnation sprechen.

Die Menschen denken im Allgemeinen an Karma als einer unangenehmen Kraft und weniger oft daran, dass es eine gewinnbringende Seite hat. Nehmen Sie zum Beispiel Mozart, der schon im Alter von fünf Musik komponierte.

Die Regel des Karmas bestimmt Faktoren wie männlicher oder weiblicher Körper, Koordination von Auge und Hand, Bewahrung des Langzeit- oder Kurzzeitgedächtnisses und Wünsche. Zusätzlich beinhaltet unser karmisches Paket Rasse, Herkunft,

Familie, Freunde, wirtschaftliche und soziale Stellung, und außerdem noch viel mehr.

Was aus diesen Bedingungen entsteht, hängt jedoch von der Ausübung unseres freien Willens ab.

Das Gesetz von Ursache und Wirkung, das Gesetz des Karmas, ist Ihr ganzes Leben lang immer im Spiel. Sie müssen wissen, wie Sie in Harmonie mit seinen strengen Bedingungen leben können. Die Erfahrungen, die sich aus einem erwachsenen oder reifen Verständnis dieses Gesetzes herleiten lassen, werden Sie mit der Zeit zur Akzeptanz göttlicher Liebe bringen. Das ist der Grund, warum Sie hier sind.

Karmische Familiengruppen

In den 1980ern kamen ein junges Mädchen und ihre sechs Brüder und Schwestern mit dem Schiff von Europa nach Amerika. Ein Fieber verbreitete sich während der Fahrt über den Atlantik. Es kostete ihre Geschwister das Leben. Alle gingen verloren.

Das Mädchen kam in Amerika an, wuchs auf und heiratete später. Sie hatte sechs Kinder. Diese zurückkehrenden Seelen waren die Brüder und Schwestern, die auf der Überfahrt von Europa umgekommen waren. Da sie so eine eng verknüpfte karmische Gruppe waren, inkarnierten sie immer wieder miteinander.

Jahre später starb eines dieser Kinder an einem Unfall. Es inkarnierte vier Monate später als der Sohn eines ihrer anderen Kinder. Viele stellten die Ähnlichkeit des Jungen mit seinem verstorbenen Onkel fest. Als der Junge zum Mann heranwuchs, blieb er in der Nähe des Elternhauses, nahm Reparaturen vor und kümmerte sich um die Familienmitglieder, wie er es als Onkel zuvor getan hatte.

Die Menschen denken gerne, dass Karma schlecht ist. Aber es gibt ein Gleichgewicht zwischen dem Guten und dem Schlechten; das ist die Art des spirituellen Gesetzes.

Nur zwei der sechs Kinder in der Familie dieser Frau heirateten jemals. Da sie eine so geschlossene karmische Gruppe waren, bevorzugten die meisten von ihnen die gegenseitige Gesellschaft anstatt die von anderen.

Wenn diese Seelen Eckankar finden, wird das Familienkarma allmählich wegschmelzen. Sie werden die Charakterzüge und Bedingungen durcharbeiten, die sie viele Leben lang aneinander gebunden haben, und werden damit wieder in ihrem spirituellen Leben vorwärtskommen. Karma kann ein Netz von Angst schaffen. Diese Seelen trugen eine Furcht vor dem Leben mit sich herum, der Grund für die untrennbaren Bindungen, die sich über Jahrhunderte zurück erstreckten.

Wenn aber die Liebe erscheint, muss die Angst fliehen; die Liebe bringt Freiheit.

Gutes und schlechtes Karma

Die Menschen denken gerne, dass Karma schlecht ist. Aber es gibt ein Gleichgewicht zwischen dem Guten und dem Schlechten; das ist die Art des spirituellen Gesetzes. Im Großen und Ganzen gibt es ebenso viel gutes Karma wie schlechtes – aber das eine oder das andere hat zu gewissen Zeiten die Vorherrschaft.

Aus diesem Grund haben manche Menschen kein Dach über dem Kopf. Andere aalen sich in Reichtum. Ein obdachloser Mensch kann selbstsüchtig oder großzügig sein und dieselben Charakterzüge gelten für einen Reichen. Dieses Beispiel läuft auf eine Spannung zwischen dem Schaffen und dem Auflösen von gutem und schlechtem Karma hinaus.

Die Waage der göttlichen Gerechtigkeit wägt alles Karma. Seine Maßeinheit ist exakt. Jeder Gedanke, jedes Wort und jede Tat steht nackt vor den Schranken des göttlichen Gerichts.

Einsicht in ein anderes Leben

Eine Gruppe von Studenten aus Ghana reiste zum Studium für ein Jahr in ein anderes Land. Sie wollten flüssiger Französisch sprechen lernen.

Eines der Mädchen, eine schwarze Studentin, traf zufällig einen weißen deutschen Mann. Bald waren sie enge Freunde. Ihre Bekannten begannen, über sie zu reden.

»Hast du eine Romanze angefangen?«, fragten sie. »Mit einem Weißen?«

Wenn jemand von einer anderen Rasse, Nationalität oder auch von einer anderen Lebensweise die etablierte Ordnung einer Gemeinschaft bricht, ist das ein Rezept für Probleme. Die Augenbrauen werden hochgezogen und die Gutwetterfreunde zeigen ihr wahres Gesicht. Und so begannen ihre Freunde, Gerüchte zu verbreiten und Unwahrheiten über ihre Freundschaft mit diesem weißen deutschen Mann weiter zu geben. Das Mädchen wollte weder ihre Freunde aus Ghana noch ihren neuen weißen Begleiter verlieren.

Sie überlegte hin und her über den besten Weg, den sie einschlagen sollte. Um die innere Unruhe zu besänftigen, suchte sie Rat in einer spirituellen Übung.

Es ist leicht, eine spirituelle Übung zu machen. Schließen Sie Ihre Augen und stellen Sie sich eine Unterhaltung mit Ihrem spirituellen Führer vor, mit wem immer Sie sich wohl fühlen, die Geheimnisse Ihres Herzens zu teilen. Es kann Jesus oder

Die Waage der göttlichen Gerechtigkeit wägt alles Karma. Seine Maßeinheit ist exakt.

eine andere religiöse Figur sein. ECKisten schauen auf den Mahanta, den Lebenden ECK-Meister [the Mahanta, the Living ECK Master], den spirituellen Führer von Eckankar.

Und deshalb sagte die junge Frau in einer spirituellen Übung: »Bitte, Mahanta, gib mir eine Einsicht darüber. Was kann ich tun? Ich möchte nicht meine Freunde auf dieser Seite oder meinen Freund auf jener Seite verlieren.«

Das war das Anliegen, das sie dem Mahanta vorlegte.

Im nächsten Augenblick wurde ihr bewusst, dass sie in einem vergangenen Leben war und an einer Küste mit einem Baby in ihren Armenstand. Nahe der Küste lag ein Sklavenschiff. Der Strand war mit weißen Männern übersät. Sie ließen ihre Peitschen auf eine Reihe schwarzer, nebeneinander im Sand stehender Sklaven sausen, die in Ketten gefesselt waren.

Ein interessanter Punkt: Die Medien berichten über Fälle, in denen eine Rasse eine andere wegen Gräueltaten anklagt. Grausame und unmenschliche Behandlung lautet der Vorwurf.

Aber viele Schwarze, die einst in Afrika in die Sklaverei verkauft wurden, waren Kriegsgefangene eines anderen schwarzen Stammes. Der siegreiche Stamm hatte die Wahl. Er konnte die besiegten Krieger entweder töten oder sie gegen Geld oder Güter tauschen. Trotz der herzlosen Natur der Wahl verhinderte dies den unmittelbaren Tod.

Ihre Halter lieferten sie deshalb aus dem Inneren des Kontinents, wo die weißen Männer sich wegen Malaria und anderer Krankheiten nur sehr ungern hinwagten.

Mit einem Wort, die Kämpfe zwischen den

Im nächsten Augenblick wurde ihr bewusst, dass sie in einem vergangenen Leben war und an einer Küste mit einem Baby in ihren Armenstand.

schwarzen Stämmen fanden im Inland statt. Dann marschierten die Sieger mit den Gefangenen hinaus und verkauften sie an Sklavenhändler, die die unglücklichen Seelen zu Häfen in Nord- oder Südamerika verschifften. Diese Seereisen fanden unter den brutalsten Bedingungen statt, die man sich vorstellen kann.

Aber Revisionisten möchten die historischen Berichte umschreiben. Jahre später ändern sie die Geschichte ab, nachdem der Hintergrund jener Zeiten vergessen worden ist. Als Agitatoren verdrehen sie die Ereignisse, damit sie zu dem modernen persönlichen oder politischen Modeverständnis passen. Eine Behauptung ist, dass alle Gräueltaten der Fehler nur einer Partei bei der Aktion war.

Solch eine Revision der Geschichte soll zu Täuschungen führen. Sie schürt neuen Streit.

In der Erfahrung dieser Frau aus einem vergangenen Leben trieben weiße Männer die Schwarzen auf die Schiffe, während sie in Tränen zuschaute, mit einem Kind an der Brust. Ihr Ehemann war einer der Sklaven. Sie bettelte die Sklavenaufseher an: »Bitte lasst meinen Mann gehen. Wir haben ein Kind.« Ihr Flehen rief nur höhnisches Gelächter hervor.

Bald ging auch die letzte Reihe der Sklaven an Bord. Als sie auf das Schiff gingen, rief ihr Ehemann aus: »Wenn wir uns in diesem Leben nicht mehr begegnen, werden wir uns sicher in einem anderen treffen.«

Die ECKistin aus Ghana stellte also fest, es war nicht bloßer Zufall, diesen weißen deutschen Studenten getroffen zu haben und eine so starke Zuneigung zu ihm zu entwickeln. Es war eine Verbindung aus einem vergangenen Leben. Sie begann aber auch etwas Seltsames zu bemerken. Immer wenn er bei ihr war, verhielt er sich wie ein Afrikaner. Er ging, sprach und gestikulierte wie ein Afrikaner.

Sie beobachtete ihn immer und wunderte sich: *Wo hat er das wohl her?*

Als diese innere Erfahrung zu Ende war, sagte der Mahanta zu ihr: »Dein Freund in diesem Leben war tatsächlich damals dein Ehemann.«

Endlich verstand sie die starke Verbindung zwischen ihnen.

Danach konnte sie besser mit der Nörgelei ihrer Freunde umgehen, die versuchten, sie einzuschüchtern, indem sie sagten: »Du solltest dich nicht mit diesem weißen Mann sehen lassen. Was werden die Leute denken?«

Diese Kritik war die Stimme des sozialen Bewusstseins, die sprach. Es ist ein Element des menschlichen Zustandes, das versucht, jeden innerhalb einer Gesellschaft auf dieselbe Stufe zu stellen. Es verabscheut einen größeren Kopf in der Menge und versucht, alle Köpfe auf dasselbe soziale, finanzielle oder philosophische Niveau zu klopfen. Dieses soziale Bewusstsein ist der große Gleichmacher. Sein spiritueller Schaden kommt in dem fanatischen Eifer zum Ausdruck, die Individualität einzustampfen.

Nach dieser inneren Erfahrung zog sie eine klare Grenze zu ihren Freunden, weil sie jetzt den Ursprung ihrer Neigung für den weißen Deutschen kannte. Er war ein geliebter Freund aus der Vergangenheit. Und da blieb sie standhaft.

Der Nutzen von Reisen

Wenn Sie zu neuen Orten reisen, können Träume Ihnen einige vergangene Leben enthüllen, die Sie dort verbracht haben. Solche Träume werfen ein Licht auf Gewohnheiten, Vorlieben oder Ängste. Sie zeigen Dinge, die Zeitalter zuvor erworben wurden oder verloren gingen. Reisen ist daher eine Chance, um sich die Grundlage dessen wieder anzusehen, was Ihnen geholfen hat zu werden, wer und was Sie heute sind.

Machen Sie also eine Reise und seien Sie bewusst.

Lektionen aus vergangenen Leben

Während meines ersten Jahres in ECK hatte ich das Glück, viele Erinnerungen aus vergangenen Leben zu erfahren. Einige waren angenehm. Es gab auch eine Reihe von unangenehmen Erinnerungen, Erinnerungen von verpassten Gelegenheiten, ein gewünschtes Ziel zu erreichen. Nicht im geringsten Erinnerungen, auf die man hätte stolz sein können.

Und doch gibt jedes Leben, auch ein vermutlich fehlgeschlagenes, ein volleres Verständnis über Ihre spirituelle Natur. Sie erfahren etwas über sich selbst als ein spirituelles Wesen.

Die Seele ist unsterblich. Sie hat keinen Anfang oder Ende. Sie existiert (Sie existieren) aufgrund der Liebe Gottes für sie (Sie), was im Kern die ganze Philosophie von Eckankar ist. Unsere Fehler in diesem und vergangenen Leben sind das Polieren eines wertvollen Edelsteins in der Rohform.

Die Definition von Seele in Eckankar als ein unsterbliches Wesen ist richtig. Die Seele, geschaffen in den zeitlosen Welten, existierte vor der Geburt und dauert über Zeit und Raum hinaus. Gott schuf die Seele, bevor Zeit und Raum begannen. Die Seele kommt aus den höheren spirituellen Welten zur Erde, um an Erfahrungen zuzunehmen. Ihr werden

Die Seele ist unsterblich. Sie hat keinen Anfang oder Ende. Sie existiert (Sie existieren) aufgrund der Liebe Gottes für sie (Sie), was im Kern die ganze Philosophie von Eckankar ist.

Die Seele, geschaffen in den zeitlosen Welten, existierte vor der Geburt und dauert über Zeit und Raum hinaus.

viele Leben vermacht, um Gelegenheit zum Lernen zu haben.
Und lernen muss sie.

* * *

Die nächsten drei Geschichten stammen auch aus Erde an Gott, bitte kommen ..., *Buch 1 und 2. Hören Sie zu, wie Dennis Calhoun, Debbie Kaplan und Beverly Foster erzählen, wie die Feinheiten des Karmas sich für sie ausgewirkt haben.*

Gott, wen soll ich heiraten?
von Dennis Calhoun

Im College traf ich eine Frau, mit Sicherheit ein Ehepartner. Vom ersten Augenblick an schien es, als ob wir immer zusammen gewesen wären, aber nach dem Abschluss fand sie eine Arbeit in Chicago, ich landete in Houston. Also hielten wir eine Fernbeziehung aufrecht.

Eines Tages während einer spirituellen Übung erzählte ich dem Inneren Meister, dem Mahanta, von meinem Wunsch zu heiraten.

Ich erklärte ihm die Notwendigkeit, mit jemand zusammen zu leben. Wenn das ECK (der Göttliche Geist) das bewerkstelligen könnte, und wenn es für alle gut wäre, na, das würde mir gut passen.

Monate gingen dahin ohne eine Lösung für unsere Situation. Deshalb entschieden wir uns, uns mit anderen Menschen zu verabreden, weil es unwahrscheinlich schien, dass ich nach Chicago oder sie nach Houston ziehen konnte. Bald danach traf ich eine Frau, Jaye, und wir begannen, uns regelmäßig zu sehen.

Vier Monate später machte meine Firma eine große Ankündigung. Sie würde ein Büro in

Chicago eröffnen und die Pläne erforderten meinen Umzug dorthin. *Perfekt*, dachte ich. Ich hatte meine Sorgen über die Situation losgelassen, und das ECK hatte mir einen Weg eröffnet, nach Chicago zu ziehen und meine Liebe vom College zu heiraten. Aber bevor ich Houston verließ, teilte mir Jaye ihre Gefühle mit. Sie glaubte, wir gehörten zusammen. Sie war sich sicher, dass ich auch etwas für sie empfand – und das war so.

Aber in meinem Verstand, in meinen Gedanken, war ich schon bei meiner Freundin in Chicago.

Nachdem ich in dieser Stadt ankam, verlobte ich mich bald. Unsere Beziehung war friedlich und ruhig, als ob wir schon einmal verheiratet gewesen wären. Aber dann begannen die Dinge auseinanderzufallen. Irgendwie fühlten sich unsere Pläne zu heiraten für beide nicht mehr richtig an und wir lösten daher die Verlobung schweren Herzens.

Wiederum nahm ich die Angelegenheit mit in die Kontemplation. Die Antwort war klar: Folge deinem Herzen. Geh zu Jaye.

Bis hierher war ich meinem Kopf gefolgt, und das hatte zu nichts geführt. Also rief ich Jaye in der Gegend von Houston an. Ein wunderbares Gefühl strömte in mein Herz, und ich wusste, ich wollte sie heiraten. Aber ich verstand immer noch nicht den Grund.

War es nicht eine zu große Entscheidung, um rein aus dem Gefühl meines Herzens getroffen zu werden?

Jaye und ich unternahmen eine Reise nach New Orleans, ungefähr einen Monat vor dem vereinbarten Datum für unsere Hochzeit. Während

Ich nahm die Angelegenheit mit in die Kontemplation. Die Antwort war klar: Folge deinem Herzen.

eines Spaziergangs unterhielten wir uns über Details der Hochzeit. Im französischen Viertel gingen wir um eine Ecke. Sprachlos vor Staunen starrte ich in einen atemberaubenden Innenhof.

Dieser eine Augenblick zeigte mir die ganze Erfahrung eines vergangenen Lebens.

Ich drehte mich verwundert nach Jaye um und sah, dass auch in ihr etwas vorgegangen war. Wir begannen darüber zu sprechen. Stellen Sie sich unsere Überraschung vor, als wir entdeckten, dass wir die gleiche Vision eines gemeinsamen Lebens in der Vergangenheit gehabt hatten.

Während dieser Inkarnation in den späten fünfziger Jahren des achtzehnten Jahrhunderts war ich ein junger Mann im Süden der Vereinigten Staaten. Um 1859 zog ich nach Norden, um eine Arbeit zu finden, damit ich meine medizinische Ausbildung bezahlen konnte. Dort traf ich eine Frau aus dem Norden (meine Freundin vom College in diesem Leben). Wir heirateten. Ihre Eltern waren vermögend und brachten mich durch das Medizinstudium. Bald danach brach der Bürgerkrieg aus. Ich kehrte in den Süden zurück, um als Arzt für die Konföderation zu dienen.

Während ich in New Orleans stationiert war, traf ich eine Frau (Jaye in diesem Leben) und wir verliebten uns. Aber ich war verheiratet und deshalb setzten wir unsere Liebesbeziehung nicht fort.

Dann ging der Krieg zu Ende.

Ich verließ New Orleans und kehrte zu meiner Frau in den Norden zurück. Jaye und ich sahen uns niemals wieder und ich verbrachte den Rest des damaligen Lebens angenehm mit der Frau, die ich in diesem Leben fast geheiratet hätte.

Nach dem kurzen Blick auf dieses vergangene Leben verstand ich, warum meine Beziehung mit der Freundin vom College so einfach gewesen war. Wir waren schon einmal verheiratet. Das erklärte auch, warum ich dachte, wir sollten noch einmal heiraten. Der Verstand liebt vertraute und bequeme Pfade. Dennoch, mein Herz brauchte neue Erfahrungen und Wachstum in diesem Leben, deshalb wollte es weiter gehen und die Liebe zu Ende führen, die ich im damaligen Leben in New Orleans zurückgelassen hatte. Jaye und ich waren sehr glücklich in unserer Ehe.

Wenn ich jetzt zwei Stimmen höre – eine aus meinem Kopf und eine aus meinem Herzen – weiß ich, welche die Führung vom Göttlichen Geist ist. Das Herz ist öfter in Übereinstimmung mit der Seele, dem wahren Selbst.

Gedanken kommen aus dem Verstand. Der Verstand ist ein guter Diener, aber ein schlechter Herr.

Jetzt sage ich immer zu meinen Freunden: »Wenn ihr Zweifel habt, folgt eurem Herzen.«

Wenn ich jetzt zwei Stimmen höre – eine aus meinem Kopf und eine aus meinem Herzen – weiß ich, welche die Führung vom Göttlichen Geist ist.

Ein tödliches Rennen gegen die Zeit
von Debbie Kaplan

Einige Monate, bevor ich an einem Eckankar-Seminar teilnahm, hatte ich einen beunruhigenden Traum. In dem Traum war ich auf dem Seminar und rannte zum Hauptsaal. Ich öffnete die Türen und sah hinein – und jede einzelne Person im Auditorium saß in einem Rollstuhl!

Als ich aufwachte, konnte ich den Traum nicht deuten, aber ich schrieb ihn trotzdem in mein Traumbuch.

Das Leben ging weiter. Etwa zwei Monate später bot mir mein Mann an, mir ein sehr schönes Gewichthebegerät zu kaufen. Ich nahm sein Angebot an und zwei Männer kamen zu mir nach Hause, um das Gerät aufzubauen. Es stellte sich heraus, dass der richtige Griff für das Gerät fehlte. Die Installateure gaben mir den Griff von einem älteren Gerät. »Das wird funktionieren«, sagten sie. »Benutzen Sie den alten Griff, und sobald der neue ins Geschäft kommt, werden wir ihn Ihnen zusenden.«

Sie gingen und ich fing an, die Maschine auszuprobieren. Innerhalb der ersten fünf Minuten rutschte der Griff von der Maschine ab. Mein Fuß wurde fast vollkommen von meinem Bein abgetrennt.

Für einen langen Augenblick stand die Zeit still.

Ich starrte auf mein Bein. Dann sah ich den Mahanta neben mir stehen. Ohne Worte sagte er mir, dass es in Ordnung sei. Dieser »Unfall« war ein Ergebnis des Karmas aus einem anderen Leben; ich würde gesund werden.

Die Dinge überschlugen sich danach. Der Krankenwagen, den ich gerufen hatte, sauste mit mir ins Krankenhaus. Während die Chirurgen meinen Fuß wieder herstellten, sagten sie mir, dass ich sehr viel Glück gehabt hatte zu überleben. Aber als Seele richtete sich meine Aufmerksamkeit auf die tiefere Ursache für dieses Ereignis. Ich musste wissen, warum. Welches karmische Band hatte diesen schrecklichen Unfall verursacht? Ich bat den Inneren

---

Ich sah den Mahanta neben mir stehen. Ohne Worte sagte er mir, dass es in Ordnung sei. Dieser »Unfall« war ein Ergebnis des Karmas aus einem anderen Leben.

Meister, mir ein umfassenderes Bild der wahren in meinem Leben wirkenden Ursache- und Wirkungsbeziehung zu zeigen.

Ich besprach einige meiner Träume, die die Schlüssel zu meiner Verletzung enthielten, mit einem Höherinitiierten von Eckankar. Während er zuhörte, wurde das Bild klar.

Das Karma, das meine Verletzung verursacht hatte, bestand zwischen mir und den beiden Männern, die das Gerät geliefert und aufgebaut hatten. Zwei Leben zuvor hatte ich ihnen ähnliches Unglück gebracht, das zu ihrem Tod geführt hatte.

Ich als Seele hatte dieses Leben gewählt, um die Schuld für die Übertretung der spirituellen Gesetze des Lebens zurückzuzahlen. Als ich die Aufzeichnungen der vergangenen Leben weiter betrachtete, wurde klar, dass dieser Unfall dazu bestimmt war, dieses Leben zu beenden.

Aber der Mahanta hatte sich zu meinen Gunsten verwendet.

Auf dem Weg von Eckankar kann man enorme Mengen an Karma im Traumzustand und durch die täglichen Spirituellen Übungen von ECK abarbeiten. Unwissentlich hatte ich mich in einem Rennen gegen die Zeit befunden. Aber durch die Gnade des Mahanta, des Inneren Meisters, wurde genug der karmischen Last aufgehoben, so dass der Unfall nicht mein Leben kostete.

Im Rückblick wurde mir bewusst, dass ich drei oder vier Jahre lang, bevor ich Mitglied wurde, ein brennendes Verlangen gehabt hatte, Eckankar zu studieren. Jetzt weiß ich, warum. Es war ein Rennen gegen die innere Uhr. Mit fünf kleinen Kindern wäre es hart für sie gewe-

Auf dem Weg von Eckankar kann man enorme Mengen an Karma im Traumzustand und durch die täglichen Spirituellen Übungen von ECK abarbeiten.

sen, wenn ich dieses Leben so bald verlassen hätte. Jetzt werde ich sie aufwachsen sehen.

Es war auch eine Erleichterung, meinen Rollstuhl-Traum zu verstehen – denn das ist heutzutage mein Transportmittel! Ich bin jedoch sehr zuversichtlich, dass ich eines Tages wieder laufen kann.

Ich bin dem Mahanta für immer für den Schutz und die Hilfe dankbar, die für mich notwendig waren, damit ich in diesem Leben für weitere spirituelle Lektionen, Liebe und Wachstum bleiben konnte.

Ausstieg aus der spirituellen Wohlfahrt
von Beverly Foster

Es sah so aus, als hätte ich schließlich alle meine Wunder aufgebraucht. Mein Mann und ich hatten finanziell immer an der Grenze gelebt. Wenn wir Geld hatten, gaben wir Geld aus wie Könige. Wenn wir keins hatten, lebten wir wie arme Leute.

Dazwischen taten wir unser Bestes, unsere Finanzen zu kontrollieren, aber wir konnten offensichtlich keinen Weg finden. Während dieser Jahre verließen wir uns auf den Heiligen Geist. Und ganz sicher kam uns jedes Mal, wenn uns ein Desaster bevorstand, ein Wunder zu Hilfe.

Eines Jahres gab ich eine gut bezahlte Arbeit auf. Wir hatten nicht geplant, wie wir unsere Abzahlungen auf das Haus machen konnten, aber meine Pensionsersparnisse und Geschenke von meiner Familie brachten den nötigen Zusatzbetrag zu dem Einkommen meines Mannes. Einige Jahre später startete mein Mann seine eigene Computerfirma. Ein Projekt war, eine bestimmte Software zu entwickeln. Zur gleichen Zeit änderte ich meine berufliche Laufbahn und wurde freier Autor.

Immer wenn wir von da an vor dem sicheren finanziellen Ruin standen, verkaufte ich einen Artikel oder irgendjemand rief aus dem Nichts an, um ein Computerprogramm zu bestellen. Zulagen bei der Arbeit, unerwartete Erbschaften, Geschenke, wenn sie am nötigsten waren – die Beweise häuften sich, dass Gott sich um jedes unserer Bedürfnisse kümmerte.

Eines Sommers waren wir total am Rande des Abgrunds. Diesmal aber kamen die Wunder nur sehr langsam.

Ich hatte meinen Beruf aufgegeben und nun standen wir wieder vor einem finanziellen Zusammenbruch. Mit Glück, wenn ich einen Weg fände, etwas zusätzliches Geld zu verdienen und wenn wir unsere Ausgaben ein bisschen besser kontrollieren könnten, könnten wir vielleicht überleben. Wenn nicht, standen die Chancen gut, dass wir die nächste Abzahlung auf das Haus verpassen würden.

Ich wartete auf ein Zeichen des Heiligen Geistes, dass all die guten Wenn's sich verwirklichen würden, als ich zum sonntäglichen Gottesdienst im ECK-Tempel ging. Sri Harold Klemp war der Sprecher. Begeistert schloss ich meine Augen und öffnete ihm mein Herz.

»Wird es uns jetzt besser gehen«, fragte ich innerlich.

Er würde schon wissen, was ich meinte.

Dann lehnte ich mich zur Bestätigung meiner Hoffnungen zurück. Stattdessen trafen drei Worte aus seinem Vortrag direkt in mein Herz.

Zulagen bei der Arbeit, unerwartete Erbschaften, Geschenke, wenn sie am nötigsten waren – die Beweise häuften sich, dass Gott sich um jedes unserer Bedürfnisse kümmerte.

Ich ging zum sonntäglichen Gottesdienst im ECK-Tempel. Sri Harold Klemp war der Sprecher. ... Drei Worte aus seinem Vortrag trafen direkt in mein Herz.

»Schnalle deinen Gürtel enger.«

Während Sri Harold (der Äußere Meister) dies auf der Bühne sagte, fügte der Mahanta (seine Seite als Innerer Meister) mit lauter Stimme für mein inneres Ohr hinzu: »Damit bist du gemeint!«

Das war sicher das Zeichen, worauf ich gewartet hatte, aber nicht, was ich hören wollte.

Ich ging nach dem Gottesdienst direkt zu meinem Büro, um unsere Finanzen durchzusehen. Grimmig stellte ich mir die Frage, wo Ausgaben zu kürzen wären. Wir hatten fast aufgehört, neue Kleidung zu kaufen. Wir gingen nie ins Kino. Wir gingen nur ab und zu mal in Restaurants aus essen. Ich ging im billigsten Lebensmittelladen einkaufen. Was konnten wir sonst noch tun?

Wie es sich herausstellte, gab es noch eine Menge. Ich addierte alle Lohnzahlungen für die nächsten sechs Monate, zog die Rechnungen davon ab und teilte dann den Saldo durch die Anzahl der Wochen. Das war die Summe, die wir ausgeben konnten. Nicht mehr. Der einzige Weg, unsere Rechnungen bezahlen zu können, war, sich an diesen Plan zu halten. Am Ende von fünf Monaten hätten wir es geschafft. Es würde dann noch etwas übrig bleiben für Weihnachten.

Zum ersten Mal in unserer Ehe hatten wir ein Budget.

Tatsächlich waren die Zahlen im Budget ziemlich großzügig. Das Einkommen meines Mannes war mehr als angemessen für unsere Bedürfnisse, aber innerhalb dessen zu leben, würde schwer sein. Und wir bekamen auch keine Pausen. Die Kinder trugen weiterhin Schuhe mit einer horrenden Geschwindigkeit auf. Wir verloren auch nicht unseren Appetit auf die gelegentlichen teuren Mahlzeiten in Restaurants, aber diesmal kamen keine Überraschungsschecks oder lukrative Jobangebote, um den Schlag aufzufangen. Dennoch schafften wir es, uns die ganzen fünf Monate lang ans Budget – so knapp es auch schien – zu halten.

Am Ende dieser Zeit kam es mir in den Sinn, den Inneren Meister zu fragen, was ich getan hatte, um dieses Leben mit finanziellen Problemen herbeizuführen. Die Antwort kam allmählich durch meine Träume und Kontemplationen.

Eines Morgens vor meiner spirituellen Übung stellte ich die Frage noch einmal: Was hatte ich getan, um dieses Leben mit finanziellen Problemen herbeizuführen?

Ich schloss meine Augen und sang HU, ein Liebeslied an Gott. Als ich meine Augen für meine innere Sicht öffnete, sah ich eine wunderschöne junge Frau vor mir. Ihr blondes Haar war kurz geschnitten im Stil eines damals üblichen Bubikopfs. Die grünen Augen waren beschmiert mit dunklem Eyeliner.

Mit sanfter, fast kindischer Stimme sprach sie von dem korrumpierenden Einfluss von Geld. »Schau dir meinen Vater an«, sagte sie. »Er hat sein Geld für Macht eingesetzt und sich nicht darum gekümmert, wer bei den Geschäften Schaden erlitt.«

Ich konnte mir die grausamen und launischen Eltern vorstellen, die diese Frau über das Erträgliche hinaus unterdrückt hatten. Um dem zu entgehen, war sie weggelaufen und endete dieses Leben in den Gossen von Paris.

Eines Morgens vor meiner spirituellen Übung stellte ich die Frage noch einmal: Was hatte ich getan, um dieses Leben mit finanziellen Problemen herbeizuführen?

Als ich feststellte, diese Frau war ich in einem vergangenen Leben, konnte ich zwischen ihrer und meiner Welt hin und her gehen und sah die Wahrheit von beiden Standpunkten aus.

Als ich feststellte, diese Frau war ich in einem vergangenen Leben, konnte ich zwischen ihrer und meiner Welt hin und her gehen und sah die Wahrheit von beiden Standpunkten aus. Während ich die Wohltaten großen Reichtums in meiner Jugend in diesem Leben genossen hatte, hatte ich sie nicht schätzen gelernt. Reichtum war wie Luft oder Wasser oder wie meine eigene Schönheit. Er war immer da. Als ich mir dann doch zugestand, selbst darüber nachzudenken, hatte ich Schuldgefühle, so viel zu haben, während andere so wenig hatten.

In meiner Kontemplation konnte ich die vielen Gelegenheiten sehen, bei denen ich Reichtum in diesem Leben verschwendet hatte. Die vielen Male, bei denen ich mich auf andere verlassen hatte, um für mich zu sorgen. Die Kontrolle über das Geld aufzugeben, hatte mich von Verantwortung und Schuld entbunden.

Ich sprach dann zu der Frau und zeigte ihr, wie ihre Verhaltensweisen sich über die Zeit fortgesetzt und mich in diesem Leben eingeschränkt hatten. Sie stimmte voll zu.

Dann hob sie hervor, wie meine Furcht vor Armut mich auf dieselbe Art und Weise daran hindern konnte, wertvolle Erfahrungen in einer späteren Inkarnation zu machen. Überrascht musste ich zugeben, sie hatte Recht. Armut lehrte Opfer und Disziplin, während Überfluss Lektionen in Unterscheidungsvermögen und dem Geben mit Liebe brachte. Zusammen hatten wir diese Extreme ausgemerzt. Aber indem wir das taten, hatten wir uns dadurch in den sehr engen Korridor nur weniger neuer Erfahrungen eingezwängt.

Wir schworen uns, alle Beschränkungen zu beseitigen.

Ich kam mit einem großen Gefühl der Erleichterung aus der Kontemplation.

Das Polster in unserem Budget ist nun etwas weicher, aber die Dinge haben sich gar nicht so sehr geändert. Wir müssen immer noch auf unsere Ausgaben achten. Nach Jahren mit zum Göttlichen Geist ausgestreckten Händen war es nicht leicht. Aber jeder Schritt hin zu finanzieller Unabhängigkeit führt zu einer größeren Wertschätzung unserer eigenen Fähigkeiten.

Ich erhielt also zu einer Zeit, wo ich alle Hoffnung auf Wunder aufgegeben hatte, das größte Wunder von allen – den Beweis, dass die Liebe des Mahanta mir beibringen konnte, auf meinen eigenen Füßen zu stehen.

3
Sich an vergangene Leben erinnern

Warum soll man sich an vergangene Leben erinnern?

Wir müssen verstehen, dass die Heraus-forderungen, denen wir uns heute gegenüber sehen, mit allen Arten von Erfahrungen aus vergangenen Leben zu tun haben. Wenn uns diese Verbindungen zu anderen Leben zu Bewusstsein kommen, ist es möglich, unsere Herausforderungen diesmal hier besser zu bewältigen. Wir können eine Kette von Karma beenden, das uns Jahrhunderte lang anhing.

Alle Schulden müssen zurückgezahlt werden, bevor man spirituelle Freiheit erlangt.

Ein Mann in Afrika war tief betrübt, als er erfuhr, dass seine junge Tochter ohne Vorwarnung gestorben war. Die Mutter hatte das Kind wegen einer kleineren Krankheit ins Krankenhaus gebracht, aber die Oberschwester hatte die falsche Spritze verabreicht. Deshalb ging ihre Tochter zur anderen Seite hinüber.

Der Vater war außer sich. Er verlangte von dem Besitzer des Krankenhauses und der Oberschwester eine Erklärung für den Tod seiner Tochter.

Wir müssen verstehen, dass die Heraus-forderungen, denen wir uns heute gegenüber sehen, mit allen Arten von Erfahrungen aus vergangenen Leben zu tun haben.

»Was haben sie getan?«

»Wir haben nichts falsch gemacht«, sagten sie. »Die Medizin hat nicht gewirkt.«

Aber die Antwort klang falsch. In seinem gestörten Geisteszustand, musste er sich sehr beherrschen, die Schwester aus Ärger und Frustration nicht zu schlagen.

Es kam der Tag des Begräbnisses. Alle Nachbarn der Gemeinde kamen, um ihr Beileid auszusprechen. Die Verbindung zwischen den Familien war sehr stark in dieser Gemeinde, und die Menschen waren gekommen, um das tote Kind begraben zu helfen.

Als die Eltern am Grab trauerten, schwebte ein wunderschöner goldener Schmetterling über der Menge. Dann flog er weg. Als der Vater näher auf die Erde um das Grab schaute, entdeckte er eine Raupe. Er erkannte, dass die Seele beim Übergang in einen höheren Zustand wie eine Raupe ist, die sich in einen Schmetterling verwandelt. Während der Zeit, als der Schmetterling bei der Trauerversammlung war, bemerkte der Vater auch eine Schar von weißblauen Vögeln – ungefähr ein Dutzend –, die in einem Kreis über der Menge flogen.

Trotz dieser beiden spirituellen Zeichen eines höheren Sinns all dessen, blieb er betrübt. Er ging nach Hause und hüllte sich in sein Betttuch ein. Dann begann er zu schluchzen.

In seinem Gram rief er: »Mahanta, warum hast du es meiner Tochter erlaubt, so davon zu gehen?«

Bald danach fiel er in einen Erschöpfungsschlaf. Während er schlief, traf er den Mahanta, der zu ihm kam und sagte: »Hast du durch die ECK-Lehre nichts gelernt? Mein Sohn, ich habe dich zu lehren

---

Während er schlief, traf er den Mahanta, der zu ihm kam und sagte: »Hast du durch die ECK-Lehre nichts gelernt? Mein Sohn, ich habe dich zu lehren versucht, aber dennoch machst du weiter wie ein Kind.«

versucht, aber dennoch machst du weiter wie ein Kind.«

Die Szene änderte sich.

In einem Zimmer, das erschien, stand seine Tochter. Sie lief auf ihn zu und umarmte ihn. Nachdem sie sich eine Weile umarmt hatten, begann sie sich zu winden, wollte runter gehen, weglaufen und spielen.

Dann sprach der Mahanta wieder: »Warte mal einen Augenblick. Ich möchte dir etwas zeigen. Bitte halte deine Tochter zurück.«

Wie ein Zauber erschien ein Fernseher an der Wand und es begann ein Film.

Der Mahanta sagte: »Wir gehen jetzt zu dem Orakel von Delphi zurück.«

Als sie hinschauten, entstand eine Szene auf dem Bildschirm, die fünf Krieger zeigte, die in einen tödlichen Kampf verwickelt waren. Zwei der Krieger waren die Eltern dieses Mädchens. Seine Tochter war auch bei der Auseinandersetzung dabei. Die Szene offenbarte sie als einen sehr starken feindlichen Krieger in diesem Leben und sie überwältigte zwei aus dem Stamm ihrer Eltern. Aber zwei Krieger – nunmehr Ehemann und Ehefrau – besiegten diesen machtvollen Krieger (ihre Tochter).

Der Mahanta erklärte die Szene.

»In diesem Leben«, sagte er, »war deine Tochter der sehr starke Krieger, der die beiden anderen in der Schlacht tötete. Einer dieser Krieger ist der Besitzer des Krankenhauses. Der andere ist die Oberschwester. Wenn du die Schwester im Krankenhaus geschlagen hättest, wäre sie gestorben, und das hätte das Karma auf eine weitere Runde ausgedehnt.«

»Der einzige Weg, dieses Karma aufzulösen«, fügte der Mahanta hinzu, »war für deine Tochter, es hier zurückzuzahlen. Das sollte sie von ihrem letzten Leben auf dieser Erde erlösen.«

»Der einzige Weg, dieses Karma aufzulösen«, fügte der Mahanta hinzu, »war für deine Tochter, es hier zurückzuzahlen. Das sollte sie von ihrem letzten Leben auf dieser Erde erlösen.«

Dann wurde dem Vater bewusst, dass diese Ansammlung von Charakteren – er selbst, seine Frau, seine Tochter, der Besitzer des Krankenhauses und die Oberschwester – nicht zufällige Fremde waren. Sie waren in diesem früheren Leben zusammen gewesen. Die Waage des Karmas war damals aus dem Gleichgewicht geraten. Aber diese Erfahrung hatte die alte karmische Kette unterbrochen. Sie erlaubte dem Mädchen in ihrem spirituellen Leben weiter zu gehen und niemals mehr zur Erde zurückkehren zu müssen. Sie war jetzt voll Licht und Freude.

Was den Grund für ihre Erscheinung als Krieger in dieser Wiedervorführung eines vergangenen Leben betrifft, sagte der Mahanta: »So hast du sie gekannt.«

Nun hatte sie die Freiheit, zu einem höheren und glücklicheren Ort zu gehen.

Sobald er das sah und verstand, wachte der Mann auf und erzählte den Traum seiner Frau. Sie konnten immer noch den Verlust ihres Kindes beklagen, aber jetzt war es möglich, den Grund für diese offensichtliche Ungerechtigkeit zu verstehen. Sie stellten fest, dass ihr Tod letztendlich Gerechtigkeit war. Wahre Gerechtigkeit.

Dann fanden sie Frieden.

Lernen über uns selbst

Vor einigen Jahren bei meinem ersten Besuch in Paris streifte ich durch diese legendäre Stadt, wo die römischen Eroberer an der belebten Kreuzung

Sie konnten immer noch den Verlust ihres Kindes beklagen, aber jetzt war es möglich, den Grund für diese offensichtliche Ungerechtigkeit zu verstehen.

zweier Straßen im Jahre 52 v. Chr. eine Kolonie errichtet hatten. Sie wurde im sechsten Jahrhundert die Hauptstadt der Franken. Im achtzehnten Jahrhundert lag sie im Zentrum der französischen Revolution. Dann im Zweiten Weltkrieg durch die Nazis besetzt. Paris ist heute immer noch die bezaubernde Schöne Europas.

Am Flughafen teilte mir eine Frau in den Sechzigern mit beträchtlichem Stolz eine Erinnerung mit. Sie bezog sich ohne Zweifel auf reiche Erinnerungen aus dem Zweiten Weltkrieg und sagte: »Kein einziger Mann ist sicher in Paris. Ich sollte es wissen – es ist meine Stadt.«

Sie war keine Nonne gewesen.

Paris war auch meine Stadt bei mehr als einer Gelegenheit in jüngeren Inkarnationen. Das letzte wichtige Leben dort verbrachte ich während des verhängnisvollen Marsches Napoleons auf Moskau im Jahre 1812.

Napoleon hatte ein Heer von vierhunderttausend Soldaten aufgestellt und überschritt die russische Grenze im Juni, aber im Oktober hatten die Russen in der beißenden Kälte des Winters seinen Rückzug erzwungen. Nur fünfzigtausend französische Soldaten entkamen den russischen Truppen. Der Rest starb.

Zusammen mit anderen jungen Männern aus Frankreich war ich gezwungen, Frau und Haus wegen des Krieges zu verlassen. Es gab in dieser Sache keine Wahl. Alle körperlich unversehrten Männer erhielten Order, dem riesigen militärischen Heer Napoleons beizutreten.

Der Marsch nach Russland hinein begann zur Sommerzeit, aber wir sahen wenig vom Feind – außer bei der wichtigen Schlacht in Borodino im

Zusammen mit anderen jungen Männern aus Frankreich war ich gezwungen, Frau und Haus wegen des Krieges zu verlassen.

September. Es war ein Phantomheer, das sich vor einem wichtigen direkten Aufeinandertreffen gerne davon machte.

Durch die ganze Geschichte haben sich die russischen Winter als ein ausdauernder Verbündeter des russischen Volkes erwiesen. Hitler, die Reinkarnation von Napoleon, stellte sein Glück ebenfalls im Zweiten Weltkrieg auf die Probe, mit demselben katastrophalen Ergebnis. Seine Armeen erlitten eine ebenso überzeugende Schlappe wie die von Napoleon in dem früheren Feldzug.

Im späten Herbst wurde ich außerhalb Moskaus während des holprigen Rückzugs der französischen Armee von einer schweren Krankheit befallen. Hier kümmerte sich während meiner letzten Tage in diesem Leben eine junge russische Frau um mich, deren Familie volkstümliche Heilmittel ausprobierte, um mich von einem Anfall von Lungenentzündung zu kurieren. In diesem Leben ist sie meine Tochter. Alle Versuche der Heilung scheiterten jedoch, da Erfrierungen an dem bisschen Gesundheit nagten, das noch übrig blieb.

Napoleon hatte die riesige Aufgabe der Versorgung seiner großen Armee mit Nahrung und Kleidung unterschätzt.

Die Folge war, dass ich dieses Leben als ein Mann ohne Illusionen verließ. Seine kurzsichtigen Pläne waren die Wurzel für unser Unglück. Sie verursachten mein vorzeitiges Hinübergehen. Unsere Sommeruniformen, in Fetzen nach dem harten Sommerfeldzug, waren ein dünner Spaß für den russischen Bären von einem Winter.

Ich brachte aus dieser Zeit im frühen neunzehnten Jahrhundert zwei starke Gefühle mit in dieses Leben. Eines ist eine Abneigung gegen kaltes Wetter.

Das andere eine Hochachtung vor Führern, die sorgfältige Pläne machen, bevor sie große Projekte angehen.

Charakterbildung

Viele Menschen kennen die Tatsache der Wiedergeburt der Seele in einer Abfolge von Leben auf der Erde nicht. Nur wenige lernen, die Erinnerungen an vergangene Leben wieder aufzurufen, so dass die Lektionen von vor langer Zeit zu unserem Vorteil heute wieder aufgenommen werden können.

Die meisten führen ihr Leben, als ob dieser Aufenthalt ein einmaliges Geschäft wäre – der Beginn und das Ende von allem, was einer Überlegung wert ist. Aber, ist es ein Verbrechen zu sagen, dass die Seele nur einmal einen physischen Körper bewohnt? Oder dass sie sich niemals in einem vergangenen Leben unter der Disziplin eines Meisters aufgerieben hat? Oder dass sie niemals beim Tod dieser Körper andere Inkarnationen angenommen hat, um heute wieder geboren zu werden und ihre spirituelle Erziehung vorwärts zu bringen?

Nein, es ist kein Verbrechen, das göttliche Gesetz nicht zu kennen. Erfahrung ist ein hartnäckiger Lehrer; die Zeit der große Erzieher.

Unser Charakter setzt sich zusammen aus Tugenden und Unzulänglichkeiten und alle sind eine Entwicklung aus vergangenen Leben. Ein Grund lauert im Hintergrund jeder Windung der Persönlichkeit. Jedes Trauma aus einem vergessenen Leben formt unser Verhalten in vorgegebener Weise. Ohne Ausnahme.

Bis natürlich die Kraft des Göttlichen Geistes in unser Bewusstsein eintritt, um sich über die

Erfahrung ist ein hartnäckiger Lehrer; die Zeit der große Erzieher.

reflexartige Unterwerfungsreaktion des Verstandes gegenüber den Herausforderungen des Lebens hinwegzusetzen.

Das Göttliche Gesetz ist der Beginn und das Ende aller Wahrheit. Dieses Gesetz schließt Karma und Reinkarnation ein.

> **WISSEN**
>
> Wenn eine unerwartete Situation eintritt, sind Sie vielleicht überrascht, dass Sie wissen, was zu tun ist. Während Sie damit umgehen, genießen Sie das Gefühl, die richtigen Schritte zu kennen.
>
> Woher kommt dieses Wissen?
>
> In einem vergangenen Leben waren Sie anderen vielleicht als Sanitäter auf dem Schlachtfeld behilflich. Auf einem gewissen Niveau tragen sie diese Erinnerungen mit sich. Wenn daher ein plötzlicher Notfall auftaucht und Sie ganz automatisch das Richtige tun, dann nutzen Sie vielleicht Erfahrungen aus der Vergangenheit.

Sich zu erinnern beginnen

Eine Frau in New York City, die wir Amber nennen, hatte seit ihrer Kindheit Angst vor Eisbergen. Um von einem Teil ihrer Stadt in einen anderen zu gelangen, muss sie mit einer Fähre fahren und sie mag keine Bootsfahrten. Und sie schwimmt auch nicht gerne in der Nähe von Felsen. Bei einem Urlaub in Puerto Rico hatte die Strömung sie erfasst und sie hinaus zu einigen Felsen getragen, wo sie eine Panik überfiel und sie dem Ertrinken nahe war.

Sie hatte sich oft über diese Angst vor Felsen im Wasser und ihre intensive Angst vor Booten gewundert.

Die Angst nahm an Stärke zu, als Amber das Erwachsenenalter erreichte. Da erfasste sie ein absoluter Terror, wenn sie auch nur das Bild eines Eisbergs sah.

Was konnte so eine Reaktion hervorrufen?

In einer ihrer Eckankar-Klassen probierte die Gruppe eine spirituelle Übung aus, um die Vergangenheit anzuschauen. Als sie die Übung machten, fragte sie sich: *Ist es möglich, dass ich auf der* Titanic *war, als sie um die Jahrhundertwende sank?*

Amber ging in Kontemplation, um es herauszufinden. Und tatsächlich begann sie in die Vergangenheit zu sehen. Aber bevor sie ein Ergebnis zuließ, brach sie die Erfahrung ab und saß da und wartete, bis die anderen die spirituelle Übung beendet hatten.

Am nächsten Abend zur Schlafenszeit machte sie ihre übliche Kontemplation. Der Mahanta kam und fragte: »Warum hast du die Kontemplation gestern abgebrochen?«

»Ich habe mich einfach unwohl gefühlt und ich wollte nicht mehr sehen«, erwiderte sie.

»Es ist wichtig für dich zu sehen und zu wissen, was in der Vergangenheit passiert ist«, sagte der Mahanta, »so dass du in diesem Leben ohne Angst leben kannst.«

Titanisches Gedächtnis

Also ging Amber ein zweites Mal an diesem Abend in Kontemplation. Der Mahanta, der Innere Meister, ließ sie die Vergangenheit wie einen Film sehen, als ob sie eine Schauspielerin in diesem Film geworden wäre. Sie war tatsächlich als Passagier auf der *Titanic* gebucht.

Aber sie starb nicht auf der verhängnisvollen

Als sie die Übung machten, fragte sie sich: Ist es möglich, dass ich auf der Titanic *war, als sie um die Jahrhundertwende sank?*

»Es ist wichtig für dich zu sehen und zu wissen, was in der Vergangenheit passiert ist«, sagte der Mahanta, »so dass du in diesem Leben ohne Angst leben kannst.«

Jungfernfahrt dieses berühmten Schiffes. Sie war eine der Überlebenden. Als eine der Frauen, die sich einen Sitz in einem Rettungsboot sichern konnten, war sie also in der Lage, ihr Leben zu retten. Einige Männer im Wasser wollten in das Rettungsboot klettern, aber sie wehrte sie ab. Sie fürchtete, es würde sinken und ihr eigenes Leben bedrohen.

In diesem Leben gebar Amber zwei gesunde Kinder, aber nach diesen voll ausgetragenen Schwangerschaften hatte sie hintereinander vier Jungen, die bald nach der Geburt starben. Jeder lebte nur wenige Stunden bis wenige Tage. Dann starben sie.

Was war der Grund für diese Kette von schmerzhaften Ereignissen?

In dieser Kontemplationsszene sah Amber, dass ihre Weigerung, die ertrinkenden Männer in das Rettungsboot zu lassen, eine höchst selbstsüchtige Handlung war. Sie verweigerte anderen das Recht zu leben.

Das war der Grund für den Verlust ihrer vier Söhne.

Eine zweite Erkenntnis war, dass sie im vorhergehenden Leben in eine selbstsüchtige Familie geboren worden war, eine Familie, die Großzügigkeit verschmähte. Und es stellte sich heraus, dass sie die Selbstsüchtigste von allen war.

Mit dem Verständnis von ihrer Vergangenheit konnte Amber eine neue Richtung in diesem Leben wählen, eine der Liebe und des Dienstes an anderen.

Unser Karma bei der Geburt

Wenn Angst eine dominierende Rolle in Ihrem Leben spielt, stiehlt sie die Freude und Freiheit zu leben.

Versteckte Ängste – stoß- und haufenweise – wohnen in jedem menschlichen Wesen. Was ist ihr Ursprung? Viele Ängste haben sich vor Ihrer Geburt in diesem Leben entwickelt. Jedes menschliche Wesen hat eine Geschichte von Hunderten oder Tausenden von vergangenen Leben hinter sich. Das lässt reichlich viel Zeit, andere zu verletzen. Und es gibt auch ihnen eine Chance, Sie zu verletzen. Wenn Sie nur genug auf bestimmte Art verletzt werden, schrecken Sie schon bei dem bloßen Gedanken an diese Art von Schmerz zurück.

Die Menschen werden nicht gleich geboren. Bei der Geburt bringt jeder eine einzigartige karmische Last mit sich.

Aber die meisten Menschen haben keine Ahnung, wie sie das abarbeiten sollen. Wie viele wissen denn überhaupt, dass Karma existiert? Und so kauern sie sich in ihrem Mantel aus Fleisch, zu ängstlich zu leben und zu erschreckt zu sterben. Sie wünschen sich den Himmel; die Erde ist die Hölle. Dennoch fürchten sie den Übergang zum Himmel, weil der Weg dahin der Tod ist.

Das ist die Mutter der Ironie.

Die Menschen werden nicht gleich geboren. Bei der Geburt bringt jeder eine einzigartige karmische Last mit sich.

Spirituelle Gelegenheit

Mag sein, dass Ihr Leben alles andere als leicht war. Uns allen tischt das Leben harte Brocken auf, weil die die Arbeit erledigen. Es ist der beste Weg, unser spirituelles ABC zu lernen. Die Ausdehnung des Bewusstseins findet in schwierigen Lebensumständen einen fruchtbaren Boden.

Wie vielleicht auch Sie, bekam ich meinen Teil davon ab, als ich aufwuchs. Sie gehen heute weiter. Das Leben wird Sie zermalmen, wenn Sie sich nicht darüber erheben.

Wir tun alles, was nötig ist, um stark zu bleiben, um unsere Gesundheit zu erhalten. Wir gebrauchen unser gottgegebenes Talent der Kreativität und die Fähigkeit zuzuhören, um in jedem Bereich des Lebens zu gedeihen. Wir tun alles in unserer Macht Stehende, um vorwärts zu kommen. Die jetzige Inkarnation ist eine Goldmine, ein reiches Leben, jede Unze Mühe wert, die die Wiedergeburt mit sich bringt. Und sollten wir das Pfand und die Verantwortlichkeiten, die uns anvertraut sind, missbrauchen, dann lernen wir die besseren Wege im heißen Ofen des karmischen Abbrennens. Die Hitze des Lebens lehrt uns, dass manche Dinge es nicht bringen. Am Ende ist das Einzige, was zählt, die göttliche Liebe.

Wir kommen zu einer Schlussfolgerung. Es ist nicht Wissen, stellen wir fest, sondern eine *innere Gewissheit* der göttlichen Liebe, die den Schlüssel zu Weisheit und spiritueller Freiheit enthält.

Erinnerungen im Unterbewusstsein

Ärgerliche Leute haben oft Lust auf Kämpfe mit der Zunge oder der Faust und riskieren deshalb ein kürzeres Leben. In der nächsten Runde ist ihre bewusste Erinnerung an vergangene Leben eine blanke Tafel. Sonst würden sie zurückkehren und nur das Einsammeln von Stöcken, Steinen und Messern im Auge haben, nur um umso schneller alte Feinde aus Rachsucht anzugreifen.

Ungeachtet dessen bleibt jedoch die unbewusste Erinnerung an vergangene Ereignisse erhalten.

Das ist die intuitive Erinnerung an falsche oder richtige Taten vergangener Leben. Sie tragen diese Erinnerungen mit sich, wie wir alle das mehr oder weniger tun.

Die unbewusste Erinnerung an vergangene richtige und falsche Taten, die gegenüber uns begangen wurden, erklärt den Grund, warum Sie vielleicht einen neuen Beruf hineingehen und sich dabei gut und ganz heimisch fühlen. Die Menschen scheinen wie alte Bekannte zu sein. In der Tat sind sie es. Sie haben sie in einer glücklichen Umgebung früher gekannt. Dann wieder kann die unterbewusste Erinnerung andersherum laufen. Sie könnten an einem Ort landen, wo jemand sich ein Vergnügen daraus macht, Ihnen Feuer unter dem Hintern zu machen. Aus keinem vernünftigen Grund. Sie und Joe Gruff stehen mit dem falschen Fuß auf, weil Sie das Gefühl haben, er hat einen Plan ausgeheckt, Ihnen den Platz wegzunehmen und Sie aus der Tür zu werfen.

Und Sie könnten Recht haben.

Um das Rad herum

Die unbewussten Erinnerungen an vergangene Erfahrungen mit Mitmenschen sind nur ein kleiner Teil des großen Kreises des Karmas der menschlichen Familie.

Innerhalb des größeren Kreises des menschlichen Karmas, der alle Menschen aller Nationen einschließt, existieren Myriaden kleinerer Kreise. Diese wiederum umfassen noch kleinere Gruppen. Alles in allem finden wir die Menschen der einzelnen Nationen, Staaten oder Provinzen, Städte und Umgebungen im Ring des menschlichen Karmas.

In den kleineren und wichtigsten Kreisen des Karmas befinden sich die intimen Bereiche von Freunden und Familien.

In Wisconsin, meinem Geburtsort, stieß man zwangsläufig überall innerhalb von dreißig Meilen von Zuhause auf einen Vetter zweiten oder dritten Grades. Jeder kannte jeden. Die weitere Familie ist eine starke karmische Gruppe. Dennoch überschreiten karmische Familienkreise auch nationale Grenzen, hinein in die Gebiete anderer Regierungen, wo ausländische Gesetze den Verwandten dort eine andere Art der Interaktion auferlegen. Diese größeren Kreise von Seelen beruhen alle auf der unmittelbaren, der Kernfamilie. Und innerhalb dieser engen Gruppe – Ehemann, Frau und Kinder – stellen einander entgegengesetzte Zustände von Gedanken und Handlungen Tag für Tag eine Herausforderung dar.

Warum all der Hader? *Eine Familie ist eine intime Gruppe, die spirituelles Wohlverhalten durch die aufeinander stoßenden Mitglieder lernt und dabei ihre rauen Kanten abschleift.*

Verschiedene Szenarios spielen sich innerhalb jedes Familienkreises ab. In einem Fall erleidet vielleicht ein Junge Misshandlungen durch seinen Vater. Wenn dann der Junge heranwächst, misshandelt er seine eigenen Kinder. Mit der Zeit wird er alt, schwach und hilflos. Dann genießt vielleicht ein erwachsener Nachkomme, der die Fürsorge für ihn hat, die Gelegenheit, die Gunstbezeugungen zurückzugeben und die Bedürfnisse des alten Mannes zu vernachlässigen.

Und so nimmt die Feindschaft eine immer stärkere Form an und verewigt sich selbst in einer anderen Generation.

Aber dennoch treffen sich alle in der Zukunft wieder, um sich in gemischten Rollen gegenüber zu stehen, begierig, die Jahrhunderte lange karmische Schlacht fortzusetzen. Deshalb kommt der Vater vielleicht als Mädchen zurück, die Mutter als Vater, der Junge als Mutter und zusätzlich der glückliche Mischmasch aus einigen Onkeln, Tanten und Vettern, die in diesen karmischen Salat geworfen werden.

Das ist der Weg des Karmas.

Friedrich von Longau fing in seinem Buch *Retribution* [Vergeltung] den Geist des karmischen Handelns in der menschlichen Arena ein. Er schreibt: »Obwohl die Mühlen Gottes langsam mahlen, so mahlen sie doch außerordentlich fein.«

Es gibt keinen Weg außerhalb dieses Rades der Reinkarnation, bis jeder Mensch Licht und Ton Gottes kennen lernt. Sie erheben den Einzelnen über das kleinliche Selbst, über die menschliche Natur.

Es gibt keinen Weg außerhalb dieses Rades der Reinkarnation, bis jeder Mensch Licht und Ton Gottes kennen lernt.

* * *

Die folgende Geschichte stammt aus Erde an Gott, bitte kommen ..., *Buch 2. Ed Spaulding zeigt, wie der Mahanta ihm half, eine zähe karmische Situation mit seinem Arbeitgeber aufzulösen. Die Dinge entwickelten sich viel schlechter, bevor sie besser wurden.*

Eine geschäftliche Herausforderung
von Ed Spaulding

Meine Arbeit lief gut. Ich war Verkäufer einer Druckfirma und hatte eine Reihe großer Auftraggeber an Land gezogen. Meine Provisionen stiegen jeden Monat und ich war glücklich und begeistert über die Zukunft.

Eines Tages rief mich der Besitzer der Firma, Dave, zu sich in sein Büro. »Ed«, sagte er, »ich möchte, dass du einen neuen Vertrag unterschreibst.« Er verringerte meine Provisionen rückwirkend, die er mir noch zahlen musste. Ich würde über zehntausend Dollar verlieren. Der neue Vertrag setzte auch eine Obergrenze für meine zukünftigen Verdienste.

Als ich protestierte, sagte Dave: »Du kriegst mehr Geld, als deine Arbeit wert ist. Ich muss deine Provisionen umstrukturieren.«

Im Schock über die plötzliche Wendung der Ereignisse murmelte ich etwas darüber, Zeit zu brauchen, den Vertrag durchzusehen, und stolperte dann aus dem Büro.

Ich schob die Unterzeichnung des Vertrages mehrere Tage hinaus. Je mehr ich mit Dave zu verhandeln versuchte, um so ärgerlicher und einschüchternder wurde er. Als ich mich hinsetzte, um meine spirituellen Übungen zu machen, stellte ich fest, dass ich in einem Netz von emotionalem und mentalem Aufruhr gefangen war. Der Versuch, mit Dave zu reden, laugte mich aus. Ich war betroffen von seinem Unwillen, vernünftig mit mir zu reden. Schließlich setzte er mir ein Ultimatum: »Unterzeichne den Vertrag oder du bist gefeuert!«

Ich merkte, dass ich ihm nicht mehr vertraute. Wie konnte ich dann weiter für ihn arbeiten?

Innerlich begann ich HU zu singen, das Liebeslied an Gott, um im Gleichgewicht zu bleiben. Ich sagte: »Dave, ich gehe. Aber ich möchte ausgezahlt bekommen, was mir nach der alten Provisionsregelung zusteht.«

Dave bekam einen Wutanfall. Sein Gesicht wurde rot wie rote Beete. Er warf mich aus dem Gebäude und ich war glücklich, ohne Verletzung davon zu kommen.

Als ich wegfuhr, verspürte ich Erleichterung.

Innerlich begann ich HU zu singen, das Liebeslied an Gott, um im Gleichgewicht zu bleiben.

Aber er hatte mich um eine Menge Geld betrogen. Ich war so entsetzt von Dave, dass ich nicht wusste, ob es den Ärger wert war, meiner verlorenen Provision nachzulaufen.

Teilweise, um dem aus dem Weg zu gehen, teilweise, weil ich einen Abstand von den Spannungen brauchte, hörte ich auf, über die Situation nachzudenken. Ich beruhigte mich und begann bald eine neue Beschäftigung in einem anderen Bereich des Druckgewerbes.

Eines Tages, während ich zu meinem neuen Büro fuhr, bemerkte ich, dass mich ein großer rostiger Wagen verfolgte. Wellen von Angst und Ärger schwappten über mich. Dave ließ mich verfolgen. Es entstand ein Spiel von Katz und Maus, als ich den anderen Wagen vorbeifahren ließ und ihn dann einzuholen versuchte, aber er entkam im Verkehr.

Später, als ich aus meinem Bürofenster schaute, sah ich denselben rostigen Haufen an einem Stoppschild. Mein Herz begann zu pochen. Ich sang HU für mich, bat um göttlichen Schutz und rannte hinaus, um den Fahrer zur Rede zu stellen. Ich gefährdete meine eigene Gesundheit und klopfte an das Fenster des rostigen Wagens.

Der Mann fluchte, dass er ertappt wurde. Er kurbelte das Fenster runter und schrie: »Ich sollte Sie auf der Stelle verprügeln.«

Mit ganz ruhiger Stimme sagte ich: »Warum bezahlt Dave Sie, um mich zu verfolgen?«

»Dave sagt, Sie sind darauf aus, sein Geschäft zu zerstören. Er sagte mir, Sie müssen beobachtet werden. Er hat mir sogar zusätzlich zweihundert Dollar geboten, wenn ich Sie verprügle.«

Ich gefährdete meine eigene Gesundheit und klopfte an das Fenster des rostigen Wagens.

Ich starrte ihn vor Erstaunen mit offenem Mund an. Er fuhr fort: »Mein Bruder sagte, Sie wären ein netter Kerl. Er kennt Sie von der Arbeit und hat mir geraten, es nicht zu tun.« Als der Mann wegfuhr, stand ich erstaunt da: *Warum hat sich mein Leben plötzlich in einen schlechten Fernsehfilm verwandelt?*

Nun konnte ich Dave nicht mehr aus dem Weg gehen. Mein Ärger war stärker als meine Angst. Ich rief an und sagte: »Du hörst besser auf, mich verfolgen zu lassen!«

Er leugnete alles und warf mir stattdessen vor, seine Kunden zu stehlen. Wenn ich nicht aufhörte, würde er mich verklagen. Als ich den Hörer auflegte, stellte ich fest, dass es Zeit war, einen Anwalt aufzusuchen. Ich musste mich über meine Rechte informieren. Ich suchte ein Anwaltsbüro aus dem Telefonbuch aus und machte einen Termin.

Die Nacht, bevor ich zum Anwalt ging, hatte ich einen lebhaften Traum, wieder in Daves Büro zu sein. Seine Frau kam auf mich zu, ihr Gesicht war erfüllt von Angst und Verzweiflung. »Bitte, Ed«, sagte sie, »du und der Anwalt solltet uns das nicht nochmal antun.«

Sie erwähnte sogar den Namen eines Anwalts.

Dann kam Dave dazu. »Ich werde dich verklagen!«, sagte er.

Aber zu meiner Überraschung versuchte er nicht, mich aus dem Büro zu werfen. Stattdessen sagte er: »Solange du hier bist, kannst du wenigstens aushelfen.« Er arbeitete an einer Sache, die ich früher für ihn bearbeitet hatte, also machte ich mit.

Damit das Ganze funktionierte, musste ich

den Vertrag, den ich nach seinem Wunsch unterzeichnen sollte, falten und unter eine Karte schieben, damit er nicht wegrutschte.

Der Traum wechselte. Jetzt war ich in meinem Haus, wo dasselbe Stück Papier von Dave mit der Post zurückkam. Darauf stand der Geldbetrag, der unsere Differenzen begleichen würde.

Dann wachte ich auf. Ich schrieb den Traum auf und fühlte mich ermutigt. Aber es war Zeit, schnell loszugehen und mich mit meinem neuen Anwalt zu treffen. Als ich ankam, war es ein Schock zu entdecken, dass der Anwalt für meinen Fall denselben Namen hatte, den Daves Frau im Traum ausgesprochen hatte!

Ich zeigte dem Anwalt meine Dokumente und beschrieb die Situation. Seine Augen leuchteten mit Dollarzeichen auf.

»Das ist ein Fall, der leicht zu gewinnen ist«, sagte er. Vielleicht verspürte er einen gewissen Widerstand meinerseits, weil er hinzufügte: »Ich verzichte sogar auf den normalen Honorarvorschuss, damit wir anfangen können. Unterschreiben Sie einfach hier.«

Stattdessen saß ich einfach da. Meine Gedanken kehrten zu meinem Traum zurück und was er bedeutete.

Es schien die Wiederholung eines alten Spiels aus einem vergangenen Leben zu sein, wenn ich Dave verklagen würde. Wenn es nur einen anderen Weg gäbe, die Dinge auszuarbeiten. Dann würde sich unser Karma ein für alle Mal auflösen. Daher bat ich den Anwalt um Zeit, die Dinge zu überdenken, und ging.

Später, in der Kontemplation, sprach ich mit dem Mahanta über meine Frustration. Ich bat

Der Traum wechselte. Jetzt war ich in meinem Haus, wo dasselbe Stück Papier von Dave mit der Post zurückkam. Darauf stand der Geldbetrag, der unsere Differenzen begleichen würde.

In meiner Kontemplation öffnete der Mahanta eine Tür. Herein kam Dave, lächelnd und voll Licht.

darum, das vergangene Leben zu sehen, das einen so intensiven Konflikt zwischen Dave und mir verursacht hatte.

Der Mahanta sagte: »Du wirst diese vergangenen Leben rechtzeitig sehen. Jetzt werde ich erst mal ein Treffen mit Dave, von Seele zu Seele, arrangieren, um dein Karma allmählich auszuarbeiten.«

In meiner Kontemplation öffnete der Mahanta eine Tür. Herein kam Dave, lächelnd und voll Licht. Es war großartig, ihn glücklich zu sehen und bereit zu reden. Hier, in einem höheren Bewusstseinszustand, hatten wir das gemeinsame Ziel, alles Karma zwischen uns aufzulösen.

Ich fragte ihn daher zu dem Verhalten seines menschlichen Bewusstseins.

»Ich habe Angst vor dir!«, sagte er.

Das war erstaunlich, da ich Angst vor ihm hatte. Ich fragte dann: »Nun, wie können wir die Dinge im Äußeren ausarbeiten, da ich nicht mit dir sprechen kann?«

Dave lächelte und sagte ruhig: »Es wird schon einen Weg geben.«

Ich dankte ihm und dem Mahanta, weil ich nun allmählich das Gefühl hatte, dass die Dinge ausgearbeitet werden konnten.

Wenige Tage später erhielt ich einen sehr drohenden Brief von dem Anwalt Daves. Aber am Ende des Briefes hieß es, ich sollte ihn anrufen, wenn ich irgendwelche Fragen hätte.

»Aha!«, rief ich. »Das ist der Weg, den Dave für die Kontaktaufnahme offen gehalten hat.«

Das Treffen mit meinem Anwalt hatte mich davon überzeugt, dass ich rechtlich in einer Position der Stärke war. Also rief ich den Anwalt von Dave an und erklärte ihm meinen Fall. Ich sagte ihm, alles, was ich wollte, sei die Provision, die mir zusteht. Am gleichen Tag später rief Daves Anwalt zurück. Obwohl er offensichtlich eine harte Sitzung mit seinem Kunden gehabt hatte, hatte er Dave überzeugt, mich voll auszuzahlen.

Über das folgende Jahr erhielt ich monatlich Schecks von ihm mit der Post. Dieses monatliche Einkommen versetzte mich in die Lage, für meinen Unterhalt zu sorgen, während ich mein eigenes Geschäft aufbaute, ein Ziel, das ich schon einige Zeit lang hatte.

Ich stellte fest, dass die Erfahrung mit Dave mich gestärkt hatte. Sie hatte mir Mut gemacht, das Risiko auf mich zu nehmen, ein eigenes Geschäft aufzubauen. Neben dem Risiko, einen neuen schwierigen Vorgesetzten ertragen zu müssen, erschien der Aufbau meines eigenen Unternehmens leicht.

Nach einem Jahr rief der Anwalt von Dave an. »Dave ist bereit, sich mit Ihnen zu treffen, um eine endgültige Vereinbarung zu treffen«, informierte er mich.

Bei der Vorbereitung, Dave anzurufen und einen Termin auszumachen, stellte ich fest, dass ich immer noch große Angst vor ihm hatte. Ich ging daher in Kontemplation und traf ihn wieder von Seele zu Seele.

Ich fragte: »Könntest du mir bitte sagen, was du brauchst, um die Fassung zu bewahren, wenn wir uns treffen?«

Als ich Dave anrief, war das Erste, was er mir sagte: »Wir werden uns hinsetzen und die Bücher durchgehen. Aber ich vertrage keine Diskussionen. Bitte antworte mir schriftlich.«

Ich stellte fest, dass die Erfahrung mit Dave mich gestärkt hatte. Sie hatte mir Mut gemacht, das Risiko auf mich zu nehmen, ein eigenes Geschäft aufzubauen.

Ich merkte, das war das, was er brauchte, um sein Gleichgewicht zu bewahren, also stimmte ich zu. Es gab zwei spannungsgeladene Treffen. Ich hielt mein Versprechen, mit ihm nicht persönlich zu diskutieren, und daher lösten wir unsere Differenzen auf dem Papier, trafen eine Vereinbarung und gingen getrennt unserer Wege.

Kurz nach unserem letzten Treffen hatte ich eine Vision. Ich sah Dave und mich in einem vergangenen Leben, wo er mich in einer geschäftlichen Situation betrogen hatte. Ich hatte auf rachsüchtige Art reagiert und sein Geschäft ruiniert. In einem Augenblick wurde klar, dass Daves enormer Ärger in diesem Leben ein Spiegel meines eigenen Hasses aus der Vergangenheit war. Er kam jetzt zu mir in die Gegenwart zurück.

Um das Karma abzuarbeiten, dass ich sein damaliges Geschäft ruiniert hatte, half ich Dave, seine gegenwärtige Firma zu einem Erfolg aufzubauen. Als er mich in diesem Leben betrog, war das eine goldene Gelegenheit für mich, spirituell zu wachsen. Ich konnte die Dinge auf ausgewogene Art und Weise ausarbeiten, dadurch dass ich meinem eigenen Ärger aus der Vergangenheit über mich selbst und über ihn ins Auge sah.

Dadurch, dass ich Dave vergab, vergab ich auch mir.

Eineinhalb Jahre später traf ich zufällig Dave auf der Straße. Zu meiner Überraschung kam er zu mir, anstatt in seinen Wagen zu steigen. Er lächelte und schüttelte mir die Hand.

»Kurz nach unserem letzten Treffen hatte ich einen schweren Herzanfall«, sagte er. »Ich bin fast gestorben. Der Arzt sagte mir, ich müsste mein Geschäft verkaufen, wenn ich weiterleben wollte.«

Dave hatte das vergangene Jahr damit verbracht, mit seiner Familie um die Welt zu reisen und verbrachte eine wundervolle Zeit. Er sagte dazu: »Es ist großartig, wenn man ein netter Kerl im Leben wird. Das einzig Bedauerliche an meinem Geschäft war, wie ich dich behandelte.«

Ruhig entschuldigte sich Dave bei mir. Ich nahm seine Entschuldigung mit Tränen in den Augen an und wir wurden beide von einer Woge von Emotionen überspült.

Ich fühlte die Gegenwart des Mahanta. Mit ihr kam die Gewissheit, dass unser Karma nach langer Dauer geheilt war.

Als ich in Daves Augen schaute, erkannte ich die wunderbare Seele, die ich im Inneren getroffen hatte, die sich nun im Äußeren manifestiert hatte.

Ich fühlte die Gegenwart des Mahanta. Mit ihr kam die Gewissheit, dass unser Karma nach langer Dauer geheilt war.

4
Der Tod als ein Kontinuum des Lebens

Eine Frau, die wir Lana nennen wollen, hielt eine Katze als Haustier. Sie hatten elf Jahre lang zusammen gelebt und eine starke Liebesbeziehung gehabt, aber nach einiger Zeit starb die Katze. Natürlich vermisste Lana ihre langjährige Freundin.

Ungefähr ein Jahr nach dem Ableben der Katze stellte Lana eine Reihe klarer Träume fest.

In einem Traum sagte jemand: »Ihre Katze wird am Montag, dem 31. Juli, reinkarnieren.« Als Lana aufwachte, dachte sie: *Der Traum war schön. Aber ich lebe jetzt in einem Apartment in einer großen Stadt. Ich weiß nicht, wie meine Katze mich finden will.*

Dann kam ein zweiter Traum.

In diesem Traum übergab ihr jemand zwei kleine Kätzchen. Beide Kätzchen waren gestreift; das eine war heller, das andere dunkler. Der Mahanta, der Innere Meister, sagte: »Das dunklere von den beiden ist deins.«

In derselben Woche rief eine ihrer Freundinnen an. »Zwei meiner Katzen haben zur selben Zeit geworfen«, sagte sie. »Möchtest du ein Kätzchen haben?«

Ungefähr ein Jahr nach dem Ableben der Katze stellte Lana eine Reihe klarer Träume fest.

Als Lana sich einen der Würfe ansehen ging, sah sie die gestreiften Kätzchen aus ihrem Traum. »Das ist meine Katze«, sagte sie, und nahm die dunklere von den beiden.

»Es ist ein Kater«, sagte ihre Freundin. Lana machte eine Pause.

»Ein Kater?«, sagte sie. »Meine Katze war eine sehr weibliche Katze. Ich kann mir nicht vorstellen, dass sie als Kater wiedergekommen ist.« Sie fühlte sich plötzlich unwohl wegen ihres Traums.

Aber ihre Freundin sagte: »Wenn du eine Katze haben möchtest, da ist ein süßes grauweißes Kätzchen in dem anderen Wurf. Das Kätzchen liebt jedermann.« Aber es liebte Lana nicht. »Ich denke, ich bleibe besser bei dem gestreiften«, sagte Lana und ließ das kratzende Fellbündel los.

Auf ihrem Weg nach draußen fragte Lana: »Übrigens, wie hieß die Mutterkatze?«

»Z«, kam die Antwort. (Z ist ein anderer Name für den Inneren Meister, Wah Z.) Als sie nach Hause fuhr, dachte sie: *Vielleicht ist das wirklich meine Katze, obwohl sie männlich ist.*

Später öffnete sie zur Kontemplation ein ECK-Buch auf gut Glück. Da stand: »Die Seele wird zwischen männlichen und weiblichen Körpern wechseln und lernt jedes Mal einige Lektionen, während sie Karma ansammelt und abarbeitet.«

Lana hatte ihre Antwort. Das gestreifte männliche Kätzchen war ihre alte Freundin, die zurückgekommen war.

»Die Seele wird zwischen männlichen und weiblichen Körpern wechseln und lernt jedes Mal einige Lektionen, während sie Karma ansammelt und abarbeitet.«

Todesangst

Die größte aller Ängste ist die Todesangst, sagen Pandits.

Sie geben zu, dass darüber schon alles gesagt

worden ist. Das ist teilweise wahr. Aber der poetische Prediger des Ekklesiastes hatte eine eloquente Art den Tod in eine Perspektive mit den Erfahrungen des Lebens zu stellen. »Für alles gibt es eine Zeit«, sagte er, »und eine Zeit für alles Geschehen unter dem Himmel: eine Zeit zum Geborenwerden, eine Zeit zum Sterben. ... Eine Zeit zum Weinen und eine Zeit zum Lachen; eine Zeit zum Klagen und eine Zeit zum Tanzen.«

Wir denken, wir kennen die Bedeutung von Losgelöstheit, bis einer von den Unseren auf die andere Seite hinübergeht. Dann sind wir nicht mehr so sicher. Wir fragen uns: *Wo ist Gott in diesem unserem Leid?*

Die alten Philosophen haben sich auch mit dem Gegenstand des Todes auseinandergesetzt. Epikur, der griechische Philosoph des dritten Jahrhunderts v. Chr. lehrte, dass die physischen Sinne unfehlbar in der Bestimmung der Wahrheit sind. Was für ein Missverständnis. Aber er hatte tatsächlich einen interessanten Gedanken.

»Es gibt nichts Schreckliches im Leben für einen Menschen, der richtig begreift, dass nichts Schreckliches dabei ist, das Leben zu beenden«, sagte er.

Lukrez, der römische Philosoph und Dichter, meinte, dass der Tod überhaupt kein Grund zur Sorge sein sollte. Wenn die Seele den Körper verlässt, sagte er, hört sie auf zu existieren. Das Leben wird vom Tod verschlungen.

Eine hoffnungslose und düstere Philosophie, wenn es überhaupt eine war.

Aber das sengende Licht der Wahrheit, wie sie in Eckankar gelehrt wird, ist wie ein flammender Pfeil, weil er die Hülle solch düsterer Philosophien durchdringt. Eckankar lehrt die Freiheit der Seele. Die Seele triumphiert über den Tod. Sie ist ein Funke Gottes. Ihre eigentliche Existenz beruht auf dem göttlichen Atem des Heiligen Geistes, dem ECK, dem geheiligten Licht und Ton.

Daher ist die Seele der Sieger, der Tod der Besiegte.

Nun sehen Sie sich die Geburt an.

Die Geburt ist das Wunder, durch das die Seele in einen neuen physischen Körper eintritt. Sie ist das Eröffnungskapitel unseres Lebens, während der Tod das letzte Kapitel darstellt. Aber der Sieg des Todes ist kurz. Unsere ersten Schreie als Neugeborene künden, wie die tastenden Ausläufer der Dämmerung, das Erwachen aus der Ruhe der Nacht an.

Die Seele ist ewig. Das ist ihr Vermächtnis. Durch zeitlose Zyklen des Wunders der Geburt setzt die Seele ihr Streben fort, ihrem Schöpfer ähnlicher zu werden. Sie ist wie eine Biene, die den Nektar finden muss.

Ein Mensch reift und stirbt dann; seine Atome werden wieder zu Staub. Aber bevor die Zeitalter vorübergehen, wirbeln die Herren des Karmas den Staub auf, um einen neuen Körper für ihn zu schaffen. Und so beginnt er eine weitere Runde auf dem Rad des Lebens.

Der Tod ist also ein Übergang von einem Kapitel des Lebens zu einem anderen und von da aus wieder zu einem anderen. Der Prozess ist natürlich. Er war viele Male in der Vergangenheit Teil Ihrer Erfahrungen. Aber Sie können mit diesem Zyklus Schluss machen. Die ECK-Lehre zeigt Ihnen, wie auch Sie spirituelle Freiheit gerade in diesem Leben finden können.

Den Tod von oben sehen

Ein Bekannter berichtete von einer außerkörperlichen Erfahrung, die er gehabt hatte, als er Anfang vierzig war. Zur Wahrung seiner Privatsphäre nennen wir ihn Andy. Ein Herzanfall streckte ihn nieder. Dann brachte ihn eine Ambulanz schnell zum Krankenhaus, wo die Ärzte alles in ihrer Macht Stehende taten, um sein Leben zu retten.

Mitten in dem ganzen Tumult hatte Andy seinen Körper verlassen. Er schwebte nahe an der Decke wie ein Paar Augen und empfand eine große Glückseligkeit. Er hatte keine Sorgen wegen des Schicksals seines bleichen physischen Körpers, der da unten ausgestreckt auf dem Operationstisch lag. Dann gab ihm ein Arzt eine starke Spritze. Eine machtvolle Kraft zog ihn in seinen unbewussten Körper zurück, obwohl er nicht den Wunsch hatte dorthin zurückzukehren.

Später erzählte Andy einer Schwester von diesem außerkörperlichen Abenteuer im Operationssaal, während sein Körper bewusstlos dalag. Aber keiner vom Personal hatte großes Interesse an seiner Geschichte.

Am Ende entschloss er sich, die Erfahrung für sich zu behalten. Das medizinische Personal schaute ihn seltsam an, weil sie Angst hatten, sein Verstand hätte wegen eines Mangels an Sauerstoff einen Schaden erlitten.

* * *

Ein anderer ECKist erinnerte sich an eine ähnliche Geschichte über seinen Vater, den wir Carl nennen. Carl erzählte seinen Kindern, dass er einmal wegen einer schweren Krankheit in einem kritischen Zustand ins Krankenhaus gebracht werden musste. Carl erzählte die Geschichte, damit seine Kinder nicht mit einer Angst vor dem Tod durchs Leben gingen.

Hier kommt, was Carl ihnen erzählte.

Sein Herz hatte aufgehört zu schlagen. Ein Arzt versuchte vergeblich, es wieder in Gang zu bringen. All das geschah vor vielen Jahren, bevor das medizinische Wissen auf seinem heutigen Stand angelangt war. Der Hausarzt war zufällig anwesend. Er hämmerte mit beiden Fäusten auf die Brust des vom Herzanfall betroffenen Vaters und versuchte, den ausgesetzten Herzschlag wieder in Gang zu bringen.

Carl ging in der Zwischenzeit aus dem Körper heraus. Von einem Punkt nahe der Decke genoss er eine eindrucksvolle Sicht auf die ganze Szene. Er beobachtete die hektischen Versuche der zwei Ärzte da unten.

Dann verlagerte sich seine Aufmerksamkeit auf eine neue Szene. *Er sah sich eine spiralartige Treppe hochsteigen. Eine entzückende Melodie lockte ihn weiter, immer höher die Treppe hinauf.* Er verspürte keinerlei Wunsch, zu seinem Körper zurückzukehren. Dann stand er vor einer Eingangstür und spürte, dass sein irdisches Leben, wenn er hindurchginge, enden würde. Er ging also auf die Tür zu. Es erschien wie ein Geschenk des Himmels.

In seiner Verzweiflung versetzte der Tierarzt genau in diesem Augenblick seiner Brust die schärfsten Schläge. Das machte Carl wütend. Das extreme Schlagen zog ihn von der Eingangstür weg, die ihm ein Leben in ewigem Frieden verhieß. Er wachte schimpfend und fluchend auf. Die Ärzte und Schwestern nahmen an, dass der Ausbruch ein Fall von Delirium war und ignorierten ihn deshalb. Das kam bei Patienten schon mal vor.

Nach dieser Seelenerfahrung verlor Carl jede Angst vor dem Tod.

Was für eine tolle Geschichte, die man an seine Kinder weitergeben kann.

Aber kehren wir jetzt für einen späteren Beweis von Carls außerkörperlicher Erfahrung zurück zum Krankenhaus.

Einer der Ärzte hatte während der Aufregung, die durch Carls Krise eingetreten war, seinen Stift verloren. Als Carl einer Schwester anvertraute, was geschehen war, während sein Körper dem Tode nahe war, tat sie seine Geschichte ab. Stellen Sie sich ihren Schock vor, als er ihr erzählte, wo sie den Stift des Arztes finden konnte. Keiner wagte, seine Geschichte zu glauben. Aber sie konnten schwerlich eine Erklärung finden, woher er die Lage des verlorenen Stiftes kannte, die den gründlichsten Suchanstrengungen des medizinischen Personals entgangen war.

Carl ist kein Mitglied von Eckankar. Aber sein Sohn, der die Geschichte erzählte, war einige Jahre Mitglied.

»Mein Vater ist kein Mitglied«, sagte er, »aber was ihn angeht, macht Eckankar mehr Sinn als eine Menge anderer Sachen.«

Nehmen Sie das an von jemand, der es weiß.

* * *

Beide der oben erwähnten Männer, die beide eine Erfahrung außerhalb des Körpers hatten, sind starke Persönlichkeiten. Angst vor Sünde oder Schuld ist kein Problem für sie. Sie übernehmen die Verantwortung für ihre Gedanken und Handlungen. Sie beugen sich auch nicht dem Druck,

Beide der oben erwähnten Männer, die beide eine Erfahrung außerhalb des Körpers hatten, sind starke Persönlichkeiten.

Mitglied der einen oder anderen Religion zu werden. Sie kennen sich selbst gut genug.

Eine versteckte Drohung wie »Tritt uns bei oder du riskierst die Verdammung« ist Feuer ohne Hitze und hat überhaupt keine Wirkung.

Im früheren amerikanischen Jargon sind die beiden gestandene Männer. Sie haben die Wasser durchquert und die Berge erklommen.

Eine große Anzahl von Menschen in den Vereinigten Staaten behaupten, mindestens eine Vision gehabt zu haben. Diese Kategorie umfasst möglicherweise einen starken, unvergesslichen Traum oder eine außerkörperliche Erfahrung.

Welche Form auch immer die Erfahrung annimmt, sie ist ein Weckruf von Gott.

Von da an werden viele Sucher. Dennoch setzen sie möglicherweise dieses Leben in der Kirche ihrer Jugend fort und wollen ihre Familie oder den sozialen Rahmen nicht in Unordnung bringen, indem sie die Gemeinschaft der Gläubigen für Eckankar verlassen. Viele anerkennen aber, dass Eckankar tatsächlich mehr realistische Antworten auf spirituelle Fragen anbietet als ihre Kirche.

Sie sind also Sucher.

Vielleicht werden Sie im nächsten Leben den Mut aufbringen, die Wahrheit aufzunehmen. Sie werden die uralte Frage stellen, die alle Sucher stellen: »Wozu bin ich hier? Was bedeutet das Leben?«

Dann erscheint der Meister.

Ihre Bestimmung als Seele

Die Seele kommt in diese Welt, um einer Reihe von Aufgaben nachzugehen, denn jede ist eine Übung in spiritueller Reinigung. Im Ganzen genommen machen diese ihr zugewiesenen Aufgaben die

Die Seele kommt in diese Welt, um einer Reihe von Aufgaben nachzugehen, denn jede ist eine Übung in spiritueller Reinigung. Im Ganzen genommen machen diese ihr zugewiesenen Aufgaben die Bestimmung der Seele aus.

Bestimmung der Seele aus. Um die Richtung ihrer Mission vorzugeben, kommt die Seele in ein neues Leben mit einem Körper der Stärke oder der Schwäche; in Reichtum oder Armut; mit großer Intelligenz oder einfachem Verstand; in einer populären Hautfarbe oder nicht; entweder als männliches oder als weibliches Wesen.

Die Idee der Bestimmung als Konzept ist in großen Teilen der heutigen westlichen Gesellschaft außer Mode. Die Menschen möchten Kapitäne ihres eigenen Lebens sein. Sie haben den Wunsch, ihr eigenes Schicksal in die Hand zu nehmen. Sie werden ihr eigenes Morgen formen. Aber wie können sie das tun ohne Kenntnis und Würdigung des sehr genauen Karmagesetzes?

Oder insbesondere des Gesetzes der Liebe?

Trotz aller Fiktionen darüber, wer der Meister ihres eigenen Schicksals ist, können sie nicht einmal die Bedingungen ihrer Geburt bestimmen. Und daher bleiben die Regeln des Karmas und der Reinkarnation ein Mysterium und sie erleben eine Menge Sorgen und Enttäuschungen mit dem Ergebnis ihrer Pläne.

Wie könnten die starren Regeln des Karmas auch auf sie zutreffen?

Viele möchten gerne denken, dass das nicht der Fall ist und sind sich sicher, dass sie sich oberhalb der gewöhnlichen Masse der Menschheit befinden und deshalb von diesen Regeln ausgenommen sind.

Im Großen und Ganzen wählt aber der Herr des Karmas – nicht der Einzelne – eine Familie für jede Seele aus. Die Seele muss dann dem Drehbuch der Bestimmung folgen und in einen physischen Körper eintreten.

Der Herr des Karmas ist wie der Vormund eines

Der Herr des Karmas ist wie der Vormund eines Minderjährigen. Er verwaltet ein anvertrautes Vermögen im Namen eines spirituellen Kindes und arrangiert für es, in eine Familie mit den besten Aussichten für die Entfaltung dieser Seele zu kommen.

Minderjährigen. Er verwaltet ein anvertrautes Vermögen im Namen eines spirituellen Kindes und arrangiert für es, in eine Familie mit den besten Aussichten für die Entfaltung dieser Seele zu kommen. In der Auswahl der Zeit und des Ortes der Reinkarnation ist der Herr des Karmas der einzige Richter. Er ist der einzige Gebieter über die Auswahl von Körper, Gesundheit, Familie oder Zukunft. Der Herr des Karmas alleine setzt die Bedingungen für das Schicksal der meisten Menschen.

Die Auswahl des Ortes ist ein einfaches karmisches Detail. Das Gesetz des Karmas herrscht über alle diese Platzierungen und er ist nur sein Agent.

Die ursprüngliche Saat für jede Inkarnation besteht bereits unter der Schirmherrschaft der Bestimmung, die wir auch Karma der vergangenen Leben nennen. Auf einem praktischen Niveau werden genetische, kulturelle und soziale Elemente kombiniert, um über den Platz der Seele in dieser Welt zu entscheiden. Für Menschen am niederen Ende der Überlebensskala wählt der Herr des Karmas alleine Zeit und Ort der Wiedergeburt.

Nach der Geburt geht es dann ums Überleben. Die Überlebensskala ist gemäß Definition ein Maß für unseren Instinkt dessen, was wir tun können.

Aber die karmische Auswahl des Ortes setzt andere Standards für Menschen am oberen Ende der spirituellen Skala. Eine größere Anzahl von ihnen hat eine Stimme in der Auswahl eines menschlichen Körpers oder des Ortes der Geburt. Sie spüren die Notwendigkeit spiritueller Freiheit, eine Ansicht, die sie aus vielen vergangenen Leben und der Selbstverantwortung, die mit diesem Paket einhergeht, gewonnen haben. Diese Seelen demonstrieren also kreative Ideen und Erfindungsgeist in ihren Inkarnationen. Sie sind überwiegend fröhliche und positiv gestimmte Menschen.

Spirituelle Errungenschaften in vergangenen Leben haben ihnen eine Stimme in der Auswahl einiger Bedingungen in ihrer gegenwärtigen Inkarnation gegeben.

Sie haben sich dieses Recht verdient.

Stellen Sie sich die Bestimmung vor als die Ausrüstung, Talente oder Begabungen, die man in dieses Leben mitbringt. Sie sind verbunden mit einem göttlichen Auftrag, sie für alles Leben zum Guten zu verwenden. Es ist unsere Verantwortung, das mit Weisheit zu tun.

In vielen westlichen Kreisen macht man sich über die Idee der Bestimmung oder des Schicksals lustig. Dennoch ist es ein uraltes Prinzip des spirituellen Lebens.

Was ist die Grundlage für eine kulturelle Fehlansicht über das Schicksal?

Die Menschen sind diesbezüglich in einem Zustand der Konfusion. Sie fragen sich: *Wie können Schicksal und freier Wille nebeneinander existieren?* Die Bestimmung kontrolliert die Bedingungen bei der Geburt. Vieles von dem, was ein Mensch nach der Geburt tut, ist ein offenes Buch, eine Übung in freiem Willen. Der freie Wille kann die Nachteile der Bestimmung ausgleichen oder sogar überwinden, aber nur durch das Erwachen des Bewusstseins. Man kann daher sowohl sein materielles wie auch sein spirituelles Leben umformen.

Um es zusammenzufassen, das Schicksal herrscht über die Bedingungen bei der Geburt; der freie Wille erlaubt eine Wahl, wie man sich darüber hinaus bewegt.

Stellen Sie sich die Bestimmung vor als die Ausrüstung, Talente oder Begabungen, die man in dieses Leben mitbringt.

Lehren aus jedem Leben

Ein vergangenes Leben war eine treibende Kraft, Ihnen Mitgefühl für andere beizubringen, obwohl Sie in jenem Leben kein Einfühlungsvermögen für die Leiden anderer gezeigt haben. Manchmal vielleicht, indem Sie die Rolle des Folterers, des grausamen Herren oder gar des Terroristen gespielt haben. In einem späteren Leben dann war es erforderlich, dass Sie zur Wiederherstellung des Gleichgewichts der karmischen Waage die unwürdigen Umstände des Opfers erlitten. Sie werden also zum Gefolterten, Unterdrückten und Verletzten.

Das alles gehört zum Spiel.

Jedes Leben lehrt mindestens eine Lektion und oft Dutzende.

Natürlich waren andere Leben Routine. Ohne spektakuläre Lektionen haben sie gleichwohl als eine Gelegenheit zur Heilung und zum Nachdenken gedient. Sie haben sich möglicherweise von einem frühen Leben in Abenteuer in ein späteres in Ruhe hineinmanövriert. Menschen kommen tatsächlich auch zur Erde zurück, um geheilt zu werden. Sie laufen schnell weg zu einem ruhigen Ort in einer ländlichen Umgebung, ein Zeichen der Erinnerung an den Himmel, den sie hinter sich gelassen haben.

Gesegnet seien Menschen wie Einsiedler, Schafhirten und Stubenhocker. Sie haben ihren Platz.

Jedes Leben lehrt mindestens eine Lektion und oft Dutzende.

Etwas über Liebe lernen

Ein Europäer erzählte die folgende Geschichte über seinen alten Vater und seine alte Mutter.

Eines Tages erlitt der Vater, nennen wir ihn Aaron, einen Schlaganfall und ein Krankenwagen brachte ihn schnell ins Krankenhaus. Er erholte sich in einigen Wochen und kehrte nach Hause zurück, obwohl er noch schwach war.

Bald danach kam ein zweiter Schock. Die Ärzte fanden heraus, dass seine Frau eine unheilbare Krankheit hatte und gaben ihr nur noch ein paar kurze Tage. Sie fand das Leben angenehm, zeigte aber keine Angst vor dem Tod. Sie nahm die Nachricht gefasst entgegen. Sie sagte Aaron, er solle sich nicht sorgen und ging dann ins Krankenhaus. Die Ärzte, die schon ähnliche Krisen in anderen Familien miterlebt hatten, waren ob ihrer Gelassenheit erstaunt.

Während der letzten Tage der Trennung vermissten sich Mann und Frau natürlich.

Dann probierte die Frau Aarons ein Experiment aus. Sie nutzte die Technik der Vorstellung, um bei ihrem geliebten Mann zu sein. Später erklärte sie ihrem Sohn, dass sie sich einfach vorstellte, sie wäre zu Hause bei Aaron im Bett. In der ersten Nacht ihres Experiments wachte Aaron am nächsten Morgen auf und erzählte seinem Sohn eine seltsame Sache.

»Deine Mutter war letzte Nacht hier neben mir im Bett.«

Der Sohn, ein ECKist, der die Wege des Göttlichen Geistes verstand und von dem Liebesband zwischen seinen Eltern wusste, brachte seine Freude darüber zum Ausdruck.

Die wenigen wertvollen Tage gingen vorbei. Das Paar verbrachte oft gemeinsam die Nacht auf diese Art und bald begann Aaron, einen himmlischen Ton des ECK zu hören. Er vertraute seinem Sohn an, dass er niemals das Singen der Vögel mit solcher Klarheit gehört habe. Er konnte die Vögel nach

Diese Töne kamen gar nicht von irdischen Vögeln, sondern vom Heiligen Geist oder dem ECK. Die Stimme Gottes manifestierte sich ihm wie Vogelgesang.

ihrem Gesang unterscheiden.

Aber tatsächlich kamen diese Töne gar nicht von irdischen Vögeln, sondern vom Heiligen Geist oder dem ECK. Die Stimme Gottes manifestierte sich ihm wie Vogelgesang. Es war die stille Saison für solche Vögel.

Aarons Frau ging hinüber oder starb zehn Tage, nachdem sie ins Krankenhaus gekommen war. Vor ihrem Dahinscheiden machte sie ihm im Traum, in einem Himmel auf den inneren Ebenen, einen letzten Besuch. Sie sagte, sie würde ihn drei Tage lang nicht sehen, sie wäre mit Erfahrungen auf einer Reihe von inneren Ebenen beschäftigt.

Aber sie würde zurückkehren.

Sie erklärte die ganze Angelegenheit auf eine Art, die er verstehen konnte. Sterben war wie ein Umzug in einen neuen Staat oder eine neue Provinz, sie wäre also dabei, solche Sachen wie Führerschein und Autoanmeldung, neue Wohnung und ähnliche Dinge zusammenzubringen.

Am vierten Tag nach ihrem Tod wachte Aaron auf und sprach zu seinem Sohn.

»Ich habe letzte Nacht deine Mutter gesehen. Sie war jung und wunderschön und hatte die Schwesternuniform an, so wie sie ausgesehen hatte, als wir uns im Zweiten Weltkrieg kennen lernten.«

Kurze Zeit danach, als der Sohn am Zimmer seines Vaters vorbeiging, bemerkte er seine Schwester am Bett ihres Vaters und ging deshalb in das Zimmer hinein. Aaron öffnete die Augen.

»Es ist alles in Ordnung«, sagte der Sohn. »Ich bin's nur.«

Aber Aaron schaute durch ihn hindurch. Als ob er jemand anders ins Zimmer hereinkommen sehen würde, öffnete er seine Augen weit vor Erstaunen.

Darin war weder Angst noch Furcht zu sehen, sondern Freude. Im selben Augenblick glitt er friedlich aus seinem Körper und ging zu seiner geliebten Frau in den grünen Feldern des Himmels.

Das strahlende Lächeln auf den Lippen seines Vaters war ein Beweis dafür, dass die Liebe über den Tod hinaus geht.

Der Sohn empfand eine tiefe Dankbarkeit für die Gelegenheit, bei dem Hinscheiden seines Vaters aus seinem ermüdeten und entkräfteten Körper Zeuge sein zu dürfen. Dieses Ereignis stellte einen Wendepunkt auch in seinem spirituellen Leben dar.

Die erfreuliche Erfahrung, bei dem Hinscheiden seiner Eltern dabei zu sein, lehrte ihn viele Lektionen über die Macht der Liebe über alle Dinge, einschließlich den Tod.

Aaron schaute durch ihn hindurch. Als ob er jemand anders ins Zimmer hereinkommen sehen würde, öffnete er seine Augen weit vor Erstaunen.

Eine Reihe von Schritten

Das Leben ist eine Reihe von Schritten. Wir taumeln von einem Punkt zum anderen in einem Leben, dann in einem anderen. Solch eine Zeitspanne bietet vielleicht Aufregung, Erschöpfung oder irgendeinen anderen Zustand – ob er ein Leben lang oder auch nur eine Stunde anhält. Dann wiederum geben angenehme und ruhige Zeiträume die rechte Gelegenheit zur Reflektion und Kontemplation, um Muße zu gewähren, vorwärts oder zurückzuschauen, um sich die Lehren unserer Schulung zu vergegenwärtigen.

Eine Periode der Reflektion oder Kontemplation erweckt eine Sehnsucht nach Wahrheit. Sie wird in uns einen glühenderen Wunsch nach Liebe wachrütteln.

Dann erscheint die Lehre von ECK.

Leben und Tod haben keine wirklichen Grenzen. Der Tod ist nur ein Tor, aber das Leben umfasst alle

> *In Eckankar lernen wir im großen Meer der endlosen Rhythmen des Lebens zu leben, vorwärts zu gehen und unser Sein zu vollziehen.*

Dinge. In Eckankar lernen wir im großen Meer der endlosen Rhythmen des Lebens zu leben, vorwärts zu gehen und unser Sein zu vollziehen.

Bei Gelegenheit erleuchten kleine Strahlen warmen Sonnenscheins die kalten, dunklen Augenblicke unseres Lebens. Dieser Sonnenschein ist die Liebe Gottes. Wenn wir ihre Wärme in unsere Herzen und unseren Verstand lassen, vertreibt sie Dunkelheit und Angst. Wenn die Liebe alle unsere Angst besiegt hat, haben wir den Bedarf an zukünftigen Leben auf diesem Planeten aufgebraucht. Wir erheben uns in einen höheren Zustand. Wir sind nun in der Lage, uns in den größeren Segnungen unseres Schöpfers zu sonnen.

Und so wird die Macht des Karmas und der Reinkarnation im Zaum gehalten.

Wir haben jetzt mehr spirituelle Freiheit.

* * *

Dee und Kathie erzählen wahre Geschichten über die geheimnisvolle Verbindung zwischen Leben und Tod. Diese Berichte stammen aus Erde an Gott, bitte kommen ..., *Buch 1 und 2.*

Papas Reinkarnation
von Dee Meredith

Als Mitglied von Eckankar habe ich mich oft gefragt, wie ich mir selbst Reinkarnation beweisen kann. Waren meine Rückblenden von vorangegangenen Leben nur Einbildung?

Vor einiger Zeit transzendierte (starb) mein Vater. Ich nahm nicht an seiner Beerdigung teil, aber ich hatte die Ehre, innerlich anwesend zu sein, als er in der Astralwelt erwachte. Es dauerte nicht lange und er war drauf und dran, seine neue Heimat in den inneren Welten kennen zu lernen.

Immer wieder besuchte ich ihn während meiner spirituellen Kontemplationen, um zu sehen, wie es ihm ging. Es erheiterte mich zu sehen, dass die spirituellen Prinzipien, über die wir vor seinem Tode gesprochen hatten, nun für ihn Realität wurden.

Diese inneren Besuche zogen sich etwa über zehn Monate hin. Dann, eines Tages, kam ich vorbei, um mit Papa zu plaudern, und er war nicht da. Zuerst dachte ich, er sei losgegangen, um etwas zu erforschen und würde zurückkehren. Aber als ich den Inneren Meister fragte, sagte er, dass Papa sich auf eine weitere Inkarnation auf der Erde vorbereite. Ich war überrascht, aber ich erkannte, dass Papa, als Seele, weiter gehen muss.

Eines Tages, an meinem Arbeitsplatz, hörte ich eine leise Stimme in mir, die mir sagte, dass ich nach Vaters Inkarnation in einigen Monaten Ausschau halten sollte. Ich wunderte mich darüber. Es fiel mir keine Frau ein, die ich kannte, die schwanger war.

Dann erinnerte ich mich daran, kurz nachdem mein Vater gestorben war, ein junges Paar getroffen zu haben. Wir waren sofort Freunde geworden; ich hatte das Gefühl, als würde ich sie seit Jahren kennen. Sie war jetzt schwanger, und ich hatte die innere Gewissheit, dass Vater als ihr Baby zurückkehren würde.

Ich besuchte meine Freundin an dem Tag, an dem sie aus dem Krankenhaus nach Hause kam. Alle drängten sich um das Baby, als ich dorthin kam. Als ich meinen ersten Blick auf das Neugeborene warf, fiel mir sofort auf, dass

Als ich den Inneren Meister fragte, sagte er, dass Papa sich auf eine weitere Inkarnation auf der Erde vorbereite.

seine physische Struktur wie der frühere menschliche Körper meines Vaters war. Das Kind hatte das gleiche widerspenstige, feine Haar und die gelbliche Hautfarbe, die in unserer Verwandtschaft vorkam.

Still hieß ich diese Seele willkommen, als ich das Baby aufnahm. Mit gespannter Wachsamkeit bemühten sich seine kleinen, ungeübten Augen mich in den Blick zu nehmen. Ich berührte sein Drittes Auge mit meinem Zeigefinger. Ein goldenes Licht strahlte daraus hervor und umgab seinen gesamten Kopf und sein drei Tage altes Babygesicht verzog sich zu einem schiefen Lächeln des Erkennens.

Er strengte sich an, seine Stimmbänder zu bewegen. Mit großer Anstrengung schrie er meinen Spitznamen heraus! Seine neuen Eltern waren sprachlos. Eine Welle der Liebe verbreitete sich im Zimmer, und wir fingen alle an zu lachen.

In diesem Augenblick wurde eine Fülle an Informationen zwischen mir und dem Baby ausgetauscht. Es war ein unmittelbarer Austausch von Informationen von Seele zu Seele. Eine Sache, die ich spürte, war, dass Vater sich in diesen kleinen Körper hineingezwängt fühlte!

Ich halte mich durch seine Eltern über diese Seele auf dem Laufenden. Wenn ich ab und zu auf einen Besuch vorbeikomme und er meine Stimme hört, erhellt ein vertrautes schiefes Lächeln sein Gesicht, um mich zu begrüßen.

Ein besonderes Gefühl der Liebe
von Kathie Matwiv

Ich arbeite als Schwester in einem Sterbezimmer. Jeden Tag sterben dort Patienten. Als

---

Ich hieß diese Seele willkommen, als ich das Baby aufnahm. Mit gespannter Wachsamkeit bemühten sich seine kleinen, ungeübten Augen mich in den Blick zu nehmen.

ECKist habe ich eine goldene Gelegenheit, göttliche Liebe und Mitgefühl zu praktizieren.

Als im Mike zum ersten Mal traf, wusste ich, dass uns eine karmische Verbindung zu diesem Ort gebracht hatte. Ich fühlte eine starke bedingungslose Liebe zu ihm und wollte seine letzten Tage so angenehm wie möglich machen.

Eines Tages, als ich sein Gesicht abwischte, bewegte er sich zwischen Bewusstsein und Bewusstlosigkeit hin und her. *Welches vergangene Leben,* fragte ich mich, *hat uns hierher gebracht?*

Als ich auf sein Gesicht schaute und mich entspannte und an den Mahanta dachte, hörte ich den deutlichen Knall einzeln abgeschossener Gewehre. Mein Spirituelles Auge öffnete sich. Dann sah ich mich selbst als einen jungen Soldaten, dem in die Brust geschossen worden war.

Ein anderer Soldat, den ich als Mike in diesem Leben erkannte, rannte zu mir hin. Er hob mich über seine Schulter, trug mich zu einem Graben und sprach zu mir von Gott, als ich starb.

Jetzt, 1992, waren unsere Positionen vertauscht. Die kurze Vision erklärte meine besonderen Gefühle der Liebe für ihn. Als er wenige Tage später starb, war ich da, sang HU und erzählte ihm vom göttlichen Licht und Ton und dem Inneren Meister, dem Mahanta. Ich hatte sogar die Gelegenheit, seine Mutter und seinen Bruder zu trösten.

Wie groß ist die Freude, eine Dankesschuld mit wahrem spirituellem Verständnis abzutragen.

Wie groß ist die Freude, eine Dankesschuld mit wahrem spirituellem Verständnis abzutragen.

5
Spirituelle Übungen, um sich an vergangene Leben zu erinnern und sie aufzulösen

*Viele unserer Träume haben mit vergangenen Leben zu tun. Wenn wir einmal zu dieser Feststellung gelangen, können wir allmählich Zugang zu den Erfahrungen finden, die in unseren Datenbanken verborgen liegen. Und ja, es ist möglich, hart erarbeitete Lektionen aus vergangenen Leben in die Gegenwart zu bringen, um unsere Situation im heutigen Leben besser zu verstehen.

Was sind die Mittel für den Zugang zu dieser Fülle an Erfahrungen?

Beginnen Sie mit einer der leichten spirituellen Übungen, die in diesem Kapitel angegeben sind.

Der Schlüssel zu dem Wissen und der Weisheit, die Sie vor langem in der Schule der harten Schläge gewonnen haben, liegt in Ihnen. Dieser Schlüssel ist wahres Verlangen. Sie müssen spirituelle Fortschritte machen wollen, wenn Sie in das Studium der Träume einsteigen, um von Ihren vergangenen Leben zu profitieren.

Was ist also das Herzstück dieses Suchens nach Sein?

Es sollte ein wirkliches Verlangen sein, ein besseres menschliches Wesen zu werden.

Liebe und Güte sind der Stoff des Lebens. Ein Studium der Träume verleiht Ihnen die Macht, Ihr Herz für die Essenz Ihres wirklichen Selbst zu öffnen. Wer sind Sie? Diese spirituellen Übungen können Ihnen helfen, aus sich herauszugehen, um die Antwort zu erfahren und das Geheimnis der Selbst-Meisterschaft zu finden.

Lesen Sie die folgenden spirituellen Übungen. Dann wählen Sie zur Umsetzung die aus, die Ihnen am meisten liegt. Arbeiten Sie damit. Schauen Sie, wie weit Sie damit kommen.

Tun Sie später dasselbe mit jeder der anderen Übungen.

▪ Die Filmleinwand-Methode (Um Ihren inneren Führer zu finden)

Nehmen Sie eine bequeme Haltung ein und entspannen Sie sich. Schließen Sie Ihre Augen. Schauen Sie nun auf einen inneren Bildschirm und stellen Sie sich vor, Sie sehen eine Filmleinwand. Sie kann schwarz, weiß oder auch grau sein. Nach einiger Zeit sollte eine Szene wie im Leben oder ein Film erscheinen.

Schauen Sie genau auf den Bildschirm. Nach einer Weile lassen Sie Ihre innere Vision ein bisschen entweder nach links oder rechts wandern. Schauen Sie aus dem Augenwinkel nach irgendeiner Bewegung auf dem Bildschirm.

Das ist eine nützliche Methode, um nach Ihrem inneren Führer zu suchen.

Ein Studium der Träume verleiht Ihnen die Macht, Ihr Herz für die Essenz Ihres wirklichen Selbst zu öffnen.

Das ist eine nützliche Methode, um nach Ihrem inneren Führer zu suchen.

Schauen Sie dann auf entspannte Art auf beide Seiten des mentalen Bildschirms, in dem vollen Bewusstsein, dass Ihre Aufmerksamkeit tatsächlich auf seinem Zentrum liegt. Singen Sie jetzt HU oder einen anderen heiligen Namen Gottes.

Machen Sie diese spirituelle Übung, während Sie HU singen, da dies in Ihnen (als Seele) eine reinigende, säubernde Aktion in Gang setzt. Alte Verhaltensmuster, wie ein Mangel an Vertrauen, eitles Geschwätz, Angst und Selbstbetrug werden allmählich ihre Wirkung auf Sie verlieren.

Beobachten Sie, wie sie durch Liebe ersetzt werden.

Die Sherlock-Holmes-Technik

Wenn ein Problem oder eine Frage Sie beunruhigt, probieren Sie folgende Übung aus, um zu sehen, ob ihre Wurzeln in einem vergangenen Leben vergraben sind.

Schließen Sie zuerst Ihre Augen. Dann stellen Sie sich im Auge Ihres Verstandes Sherlock Holmes vor, der seine seltsam aussehende, doppelt genähte Kappe zur Schau trägt. Schalten Sie Ihre Vorstellungskraft ein, indem Sie eine leuchtende blaue Form visualisieren. Beobachten Sie, wie sie zu der großen schlanken Form von Sherlock Holmes kristallisiert, mit einem Vergrößerungsglas in der Hand. Er kommt gerade einen Weg entlang. Wenn der Detektiv näher kommt, sehen Sie, dass er tatsächlich der Mahanta, der Lebende ECK-Meister ist.

Er begrüßt Sie und sagt dann: »Wenn du mit mir kommst, werden wir eine Lösung für dein Problem finden.«

Nehmen Sie sein Angebot an und begleiten Sie ihn. Das unglaublich blaue Licht um ihn herum ist wie ein glänzendes Schutzschild. Sie bemerken, dass das Licht, das durch sein Vergrößerungsglas geht, wie ein Blitzlicht wirkt. Gemeinsam betreten Sie einen nebligen Sumpf.

Das Blaue Licht von ECK erleuchtet den Weg. Singen Sie auf diesem Gang mit dem Mahanta das Wort HUUUACH (HU-ach). Es ist ähnlich wie HU. Dieses Wort gehört zu dieser Übung. Gehen Sie weiter mit dem Inneren Meister, der, Sie erinnern sich, angezogen ist wie der berühmte Detektiv.

Bald blockiert ein riesiger Fels den Weg. Der Mahanta, immer noch als Sherlock verkleidet, hebt ihn ohne Mühe hoch. Er hält Ihnen sein Vergrößerungsglas hin, damit Sie durchsehen. Das blaue Licht, das durch das Glas scheint, wird weiß. Dort, in großer Schrift auf dem Grunde des Felsens, sehen Sie die Lösung für Ihr Problem.

Machen Sie diese Übung einen Monat lang jeden zweiten Abend und wechseln Sie sie mit Ihrer üblichen spirituellen Übung ab. Das wird den Widerstand Ihres Verstandes umgehen.

Schauen Sie, welche Entdeckungen Sie in den geheimen Höhlen Ihres Wesens erwarten.

▓ Die Radioansager-Technik

Haben Sie das Gefühl, dass es falsch abgelegte Informationen über einen Aspekt Ihres Lebens gibt – z. B. einen beunruhigenden Traum oder ein Problem –, das sich anfühlt wie eine Verbindung zu einem vergangenen Leben? Wenn ja, versuchen Sie die folgende Technik, um die fehlenden Informationen auffüllen zu helfen.

Gehen Sie in Kontemplation. Das heißt, schließen Sie Ihre Augen, aber öffnen Sie Ihr Herz und Ihren Verstand.

Nun lauschen Sie dem Ton des ECK. Es kann irgendein gewöhnlicher, vertrauter Ton sein. Oder es kann auch Stille sein.

Vergegenwärtigen Sie sich, wie Sie ein Radio anstellen. Als Nächstes stellen Sie sich vor, wie die Stimme eines Ansagers die Luft erfüllt. Hören Sie zu, wie er die wichtigsten Stellen des Traums oder des Problems, dessen Bedeutung Ihnen unklar ist, zusammenfasst.

Singen Sie einige Minuten lang HU, um sich zu entspannen. Diese Pause ist wie eine Werbepause.

Dann stellen Sie sich vor, wie der Radioansager sagt: »Und nun kommen wir zum Rest Ihres Traums.« Lassen Sie ihn die fehlenden Teile des Traums ausfüllen und damit seine Bedeutung enträtseln.

Dann stellen Sie sich vor, wie der Radioansager sagt: »Und nun kommen wir zum Rest Ihres Traums.«

Im Falle eines schlechten oder erschreckenden Traums können Sie sicher sein, dass der Traumzensor nicht erlaubt hat, dass die ganze Geschichte herauskommt. Beginnen Sie also mit der Annahme, dass etwas fehlt. Sie kennen nicht alle Einzelheiten. Dann nutzen Sie Ihre inneren Fähigkeiten, um die Antwort durch diese Radioansager-Technik zu erhalten.

Während dieser spirituellen Übung könnte eine Lösung herauskommen, aber möglicherweise erscheint sie später im Traum. Wiederum kann es sein, dass Sie mit einem klaren Verständnis Ihres Traums oder Problems aufwachen.

Seien Sie also aufmerksam.

▪ Die Formeltechnik

Wie so viele andere ECKisten, die kontemplieren oder gerne Traumreisen machen, möchte ich gerne Abenteuer auf den inneren Ebenen erleben. Aber wie kann man wissen, wo die Erfahrung stattfand? War es auf der astralen, kausalen oder mentalen Ebene?

Natürlich sind diese Ebenen von unterschiedlicher spiritueller Bedeutung für uns. Wenn ich dann aber in meinen frühen Jahren in ECK eine innere Erfahrung hatte, konnte ich oft nicht sagen, in welcher spirituellen Region sie stattfand.

Eines Nachts gab mir der ECK-Meister Peddar Zaskq eine Technik, wie man seinen Standort in den anderen Welten bestimmen kann. »Es ist wie ein Besucherpass für eine bestimmte Ebene«, sagte er. »Jeder kann sie nutzen, ob Erst- oder Viertinitiierter. Anstatt die Erfahrung einfach geschehen zu lassen und dann später auf einen Wegweiser zu hoffen, sind hier vier Übungen, um dir zu helfen, deinen Standort in den höheren Welten zu entdecken.«

Dann gab er mir die folgenden vier Übungen der Formeltechnik.

Die physische Ebene, sagte er, ist die erste Stufe der Existenz. Direkt darüber liegt die zweite, die Astralebene. Die Kausalebene steht an dritter Stelle. Die Mentalebene ist dann die nächste.

Formel zwei (es gibt keine Formel eins) dient zur Erforschung auf der Astralebene, der zweiten Stufe. Singen Sie HU, das Liebeslied an Gott, zweimal und atmen Sie dann zweimal, ohne HU zu singen. Führen Sie diese Technik vor dem Schlafengehen oder in der Kontemplation fünfzehn Minuten lang aus. Behalten Sie derweil leicht im Hinterkopf, dass Sie die Astralebene (emotionale Ebene) besuchen und erforschen möchten.

Bitten Sie den Mahanta, den inneren Führer, Ihnen einen wichtigen Bericht eines vergangenen

Bitten Sie den Mahanta, den inneren Führer, Ihnen einen wichtigen Bericht eines vergangenen Lebens aus einem früheren Leben auf der physischen Ebene zu zeigen.

Lebens aus einem früheren Leben auf der physischen Ebene zu zeigen. Er wirft möglicherweise ein Licht auf Stimmungsschwankungen, Vorlieben und Abneigungen und unvernünftige Ängste.

Formel drei ist ideal für die dritte Ebene, die Kausalebene. Wenden Sie dasselbe Verfahren wie bei Formel zwei an, außer dass Sie jetzt dreimal singen und dreimal atmen (ohne HU zu singen). Diese Ebene enthält die Saat allen Karmas. Bevor Sie einschlafen, sehen Sie sich selbst in der Vorstellung auf der Kausalebene in der Halle der Berichte. Es ist ein Verwahrungsort für Berichte von vergangenen Leben auf der physischen und astralen Ebene, die zwei Ebenen unter der Kausalebene.

Formel vier ist für die vierte Ebene, die Mentalebene. Singen Sie HU viermal und atmen Sie dann viermal auf normale Art. Diese Ebene ist die Heimat von Mathematik, Architektur, Philosophie, höheren Ideen und der Kunst in dieser Richtung.

Formel fünf ist für die Seelenebene: fünf HUs und fünf Atemzüge. Die fünfte Ebene ist die Trennlinie zwischen den niederen, materiellen Ebenen und den höheren des reinen Geistes. Sie ist auch der Ort unserer Seelenberichte, eine detaillierte Aufzeichnung unserer vergangenen Leben auf allen niederen Ebenen – den physischen, astralen, kausalen und mentalen Regionen.

Bevor Sie eine Übung beginnen, schreiben Sie in Ihr Traumbuch, welche Übung der Formeltechnik Sie ausprobieren wollen. Wenn Sie mit einer Übung einen gewissen Erfolg erzielen, beginnen Sie mit einem Vergleich aller Erfahrungen von derselben Ebene. Erkennen Sie den gemeinsamen Faden, der sich durch jede hindurchzieht. Achten Sie auf die einzigartige Struktur der Erfahrungen auf der

Astralebene im Vergleich zur Kausalebene, wenn Sie versuchen, sich vergangene Leben anzuschauen.

▪ Die Datei dekomprimieren

Informationen über vergangene Leben aus dem Traumzustand kommen einem vielleicht vor wie eine Computerdatei, die zur Dokumentenspeicherung komprimiert wird.

Informationen über vergangene Leben aus dem Traumzustand kommen einem vielleicht vor wie eine Computerdatei, die zur Dokumentenspeicherung komprimiert wird. Die ECK-Meister können Wissen auf Sie in einer höchst kompakten Kommunikationsform übertragen, ganz ähnlich wie bei der Telepathie.

Nun stellen Sie sich vor, Sie schalten einen Computer ein. Schieben Sie eine Computerdiskette oder eine andere mit dem inneren Kurs des Meisters in das Diskettenfach. Dekomprimieren Sie das Dokument. Das Computerprogramm wird sein Bestes geben, der Absicht des Kurses gerecht zu werden, wenn es die telepathieartige Kommunikation in die Alltagssprache verwandelt. Aber kein Computerprogramm kann eine exakte Übersetzung einer inneren Kommunikation liefern.

Erfassen Sie also den Geist der Botschaft.

Machen Sie sich auf keinen Fall Sorgen, wenn Ihre Träume sich nicht so abspielen, wie es hier beschrieben ist. Das bloße Praktizieren dieser spirituellen Übung bewirkt Kräfte. Sie löst die latenten, unsichtbaren Kräfte aus, die Ihnen eine notwendige Erinnerung an ein vergangenes Leben auf diese oder jene Weise übertragen.

Diese Übung ist in ihrem Kern ein Mittel, um die Erinnerung an vergangene Leben auszulösen.

▪ Ein leichter Weg, um Karma aufzulösen

Wenn Sie die Last des Karmas vergangener Leben in Ihrem Leben verspüren, dann haben Sie hiermit einen leichten Weg, einen Gutteil davon aufzulösen.

Führen Sie alle Handlungen im Namen Gottes oder des Mahanta, des Lebenden ECK-Meisters, aus. Lassen Sie in jede Aufgabe alle Liebe einfließen. Sogar eine niedrige Hausarbeit, wie das Fegen des Küchenbodens, verdient den vollen Umfang Ihrer Liebe für das Göttliche Wesen.

Diese Technik bringt Liebe zum Vorschein. Eine Aktivität, die mit Liebe ausgeübt wird, brennt Karma ab und gewährt einen spirituellen Segen. Oft kann jemand mit einem kreativen Verstand diese Übung abändern und sie als einen Weg zum Seelenreisen entwickeln. Hören Sie auf den Inneren Meister. Wenn Sie spirituell vorbereitet sind, erlaubt das Seelenreisen mehr Flexibilität bei der Erforschung der höheren Welten.

Machen Sie diese Übung ungefähr eine Woche lang jeden Tag. Sie werden feststellen, dass das Leben Sie subtile Wege lehrt, wie Sie den Mahanta, den Lebenden ECK-Meister, durch die inneren Kanäle sprechen hören können.

Führen Sie alle Handlungen im Namen Gottes oder des Mahanta, des Lebenden ECK-Meisters, aus. Lassen Sie in jede Aufgabe alle Liebe einfließen.

Teil Zwei

Träume

6
Die spirituelle Sicht der Träume

Eines Morgens war ich um vier Uhr auf und der Sprecher einer lokalen Radiostation stellte gerade sein Programm vor. Nennen wir ihn Jim. Er erzählte von einem Traum vor kurzer Zeit, der, sagte er, sehr tiefgehend war.

Jim hatte eine Zeitlang Geldprobleme und fragte sich, wie er sie lösen könnte. Vielleicht könnte ihm ein Szenenwechsel einen Ausweg bringen. Mit diesem Gedanken ging er mit einem Freund auf eine Campingreise. Sie gab ihm eine Chance, vom Gewusel des täglichen Lebens Abstand zu nehmen und sich mit neuen Augen anzuschauen, seine Werte zu überprüfen und zu sehen, wer und was er wirklich war.

Eines Nachts, während der Campingreise, hatte Jim einen Traum von seiner verstorbenen Großmutter. Der Traum spielte sich in ihrer Küche ab. Sie gab ihm einen Katalog, zeigte darauf und sagte: »Er kann deine finanziellen Probleme lösen.«

Im Katalog in diesem Traum gab es einen eingekreisten Gegenstand. Er stellte ein italienisches Motorrad, eine Lambretta dar – wie das alte, das

Jim hatte einen Traum von seiner verstorbenen Großmutter. Der Traum spielte sich in ihrer Küche ab. Sie gab ihm einen Katalog, zeigte darauf und sagte: »Er kann deine finanziellen Probleme lösen.«

in seiner Garage abgestellt war.

Als Jim aufwachte, erzählte er seinem Begleiter von dem Traum. Dann vergaß er ihn.

Der finanzielle Engpass drohte ihm auch noch bei seiner Rückkehr nach Hause, aber eine unverhoffte Einnahme von zweitausend Dollar sollte ihn auflösen.

Zwei Monate zogen sich dahin. Eines Tages sprach Jim zufällig mit einem anderen Freund und sprach von dem alten Motorrad in seiner Garage. Obwohl seit Jahren unbenutzt, war es immer noch gut in Ordnung.

Sein Freund fragte: »Was für eine Art Motorrad ist es?«

»Eine Lambretta.«

»Welches Jahr?«

Jim sagte es ihm.

Sein Freund sagte: »Das Ding ist zweitausend Dollar wert.«

Jim ging ein Licht auf. Zweitausend Dollar – die magische Zahl. In diesem Augenblick fiel ihm ganz schnell der Traum wieder ein. Also verkaufte er das Motorrad und war seine finanziellen Sorgen los.

Das ist ein Beispiel spiritueller Wahrheit, die ihren Weg in die heutige Gesellschaft gefunden hat. Warum erschien Jims Großmutter in seinem Traum? Aus Liebe zu ihm. Wir kommen also zu den zwei Prinzipien: Gott ist Liebe und die Seele existiert, weil Gott sie liebt.

Sie fassen den Grund für unser Leben und alle lebenden Dinge zusammen.

Weisheit aus dem Herzen

Träume sind auch ein Weg, um Weisheit aus dem Herzen zu finden. Diejenigen, die aufrichtig

Diejenigen, die aufrichtig in ihrer Suche nach Wahrheit sind – und damit sind nicht nur Menschen auf dem Weg von ECK gemeint – beginnen Träume zu haben, die zu einem Weg der Wahrheit führen.

in ihrer Suche nach Wahrheit sind – und damit sind nicht nur Menschen auf dem Weg von ECK gemeint – beginnen Träume zu haben, die zu einem Weg der Wahrheit führen. Die Träume geben neue Einsichten. Aber trotz alledem sind Träume zum größten Teil, als würde man dunkel durch ein Glas sehen.

Man hat mich gefragt: »Wie unterscheidet sich die Traumlehre von Eckankar von anderen Traumlehren?«

Die Traumlehren reichen von Dummheiten bis zum höchst Mentalen. Alle können bis zu einem gewissen Ausmaß helfen, in Abhängigkeit von dem Bewusstseinszustand des Einzelnen. Die Traumlehre von ECK folgt dem grundlegenden Muster aller ECK-Lehren: Sie gründet sowohl auf den physischen Realitäten als auch den spirituellen (unsere innere, subtile Seite). Daher kann jemand, der den ECK-Weg des Träumens kennen lernen will, die Traumkurse von ECK studieren. Sie sind Teil der Mitgliedschaft in Eckankar.

Andererseits kann ein Sucher ein Traumstudium auch mit einem ECK-Buch über Träume, wie dieses, beginnen. Dieses Bemühen öffnet den Träumer für die ersten Traumwelten von ECK, der erste Schritt, um diese speziellen Träume zu haben und zu verstehen, wie sie funktionieren.

Die Traumlehre von ECK folgt dem grundlegenden Muster aller ECK-Lehren: Sie gründet sowohl auf den physischen Realitäten als auch den spirituellen (unsere innere, subtile Seite).

ZEIT FÜR EIN NICKERCHEN

Sie können mit dem Traumstudium während eines Nickerchens beginnen. Wann immer Sie das Gefühl haben, Sie brauchen Ruhe, stellen Sie einen Wecker auf zwanzig Minuten. Halten Sie ein Notizbuch bereit; das wird Ihr Traumbuch sein.

> Legen Sie die ganze Aufmerksamkeit auf das Gesicht oder die Gegenwart des Mahanta, des Lebenden ECK-Meisters. Tun Sie das auf leichte, einfache und freundliche Art – wie wenn Sie einen alten Freund treffen. Sagen Sie sich dann, Sie genießen ein ruhiges, friedliches Nickerchen. Denken Sie daran, sich ein Ereignis, das sich in den Traumwelten abspielt, zu merken, wenn Sie aufwachen.
> Schlafen Sie dann. Schauen Sie, was aus dem Experiment wird.
> Wenn der Wecker klingelt, schreiben Sie alles auf, an was Sie sich erinnern, gleichgültig, wie verrückt oder trivial. Mit der Zeit wird sich Ihr Studium der Träume ausweiten. Diese Methode des Traumstudiums ist leicht und verursacht auch in einer geschäftigen Familie keine Unterbrechungen.
> Versuchen Sie, das zwei Wochen lang jeden Tag zu machen. Es braucht Zeit, eine neue Fähigkeit zu lernen, beim Träumen wie bei allem anderen auch.

Hilfe durch Träume

Eine Frau aus Ghana, die wir Iris nennen, war für eine kleinere Handoperation vorgesehen. Ihr Arzt hatte sehr viel Rücksicht auf sie genommen und versucht, sie in einem sehr engen Zeitplan unterzubringen. Es war eine kleinere Operation. Wegen der Vollnarkose riet er zur Vorsicht: »Essen und trinken Sie nichts vor der Operation.«

Iris kam also früh an dem verabredeten Morgen zur Klinik, um auf die Warteliste zu kommen für den Fall, dass sich im Terminplan des Arztes eine Möglichkeit ergeben sollte.

Iris hatte niedrigen Blutzucker. Sie konnte ohne die Gefahr eines Kollapses nur zwölf Stunden ohne Nahrung oder Wasser bleiben. Sie rechnete sich schnell im Kopf aus, als sie zur Klinik kam, dass sie, da sie ab Mitternacht zu fasten begonnen hatte, bis zum Mittag durchhalten konnte. Aber nicht viel länger. Auf dem Plan jedoch war ihre Operation um zwei Uhr nachmittags angesetzt. Wie konnte sie das überstehen, wenn der Arzt sie bis dahin nicht gesehen hatte?

Besorgt setzte sie sich auf einen Stuhl, um zu warten.

Gegen zehn Uhr begann Iris, sich krank zu fühlen und ging also zum Schwesternzimmer. Die Krankenschwester war zufällig eine Freundin von früher und ließ sie im Schwesternzimmer mehrere Stunden lang ausruhen, während sie wartete, bis sie an der Reihe war. Beim Ausruhen erinnerte sich Iris an einen Rat, den ihr ihre Schwester einmal gegeben hatte. Ihre Schwester hatte gesagt: »Wenn deine zwölf Stunden mal vorbei sind, denke daran HU zu singen.« (alle Namen Gottes in einem.)

Iris erinnerte sich an einen Rat, den ihr ihre Schwester einmal gegeben hatte. Ihre Schwester hatte gesagt: »Wenn deine zwölf Stunden mal vorbei sind, denke daran HU zu singen.«

Iris begann also HU zu singen. Bald darauf schlief sie ein und hatte einen Traum.

In diesem Traum streckte sie die rechte Hand aus, diejenige, die operiert werden sollte. Jemand goss warmen Tee in diese Hand. Es war ein gutes Gefühl. Sie wünschte sich, das Gefühl würde nicht aufhören.

Eine zugeworfene Tür schreckte Iris aus der Traumwelt auf. Als sie ihre Augen öffnete, blickte sie erstaunt in das Gesicht ihres Arztes.

»Es tut mir leid, dass ich Ihnen das sagen muss«, sagte er, »aber es sind so viele Notfälle den ganzen

Tag hereingekommen, ich werde Sie vor vier Uhr nicht drannehmen können. Warum gehen Sie nicht raus und trinken ein paar Tassen Tee – nichts essen, nur Tee?« Iris dachte: *Das ist ja wie in meinem Traum, wo jemand mir warmen Tee auf die Hand gegossen hat, und es fühlte sich so erfrischend an.*

Davor, als Antwort darauf, dass sie HU sang, hatte der Mahanta, der Innere Meister, gesagt: »Mach dir keine Sorgen. Es geht alles in Ordnung.«

Sie sprang also vom Stuhl auf, als ginge sie zum Tennismatch und rannte aus dem Zimmer. Der Tee beruhigte recht bald die Symptome des niedrigen Blutzuckers und ihr Körper stabilisierte sich. Um vier Uhr begann die Operation.

Helle Lichter

Der Arzt hatte seine Meinung geändert: »Wir werden einfach nur eine lokale Betäubung anwenden«, sagte er.

Da lag sie also jetzt auf dem Operationstisch und war sich des Skalpells bewusst, das in ihre Hand schnitt. Dann überflutete aus dem Nichts ein glänzendes weißes Licht den Tisch. Auch die Lichter im Raum wurden plötzlich heller.

Eine verwunderte Schwester fragte: »Was ist das?«

Der Arzt, die Schwester und Iris sahen alle ein weißes ätherisches Licht. *Der Arzt schaute an die Decke und suchte die Quelle dieses blendenden Lichts, das sogar stärker als die Lichter im Operationssaal schien.*

Iris wusste, das dies das Licht Gottes war. Es war ein Zeichen der Tröstung und der Beruhigung vom Mahanta.

Nach der Operation sagte der erschütterte Arzt: »Ihr Gott ist sicher sehr nahe.«

Eine Woche später kam Iris zu einem Termin zur Nachuntersuchung in die Ambulanzklinik zu demselben Arzt. Er freute sich, sie zu sehen. Er überprüfte ihre Hand und stellte fest, dass die Wunde gut heilte.

Dann fragte er: »Zu welcher Religion gehören Sie?«

»Eckankar«, sagte sie.

»Kein Wunder. Ich bin nicht überrascht«, antwortete er.

Das Wort von Eckankar hat sich in den meisten, wenn nicht allen, afrikanischen Ländern verbreitet. Von den höchsten Ebenen der Regierung bis zu den einfachsten Menschen wissen sie von Eckankar.

Der Arzt versuchte, verstandesmäßig zu erfassen, was während der Operation bei Iris passiert war. Konnten es seine langen Arbeitsstunden gewesen sein? Übrigens, er konnte auch unter niedrigem Blutzucker gelitten haben, weil er erst Probleme gehabt hatte, ihre Hand zu sehen.

Aber als er sich anstrengte zu sehen, erschien dieses mysteriöse helle Licht aus dem Nichts. Es lieferte das zusätzliche Licht, das für eine erfolgreiche Operation nötig war.

Iris danke ihm einfach für seine Hilfe und sagte dann: »Gott ist mit uns allen.«

Das himmlische Licht hatte dem Arzt geholfen, aber hatte es der Schwester und dem Patienten weniger geholfen? Das Licht Gottes gibt allen. Als sie die Praxis verließ, gab ihm Iris eine ECK-Broschüre, für die er sich sehr bedankte. Er war offen für eine neue spirituelle Richtung.

Warum wir träumen

Träume sind ein goldener Schlüssel zum Verständnis des geheimsten Teils unseres Selbst.

Nicole, eine Sekretärin, arbeitete bei einem der größten Filmstudios in Kalifornien. (Die Namen der Menschen in dieser Geschichte sind nicht ihre richtigen Namen.) Sie hatte den Ruf einer erstklassigen Sekretärin, deshalb schickte die Firma sie als Problemlöserin umher und wies sie Tony zu, einem sehr anspruchsvollen Manager. Eine Mitarbeiterin warnte sie vor: »Viel Glück. Er hat in einem Jahr zwölf Sekretärinnen verbraucht.«

Tony war einer von diesen dominierenden Typen, eine Zumutung für eine langmütige Mitarbeiterin.

Nicole hatte drei Jahre lang in diesem Filmstudio gearbeitet und wusste, wie es in der Firma zuging. Sie glaubte, sie könnte Tony helfen – ihn vor seinen Vorgesetzten schützen und ihm helfen, sich von Problemen fernzuhalten. Sie verstand, wie die Dinge dort gehandhabt wurden und war auf ihren Sachverstand stolz.

Aber Tony war wie ein verzogenes Kind. Er brach in Wutanfälle aus und bestand auf seinem Willen. Trotz alledem hatten Nicole und Tony eine faire Arbeitsbeziehung.

Einen Monat später bat die Firma Nicole, eine Woche lang als Aushilfssekretärin in einer anderen Abteilung zu arbeiten. Das Übergangsdatum kam näher. Nicole versuchte, Tony auf ihre Abwesenheit vorzubereiten und sich selbst als klaren Kanal für den Göttlichen Geist offen zu halten. Mit anderen Worten, sie tat alles in ihrer Macht Stehende, es diesem ziemlich unmöglichen Mann leichter zu machen.

Träume sind ein goldener Schlüssel zum Verständnis des geheimsten Teils unseres Selbst.

Nicole versuchte, Tony auf ihre Abwesenheit vorzubereiten und sich selbst als klaren Kanal für den Göttlichen Geist offen zu halten.

Aber ein Tag, bevor Nicole gehen sollte, erreichte die Angelegenheit einen kritischen Punkt. Tony benahm sich, als ob sie nichts von ihrer Arbeit verstünde und weigerte sich, ihre vielen wertvollen Beiträge anzuerkennen.

»Das ist gerade noch so viel, wie ich vertragen kann«, sagte sie. Dann stürmte sie aus dem Zimmer.

Traumlektion

In der Vergangenheit hatte Nicole oft ein Problem gehabt, mit solchen Konfrontationen umzugehen. Immer wenn eine extreme Situation entstand, verlor sie reflexartig ihre Haltung und überreagierte. Aber sie wusste, dass ihr das spirituell schadete. Sie war fest entschlossen, es bei Tony besser zu machen.

Und so ging Nicole zurück und bot ihm eine Entschuldigung an, wonach sie ihre unterschiedlichen Auffassungen besprachen und die Dinge sich glätteten.

Am nächsten Tag bereitete sie sich auf den Abschied für die neue, eine Woche lang dauernde Aufgabe vor. Bevor sie ging, sagte Tony: »Ich hätte gerne, dass Sie wieder kommen, wenn Sie dort aufhören.« Sie sagte zu, darüber nachzudenken und ihm Bescheid zu sagen. Tony hatte zwölf Sekretärinnen in einem Jahr durchlaufen lassen und nach einem Monat bei ihm hatte Nicole das Gefühl, dass sie ihre Zeit abgeleistet hatte. Sie versprach aber doch, darüber nachzudenken.

Aber an ihrer neuen Arbeitsstelle bot ihr jemand einen dauerhaften Job an, ein ausgezeichneter Karriereschritt für sie. Im Lichte der Möglichkeiten dort, stürzte sie sich auf die Gelegenheit.

Nicole rief Tony an und teilte ihm ihre Entscheidung mit, eine neue Position anzunehmen. Nein, sie würde nicht zurückkehren. Er würde jemand anders finden müssen. In einem schwachen Versuch, die Kontrolle über sie zu bestätigen, sagte er: »Jawohl, Sie werden nicht zu diesem Job hier zurückkommen.« Als ob das seine Entscheidung wäre.

Es ist eine endlose Quelle zum Nachdenken, wenn man sieht, wie weit manche Leute gehen, um Kontrolle über andere auszuüben. Um seine Hilflosigkeit zu verdecken, fügte er hinzu: »Sie werden nicht mehr gebraucht.« Als ob er sagen wollte, dass es darauf ankäme. Tony konnte daher sicher sein, dass noch viel mehr Aushilfssekretärinnen bei ihm durchlaufen würden, aber Nicole hatte einen neuen, dauerhaften Job. Sie war ihn los.

Diese ganze Begegnung hatte Nicole sehr neugierig gemacht. *Was ist die Lektion dahinter?*, fragte sie sich. Was war die spirituelle Lektion, die sie von diesem unvernünftigen Mann angeblich hatte lernen sollen?

Dann hatte Nicole eine Rückerinnerung.

Eine Konfrontation mit Tony, kurz bevor sie in einen Wochenurlaub gegangen war, kam ihr in den Sinn. Er hatte sie beschimpft wegen irgendeiner Kleinigkeit, während sie unterwürfig mit einem eisigen Lächeln vor ihm stand. Sie hatte sich an eine Passage aus einem ECK-Buch erinnert: Wenn Sie mal in einer schlechten Situation sind, singen Sie HU und stellen sich vor, der Mahanta steht neben Ihnen.

Wie sie so den Angriff von Tonys Tirade hinnahm, begann sie HU zu singen und den Mahanta, den Lebenden ECK-Meister neben sich zu visualisieren. Sie fuhr fort, innerlich HU zu singen und fühlte einen warmen Strahl göttlicher Liebe in ihr Herz fließen.

Dann wurde das Lächeln in ihrem Gesicht, das sich wie aufgemalt angefühlt hatte, zu einem warmen echten Lächeln.

Mittlerweile beobachtete sie, wie sich das Spiel des Karmas vor ihr wie ein schlechter Film abspulte, aber es machte ihr nichts mehr aus. Sie konnte Tony als eine mitmenschliche Seele würdigen. Obwohl er sich dessen nicht bewusst war, half Tony ihr bei ihrem eigenen Ärger und ihrer Unfähigkeit, die spirituelle Lektion zu sehen, die für sie in dieser Kraftprobe enthalten war.

Kurze Zeit nachdem sie die Beschäftigung bei Tony aufgab, hatte Nicole einen ganz besonderen Traum. Er enthielt ein größeres Bild davon, warum sie sich mit ihm hatte anlegen müssen.

In diesem Traum war sie in einem bestimmten Raum und arbeitete an einem Informationsbrief. Ein Löwe kam die Tür herein. Er wollte gerade springen und sie angreifen, deshalb schloss sie ihre Augen und sang HU, und stellte sich wiederum den Mahanta neben sich vor. Diese einfache spirituelle Übung verwandelte den Löwen von einem bösartigen und wütenden Biest in ein liebevolles Tier von großer Stärke. Dann ließ er sie allein.

Als Nicole aus diesem spirituellen Traum aufwachte, stellte sie fest, dass ihr Zyklus des Karmas mit Tony Tobsucht vorbei war.

In diesem Traum kam ein Löwe die Tür herein. Er wollte gerade springen und sie angreifen, deshalb schloss sie ihre Augen und sang HU, und stellte sich wiederum den Mahanta neben sich vor.

TRAUMBUCH
Die erste Regel für die Führung eines Traumbuchs ist, es einfach zu halten. Der Versuch,

komplexe Szenen und Ideen in Worte zu fassen, kann eine entmutigende Aufgabe sein. Ein Traum kann so viele Einzelheiten enthalten, dass ein Träumer ohne weiteres seine wichtigsten Punkte aus den Augen verlieren kann.

Um diese mögliche Falle zu überwinden, schreiben Sie den Traum in einer einfachen, alltäglichen Sprache auf. Dann legen Sie ihn zur Seite. Am Ende eines Monats notieren Sie die inneren Erfahrungen, die sich von den übrigen abheben.

Fassen Sie diese zusammen. Tun Sie so, als ob Sie ein Redakteur für *Reader's Digest* wären.

Dann sammeln Sie die besten Ihrer Traumerfahrungen und senden Sie dem Lebenden ECK-Meister in einem Brief. Ein ECK-Initiierter kann sie dem Initiiertenbericht beilegen.

Ein Traumbericht ist ein leichter Weg, um Karma aufzulösen.

Direkter Dialog

Der Mahanta, der auch der Traummeister ist, stützt sich auf den Traumzustand, um spirituelle Instruktionen zu geben, bis ein Wahrheitssucher bereit ist, ihn von Angesicht zu Angesicht durch Seelenreisen irgendwo in den himmlischen Welten zu treffen. Auf der Kausalebene (der Ort der Erinnerungen und des Karmas) nutzt der Meister Träume, um Karma für einen Chela (spirituellen Studenten) abzuarbeiten. Manchmal zeigt ein Traum vielleicht ein vergangenes Leben, das sich heute auswirkt. Ein Filtersieb, das eine Erinnerung an ein vergangenes Leben verborgen hat, hebt sich, um dem Träumer einen Einblick in diese wichtige Zeit zu geben.

Viele Dinge geschehen im Traumzustand, außer

den Menschen eine spirituelle Erziehung zu bieten. Der Traummeister gibt durch Traumsymbole vielleicht Gesundheitstipps weiter. Ein Träumer, der das Ziel psychischer Attacken ist, wird lernen, dass solche Formen von Zauberkraft nur die Macht haben, Schaden zu stiften, weil er sich irgendwie selbst dafür geöffnet hat. Kurz gesagt, eine psychische Attacke weist auf eine spirituelle Schwäche beim Träumer hin. Der Mahanta, der Lebende ECK-Meister (der Traummeister) lehrt uns, wie wir unsere Verteidigung aufrüsten und wie eine mächtige Festung werden können.

Daher ist der Traumzustand ein leichter Weg für den Inneren Meister, um mit der Unterrichtung des Einzelnen zu beginnen, weil das viele der unbewussten Ängste eines Träumers umgehen kann.

Oft, wenn ein Träumer aufwacht, ist die innere Erfahrung noch frisch. Aber sie scheint so natürlich und gewöhnlich zu sein. Also vergisst er sie.

Man muss deshalb die Disziplin entwickeln, auch das in einem Notizbuch ohne Aufschub aufzuschreiben, was ein belangloser Traum zu sein scheint. Lesen Sie den Eintrag etwa eine Stunde später und Sie sind möglicherweise überrascht über den fantastischen Bericht, der da festgehalten wurde. Ein Traumbericht kann sich als umso überraschender herausstellen, wenn er einen Monat oder später wieder gelesen wird.

Reisen ist ein guter Weg, um frische Träume zu haben. Eine Reise zu einem neuen Schauplatz versetzt den Reisenden in einen erhöhten Zustand der Bewusstheit. Alles ist neu, anders. Zuhause bringt ihn ein Wecker zu einer bestimmten Stunde auf die Beine. Waschen und Anziehen sind alte Routinevor-

Der Traummeister gibt durch Traumsymbole vielleicht Gesundheitstipps weiter.

Der Mahanta, der Lebende ECK-Meister (der Traummeister) lehrt uns, wie wir unsere Verteidigung aufrüsten und wie eine mächtige Festung werden können.

gänge, fast automatisch wegen ihrer Vertrautheit. Dann ins Auto und ab zur Arbeit. Nichts dabei, was Traummaterial hergibt. Und wenn jemand ihn um eine Beschreibung des dritten Hauses von der Ecke in seiner Straße bitten würde, könnte er die geben? Wahrscheinlich nicht. Die Umgebung ist zu gewöhnlich. Wenig in einem von Wiederholung geprägten Leben ist geeignet, den mentalen Bildschirm zu beeindrucken und uns für Träume einer frischen und anderen Art zu erwecken.

Das Resultat ist per Saldo, dass wenig Menschen sich an ihre Träume erinnern können.

Der gewöhnliche innere oder Traumzustand ist so natürlich und anspruchslos, weil er sich einfach einordnet. Das Traumleben fügt sich so kunstvoll in unser tägliches Leben ein, dass ein Träumer beim Aufwachen das Gefühl hat, der Traum ist der Mühe nicht wert, aufgeschrieben zu werden. Wenn er mit dem Waschen und Anziehen fertig ist, ist jeder Traum weg.

Schreiben Sie also ein paar Höhepunkte auf, um eine Traumerinnerung bei einer späteren Durchsicht auszulösen.

Die sanfteste Traumtechnik, die ich kenne, ist zu sagen: »Mahanta, ich erlaube dir, mich zu meinem spirituellen Nutzen in einen Goldenen Weisheitstempel zu bringen.«

Die sanfteste Traumtechnik

Die sanfteste Traumtechnik, die ich kenne, ist zu sagen: »Mahanta, ich erlaube dir, mich zu meinem spirituellen Nutzen in einen Goldenen Weisheitstempel zu bringen.«

Als ein Student von ECK habe ich diese Technik oft benutzt, um neue Orte in den höheren Welten zu besuchen. Sie wirkt am besten, wenn man sie abends vor dem Schlafengehen sagt. Geben Sie es als einen Gedankenbefehl heraus. Geben Sie dem Inneren Meister die Erlaubnis, Sie zu einem himmlischen Ort zu führen, der zu Ihrem Bewusstseinszustand passt. Dann gehen Sie schlafen. Am nächsten Morgen schauen Sie, ob Sie sich an etwas erinnern, auch wenn es nur ein höchst langweiliges Ereignis zu sein scheint.

Tägliche Übung wird die Erinnerung an die Stunden schärfen, die Sie jede Nacht außerhalb der beengten menschlichen Hülle verbringen.

Schutz im Traum

Eine junge Frau, die wir Patience nennen, stammt aus einem afrikanischen Land und hat Verbindungen zur Nationalversammlung. Mit fünfundzwanzig befand sie sich in einer Beziehung mit einem älteren Mann (sagen wir, Victor). Die Beziehung begann mit einer starken gegenseitigen Zuneigung, aber mit der Zeit dachte sie über ihre Zukunft nach.

Irgendwann möchte ich heiraten, dachte sie. *Obwohl dieser Mann mich sehr liebt, ist er nicht der, mit dem ich den Rest meines Lebens verbringen möchte, weil er eine sehr besitzergreifende Liebe hat.*

Victor verspürte ihren Wunsch, die Beziehung zu beenden. Er wandte sich der schwarzen Magie zu, um dies zu verhindern. In Afrika ist die Macht der schwarzen Magie eine sehr starke, sehr reale Kraft.

Die Menschen in den westlichen Ländern lachen vielleicht bei der Vorstellung, dass hinter der schwarzen Magie eine wirkliche Macht steht, aber die Afrikaner wissen es besser. Wenn Sie jemals Afrika besuchen und ein Medizinmann legt einen Fluch auf Sie, könnte es sehr schwer für Sie sein, das abzutun. Alle möglichen Sachen in Ihren

Alle möglichen Sachen in Ihren persönlichen Angelegenheiten können Amok laufen, bis Sie das heilige Wort Gottes, HU, singen. Es dient als ein Schutzschild für alle, die es singen, da es die Herzen für den Schutz des Heiligen Geistes öffnet.

persönlichen Angelegenheiten können Amok laufen, bis Sie das heilige Wort Gottes, HU, singen. Es dient als ein Schutzschild für alle, die es singen, da es die Herzen für den Schutz des Heiligen Geistes öffnet.

In diesem Fall hatte die schwarze Magie eine große Kraft. Bald nachdem Victor sie auf sie gerichtet hatte, begann Patience Albträume zu haben. Ihr Schlaf war schrecklich. Sie entwickelte eine Angst vor dem Schlafen.

Patience erwähnte ihre Albträume zufällig gegenüber einer Freundin, einer ECKistin. Ihre Freundin sagte: »Du musst sehr vorsichtig sein bei diesen mystischen Praktiken. Sie können dich verletzen. Aber es gibt einen Weg, dich selbst zu schützen.« Daraufhin erfuhr Patience von dem HU und wie man es singt.

»Wenn du heute Abend zu Bett gehst«, sagte ihre Freundin, »singe HU. Vertraue darauf mit ganzem Herzen. Ich werde es auch singen, wenn ich zu Bett gehe.«

In einem Traum in dieser Nacht machte sich Victor an sie heran, aber Patience dachte daran, HU zu singen. Seine Annäherungsversuche hörten auf. Er konnte die Schutzmauer des Göttlichen Geistes nicht durchbrechen. In wenigen Augenblicken begann sein Bild sich aufzulösen und verschwand bald aus ihrem Traum.

Kurz nach seinem Verschwinden erschien eine Gruppe von Männern. Alle trugen weiße Umhänge außer dem Führer, ein Mann in einem himmelblauen Umhang.

Oh, oh, dachte sie, *das sind einige seiner Freunde; es müssen Schwarzmagier sein, die jetzt gleich versuchen werden sich zu rächen, für das, was ihm passiert ist.*

Um sich selbst vor dem zu schützen, was sie als eine neue Bedrohung ansah, begann Patience wieder HU zu singen. Zu ihrer Überraschung sangen sie mit ihr.

Der Mann in Blau fragte dann: »Woher hast du das HU?«

»Von meiner Nachbarin«, antwortete sie. Das war ihre ganze Unterhaltung.

Früh am nächsten Morgen klopfte Patience an die Tür ihrer Nachbarin und erzählte ihr von dem Traum. »Du bist dem Mahanta begegnet«, sagte die ECKistin. »Du bist dem Inneren Meister begegnet.«

Ein wenig später hatte Patience einen zweiten Traum. Ein Gemälde von einem Gesicht erschien darin. Das Gesicht, gemalt mit Goldfarben wie ein ewiges Gesicht, war wohltuend anzuschauen. Aber so sehr sie auch versuchte, die Aufmerksamkeit auf diesen seltsamen Traum zu konzentrieren, entschwand er aus ihrer Sicht.

Am nächsten Morgen ging Patience wieder zum Haus ihrer Freundin nebenan und erzählte ihr von dem in Gold gemalten Gesicht. Wieder kam eine ähnliche Antwort: »Du hast noch einen Traum mit dem Meister gehabt.«

Ungefähr um diese Zeit gab ihr die ECK-Freundin die Adresse des Spirituellen Centers von Eckankar in Minneapolis. Bald danach kam ein Brief von Patience auf meinen Schreibtisch mit einer Bitte: »Bitte senden Sie mir Informationen über ECK.« Sie erklärte, dass HU ihr magisches Wort geworden ist. Es hat ihr eine Stärke und einen Sinn im Leben gegeben, von deren Existenz sie früher keine Ahnung hatte.

Alle leben und bewegen sich innerhalb der lie-

Patience klopfte an die Tür ihrer Nachbarin und erzählte ihr von dem Traum. »Du bist dem Mahanta begegnet«, sagte die ECKistin. »Du bist dem Inneren Meister begegnet.«

benden Hände des Göttlichen Geistes – jederzeit, jeden Tag und an jedem Ort. Und Traumreisen gewährt einen Zutritt zum Verständnis der riesigen göttlichen Schöpfung, die alle Welten von Zeit und Raum, sowohl die bekannten als auch die unbekannten, umspannt.

Beobachten Sie den Prozess des Einschlafens. Halten Sie die Aufmerksamkeit auf einem Punkt zwischen den Augenbrauen, das Spirituelle Auge.

Beobachten Sie sich beim Einschlafen

Bevor Sie sich abends zur Ruhe begeben, entspannen Sie sich im Bett. Beobachten Sie den Prozess des Einschlafens. Halten Sie die Aufmerksamkeit auf einem Punkt zwischen den Augenbrauen, das Spirituelle Auge.

Wenn Ihr Körper sich entspannt und Ihr Verstand sich beruhigt, tritt eine Änderung der Betrachtungsweise ein. Der Vorgang wird Einschlafen genannt. Aber bleiben Sie bei einer Haltung der Bewusstheit. Achten Sie darauf, wie Ihr Körper ruhig wird, wenn Ihre Gedanken sich beruhigen. Das Gehör ist oft der letzte der Sinne, der das menschliche Bewusstsein verlässt. Versuchen Sie, den Augenblick zu erfassen, wo Sie an dem Ort zwischen Ihrem Wachzustand und dem Schlafzustand ankommen. Seien Sie losgelöst in diesem Grenzzustand, der wie ein Halbtraum ist.

Dann werden Sie in einen höheren Bewusstseinszustand schlüpfen. Erkennen Sie ihn an der Klarheit der mentalen Vision. Es ist kein unbewusster Zustand wie ein mentaler Nebel, sondern ein neuer, zufriedenstellenderer Zustand der Bewusstheit.

Diese Betrachtungsweise wird einen kurzen Augenblick lang dauern oder kann sich über mehrere Stunden erstrecken. Mit etwas Übung kann es die ganze Nacht anhalten.

Um diese Luzidität aufrechtzuerhalten, müssen Sie eine Gratwanderung machen, werden Sie nicht zu emotional und vergessen Sie nicht, Sie sind in diesem Vortraumzustand.

Was geschieht da? Wenn Sie Ihren Körper zur Ruhe bringen, erwachen Sie (Seele) im Atma Sarup, dem Seelenkörper. Sie sind nun frei, in den Feldern der Ewigkeit herumzustreifen, jenseits des Schattens des Todes. Das ist Teil der spirituellen Freiheit, von der in Eckankar gesprochen wird.

* * *

Hören Sie, wie Beth und Dorothy von Gelegenheiten berichten, bei denen eine spirituelle Sicht der Träume ihnen die Steine aus dem Weg geräumt hat. Beide Geschichten stammen aus Erde an Gott, bitte komme ..., *Buch 2.*

Das Geheimnis eines würdevollen Lebens
von Beth Richards

Es fing alles mit einem anhaltenden, aber bruchstückhaften Traum an. In dem Traum sah ich mich selbst ein neues Projekt bei der Arbeit starten. Ich schrieb den Traum auf und fragte mich, ob das Programm funktionieren würde.

Kurze Zeit danach begannen meine Chefin und ich die Umsetzungsmöglichkeit des Planes zu besprechen, von dem ich geträumt hatte. Da mir erlaubt wurde, ihn nach und nach innerhalb der Firma umzusetzen, freute ich mich darüber, meine Träume verwirklichen zu können, und dankte dem Inneren Meister, Wah Z.

Dann nahmen meine Träume eine Wendung. Sie begannen, vor kommenden Hindernissen und Unstimmigkeiten zu warnen.

Ich begann die Umsetzungsmöglichkeit des Planes zu besprechen, von dem ich geträumt hatte. Da mir erlaubt wurde, ihn nach und nach innerhalb der Firma umzusetzen, freute ich mich darüber, meine Träume verwirklichen zu können, und dankte dem Inneren Meister, Wah Z.

Einige Monate später nahm ich Urlaub. Als ich mich entspannte, wurden meine Träume klarer. Einer hatte eine niederschmetternde Nachricht, die ich in mein Traumtagebuch geschrieben habe:

Meine Chefin sitzt geduldig, aber hoffnungsvoll da und wartet darauf, dass ich meine Arbeit aufgebe und die Firma verlasse. Ich gehe zu ihr und frage, ob sie bereit ist, meinen Mitarbeitern bekannt zu geben, dass ich die Firma zu Anfang des Monats verlasse.

Wie ich zu ihr spreche, kommt eine Welle der Angst über mich. Ich habe keine andere Arbeit in Aussicht. Wie soll ich den Kredit auf mein Haus abzahlen? Dann sagt mir eine Stimme, dass ich mich fürchte. »Hier ist kein Platz für Furcht«, sagt die Stimme. Ich beginne vor Freude zu springen und stelle fest, dass ich den nächsten Schritt in meinem Leben gehe.

Als ich aufwachte, war ich verwirrt. Ich hatte meine früheren Träume befolgt und ein neues Programm bei meiner Arbeit begonnen, aber niemand anders in der Firma kannte die Einzelheiten des Projektes, um die Aufgabe zu übernehmen. Wenn der Göttliche Geist nicht wollte, dass ich bei der Firma arbeite, warum hatte er mich dazu angeleitet, dieses komplizierte Programm in Gang zu setzen?

Waren meine Träume wahr? Wie konnte ich meine Chefin im Stich lassen, wenn sie mir so sehr vertraut hatte?

Und was noch wichtiger war, was würde ich ohne Arbeit anfangen – besonders, wo es nur noch eine Woche bis zum Beginn des Monats war? Ich fühlte mich dumm und instabil.

Ich entschloss mich, zu warten und nichts zu unternehmen. Soll der Traum sich in dem wachen, äußeren Bereich des Lebens manifestieren. In der Zwischenzeit hielt ich meine Augen für Hinweise offen. Langsam entstanden Konflikte bei der Arbeit. Mehrere Auseinandersetzungen mit einem mächtigen Verwaltungsausschuss führten dazu, dass ein Vorgesetzter sagte: »Wir müssen uns vielleicht am Ende von Ihnen trennen, wenn Sie nicht kooperieren.«

Von diesem Augenblick an fühlte ich mich von verschiedenen Leuten in der Firma angegriffen. Sogar meine Chefin wurde unter dem Einfluss anderer ein unbewusster Gegner.

Fünf Monate später war die Situation unerträglich. Meine Träume wurden wahr. Ich merkte, dass der Göttliche Geist mir sagen wollte: Du wirst in diesem Job nicht mehr gebraucht. Deine Gegenwart stört das Gleichgewicht hier. Ich nahm also meinen Mut zusammen und trat in das Büro meiner Chefin. Wir besprachen die Situation. Dann nahm ich die Gelegenheit wahr und erzählte ihr von meinen Träumen, bevor ich ganz ruhig kündigte.

Meine Chefin, niedergeschlagen von meinen Enthüllungen, sagte: »Du bist sehr verständnisvoll, Beth. Ich kann auch nicht viel mehr sagen, außer dass du Recht hast, dass du etwas tun musst.«

Dann fuhr sie in einem nachdenklicheren Ton fort: »Ich weiß nicht warum, aber ich habe dich immer wirklich gemocht. Ich weiß auch nicht genau, warum das hier so ist oder warum andere in der Firma gegen dich sind.« Wir einigten uns, dass ich die Firma verlassen würde,

Ich merkte, dass der Göttliche Geist mir sagen wollte: Du wirst in diesem Job nicht mehr gebraucht.

sobald sie einen Ersatz finden würden. Ich versprach, den Übergang für die Firma so angenehm wie möglich zu machen.

Von diesem Augenblick an kamen meine Chefin und ich uns näher.

Aber Wochen vergingen und weder die Firma noch ich schienen in der Lage zu sein, auseinander zu gehen, und ich hatte echt Schwierigkeiten, eine neue Arbeit zu finden. Jedermann schien es hinauszuzögern, einen Ersatz für mich zu finden. Überall entstanden Probleme mit den Kunden, für die ich zuständig war, und verzögerten meinen Abschied.

Verschiedene Leute in der Firma wollten scheinbar, dass ich bleibe. Aber niemand wollte etwas sagen. Es war, als ob sie darauf warteten, dass ich meine Meinung änderte. Es fiel mir schwer, mich mit dem Gedanken anzufreunden, im Inneren und Äußeren aus einer Arbeit gedrängt zu werden, die ich gerne tat, mit Kunden, denen ich treu gedient hatte. Meine Entscheidung, meine angenehme, genau auf mich zugeschnittene Arbeit aufzugeben, schien ziemlich irrational zu sein.

Stand ich vor einem Desaster?

Andere waren aus der Firma herausgedrängt worden wie ich, und die Kunden hatten ungerechtfertigte Missstände zu ertragen. Sollte ich nicht für meine Rechte einstehen und helfen, dieser Art von Verhalten ein Ende zu setzen? Jedes Mal, wenn Zweifel kamen, schlichen sich dann Ärger und negative Gefühle in mein Herz.

Ich zog mehrere Anwälte zu Rate, um zu sehen, welche Rechtsmittel ich einsetzen konnte. Die Türen schlossen sich eine nach der anderen und ich wollte wirklich keinen Rechtsstreit auslösen. Das war finanziell und emotional viel zu kräftezehrend.

In der Zwischenzeit hatte sich ein dauerhaftes Bild »Springen vor Freude über meinen nächsten Schritt im Leben« in meinem Verstand festgesetzt.

Jeden Tag kontemplierte ich über die Situation. Die Antwort und das Gefühl, das ich immer bekam, war: »Geh weg!« Und zwar nicht zu sanft. Ich beschloss, dass eine friedliche Lösung die einzige Antwort war, trotz meiner Befürchtungen und meines Ärgers. Ich musste darauf vertrauen, dass das ECK immer zu meinem Besten wirkt. Meine Träume hatten mich selten zuvor im Stich gelassen.

Ich setzte mir schließlich ein Datum. In zwei Monaten wollte ich die Firma verlassen, obwohl ich immer noch ungewiss über meine Zukunft war. Das war wirklich ein Prüfung für meinen Glauben.

Meine Chefin gab mir auf meine Bitte ein freundliches Empfehlungsschreiben. Dafür schrieb ich ihr einen persönlichen Dankesbrief für die Gelegenheit, für die Firma arbeiten zu dürfen, und legte meinem Brief zwei Bücher von Eckankar bei. Sie war begeistert.

Meine Haltung änderte sich und ich begann Liebe in die ganze Situation einfließen zu lassen. Ich räumte alles auf und organisierte alles in meinem Büro. Alles wurde ordentlich abgewickelt. Ich schloss Frieden und unterhielt mich freundschaftlich mit zwei Kollegen, die wiederholt Auseinandersetzungen mit mir gehabt hatten.

Jeden Tag kontemplierte ich über die Situation. Die Antwort und das Gefühl, das ich immer bekam, war: »Geh weg!«

Genau zwei Wochen, nachdem ich meine Stellung aufgegeben hatte, fand ich eine neue Arbeit. Ich beginne meinen nächsten Schritt mit so viel Freude und Zufriedenheit!

Als die Zeit kam, ging ich so ruhig und unauffällig wie möglich. Die Firma gab mir unerwartet zwei Wochen Abfindungsgehalt.

Genau zwei Wochen, nachdem ich meine Stellung aufgegeben hatte, fand ich eine neue Arbeit. Ich beginne meinen nächsten Schritt mit so viel Freude und Zufriedenheit! Nun habe ich eine Ahnung davon, was Sri Harold Klemp meinte, als er sagte, wir müssen würdevoll in Übereinstimmung mit dem Göttlichen Geist leben.

Traumheilung
von Dorothy Thomas

Meine Familie hatte drei Todesfälle in kurzen Abständen zu beklagen. Dann, an Silvester, starb mein Bruder eines tragischen plötzlichen Todes. Wie konnte ich mit einem weiteren Verlust fertig werden?

Am Vorabend der Beerdigung meines Bruders, bat ich den Inneren Meister, mich in den kommenden Tagen zu stärken. In dieser Nacht traf ich meinen Bruder in einem Traum in einem großen weißen Ballsaal. Wir tanzten Walzer, während der Traummeister zuschaute.

Am nächsten Morgen fühlte ich Ruhe und Frieden in mir. Es bestärkte mich in meiner Kraft, das Begräbnis meines Bruders mit Vertrauen und Mut zu bewältigen.

Nach dem Begräbnis schob ich meine Rückreise auf und schickte meine Familie vor. Ich wollte Zeit mit meiner Mutter verbringen. Wir hatten zwei Tage zuvor alle mitgeholfen, die Sachen meines Bruders loszuwerden, aber einige Gegenstände blieben übrig.

Als meine Mutter und ich sie sortierten, kam der Kummer meiner Mutter wieder hoch. Er überwältigte mich fast. Als ich versuchte, sie zu trösten, gingen meine Gedanken zurück zu meinem Traum. Wie konnte ich ihr sagen, dass es meinem Bruder gut ging? Dass es keinen Grund gab, besorgt zu sein, da er glücklich war?

Plötzlich hörte sie auf zu weinen. Sie ging in das Zimmer meines Bruders, setzte sich und nahm ihren Kopf in ihre Hände. Ich saß ruhig neben ihr und fühlte mich machtlos und deplaziert.

Als sie schließlich zu mir aufschaute, sagten mir ihre bestürzenden Worte, dass sie vergessen hatte, was sich in den letzten paar Tagen ereignet hatte. Ich sprach langsam zu ihr über die Ereignisse der Tragödie und sie nickte wissend. Aber irgendetwas war hier gerade geschehen über das hinaus, was ich sehen oder verstehen konnte, deshalb bat ich sie zu erzählen, was sie gerade gesehen oder gefühlt hatte.

Zu meinem Erstaunen vertraute mir meine Mutter an, dass sie wenige Augenblicke zuvor eine Vision gehabt hatte. Sie war so lebhaft. Sie hatte jedes Gefühl für Zeit und physische Realität verbannt.

»Ich habe deinen Vater und mehrere andere verstorbene Verwandte gesehen«, sagte sie. »Sie haben fröhlich gefeiert. Ich habe auch gehört, wie die Stimme deines Bruders hinzugekommen ist, obwohl ich ihn nicht sehen konnte.«

»Dann hat er zu mir gesprochen!«

Als ich zuhörte und beobachtete, wie sie die Realität ihrer Erfahrung langsam wahrnahm, entspannte sich ihr Gesicht. Eine friedliche Ruhe überkam sie. Ich wusste, der Innere Meister hatte nicht nur mir, sondern auch meinen Lieben geholfen, mit dem Tod meines Bruders fertig zu werden.

Zu meinem Erstaunen vertraute mir meine Mutter an, dass sie wenige Augenblicke zuvor eine Vision gehabt hatte. Sie war so lebhaft.

7
Traumreisen: Der Zugang zu Ihren inneren Welten

Lyn (nicht ihr wirklicher Name) studierte Träume. Eines Nachts gab ihr der Mahanta (der Traummeister) zwei Telefonnummern. Die einzigen Hinweise von ihm waren folgende: eine war für einen Privatanschluss und die andere war eine Büronummer.

Als Lyn aufwachte, erinnerte sie sich an den Traum. Aber sollte sie diese beiden Nummern anrufen? Wie bringt man jemand am anderen Ende bei: »Ich hatte gerade einen Traum und Gott sagte mir, ich soll Sie anrufen?«

Dieser Traum erinnert an eine Karikatur von Gary Larson in *Far Side* [Die andere Seite], in der Larson eine scharfsinnige Einsicht in die menschliche Natur darstellt. In seiner Karikatur klingelt ein Telefon und ein Mann hebt den Hörer ab. Eine Stimme sagt: »Hallo, hier ist Gott.« Der Mann fragt, wen Gott möchte. Gott nennt einen Namen. Der Mann sagt, es tue ihm leid, aber Gott habe eine falsche Nummer.

Wie bringt man jemand am anderen Ende bei: »Ich hatte gerade einen Traum und Gott sagte mir, ich soll Sie anrufen?«

Unter der Karikatur steht: Danach hörte er nicht mehr auf, den Leuten zu erzählen, dass er mit Gott gesprochen hätte.

Aber Lyns Geschichte geht anders aus. Ungefähr einen Monat nach ihrem Traum rief Lyn die erste Nummer an und bekam einen Anrufbeantworter. Sie hinterließ eine Nachricht: »Bitte rufen Sie mich an, wenn Sie können. Ich habe Ihre Nummer bekommen und ich würde mich gerne mit Ihnen in Verbindung setzen.« Dann rief sie die zweite Nummer an und hinterließ eine ähnliche Nachricht auch auf diesem Anrufbeantworter.

Am nächsten Tag erhielt sie einen Anruf von einer Frau, die sagte: »Ich habe Ihre telefonische Nachricht bekommen. Was genau möchten Sie wissen?«

»Ich hatte da einen Traum«, sagte Lyn. »In dem Traum habe ich Ihre Telefonnummer bekommen. Können Sie damit irgendetwas anfangen?« Die andere Frau antwortete: »Könnten Sie mir ein bisschen über sich erzählen?« Lyn sagte: »Ja, ich lebe in Texas und habe vier Kinder groß gezogen. Ich war Sozialarbeiterin.« Sie erwähnte außerdem den Verlust eines Sohnes, der sich in seinen Zwanzigern das Leben genommen hatte.

Die Frau antwortete: »Ich war zufällig mal Traumberaterin.«

Sie lebte und arbeitete früher in einem anderen Staat. Dort hatte sie ihr eigenes Radioprogramm gehabt, gab Interviews und redete mit Menschen über ihre Träume. Deshalb war es höchst ungewöhnlich, von jemand zu hören, der ihre Telefonnummer in einem Traum bekommen hatte.

Im weiteren Verlauf der Unterhaltung fragte die Traumberaterin: »Was genau möchten Sie wissen?«

Im weiteren Verlauf der Unterhaltung fragte die Traumberaterin: »Was genau möchten Sie wissen?« Lyn sagte: »Ich möchte wissen, ob es irgendein Karma auf meiner Seite gab, das den Selbstmord meines Sohnes verursacht hat.«

Lyn sagte: »Ich möchte wissen, ob es irgendein Karma auf meiner Seite gab, das den Selbstmord meines Sohnes verursacht hat.«

Die Traumberaterin antwortete: »Wenn Sie so weit sind, werden Sie eine Antwort erhalten.«

Aber Lyn wollte sofort eine Antwort. Warum sonst hätte ihr der Traummeister die Telefonnummer dieser Frau gegeben, von der sich herausstellte, dass sie Traumberaterin gewesen war?

Die Traumberaterin erklärte Folgendes. Wenn sie früher in ihrer Radiosendung Rat erteilte, riefen einige Menschen zurück, weil sie das Gefühl hatten, sie hätte keine klare, direkte Interpretation ihres Traumes gegeben. Also sagte sie ihnen einfach: »Wenn Sie so weit sind, werden Sie die Antwort erhalten.«

Aber diese Menschen waren ungeduldig und wurden oft ärgerlich. Sie wollten sofort Antworten haben.

Lyn verstand das. Sie sagte: »Ich verstehe, es ist meine Verantwortung. Wenn ich so weit bin, werde ich meine Antwort erhalten. Ich verstehe auch, dass der Selbstmord meines Sohnes ganz und gar seine Verantwortung ist.«

Sie hatte Angst gehabt, abends schlafen zu gehen, wegen der Befürchtung, dass der Innere Meister die Antwort enthüllen könnte, bevor sie dafür bereit war. Aber die Antwort der Traumberaterin war eine Zusicherung. Lyn musste nur warten. Wenn die Zeit gekommen war – in einer Woche, einem Monat, zehn Jahren, wie lange es auch dauerte – würde sie ihre Antwort erhalten.

Lyn stellte der Traumberaterin eine abschließende Frage: »Wo kann ich Ihre Bücher finden? Gibt es sie in einer gewöhnlichen Buchhandlung?«

»Das ist wirklich der ungewöhnlichste Weg, wie der Göttliche Geist jemals jemand mit mir in Kontakt gebracht hat«, sagte die andere Frau, »deswegen werde ich Ihnen die Bücher schicken.«

Deshalb verstand Lyn von diesem ersten Telefonkontakt an, sie war nicht für den Selbstmord ihres Sohnes verantwortlich. Sie erhielt außerdem die Zusicherung, die Antwort für alle karmischen Verwicklungen zur rechten Zeit und Gelegenheit zu finden. Eine zusätzliche Einsicht von der Traumberaterin war folgende: »Sein Selbstmord berührte viele Menschen. Und wenn ich Ihnen gerade jetzt eine direkte Antwort geben würde, was würden Sie damit anfangen? Würden Sie die Antwort an einige Menschen weitergeben, die noch nicht dafür bereit sind?«

Und die Traumberaterin fügte hinzu: »Die Traumwelten sind die realen Welten. Diese Welt ist ein Traum.«

Und so ging der erste Telefonanruf zu Ende.

Am zweiten Tag erhielt Lyn einen anderen Anruf. Es war ein Verkäufer. Wiederum erklärte Lyn: »Ich hatte da einen Traum und ich habe Ihre Nummer bekommen.«

»Ich möchte nicht unhöflich sein«, sagte der Anrufer, »aber ich möchte Sie daran erinnern, das ist ein Ferngespräch.«

»Kann ich Sie zurückrufen?«, fragte Lyn. Er willigte ein.

Wiederum erzählte sie vom Tod ihres Sohnes und erklärte die ungewöhnliche Art, wie sie die Nummer des Verkäufers erhalten hatte. »Können Sie damit irgendwie etwas anfangen?«, fragte Lyn.

Mit einer sehr gelassenen Stimme sagte er: »Drei Menschen sind jüngst in meiner Familie gestorben. Menschen sterben halt.«

Die Traumberaterin fügte hinzu: »Die Traumwelten sind die realen Welten. Diese Welt ist ein Traum.«

Nach einigen weiteren Worten sagte er: »Das ist alles, was ich tun kann, um Ihnen zu helfen. Ich denke, ich habe sie anständig behandelt.« Lyn war einverstanden. Er war sehr großzügig gewesen, seine Zeit für einen völlig fremden Menschen zur Verfügung zu stellen.

Nachdem die Unterhaltung zu Ende ging, stellte Lyn fest, dass der Göttliche Geist auch durch ihn eine spirituelle Botschaft vermittelt hatte. Sie entnahm daraus die Wichtigkeit, (1) etwas sorgfältiger zu sein hinsichtlich finanzieller Angelegenheiten (die Kosten eines Ferngesprächs) und (2) sich nicht so sehr an materielle Dinge zu binden, auch nicht an ihre eigenen Angehörigen.

Lyn war auf der Suche nach einer Antwort für die karmische Verwicklung mit dem Selbstmord ihres Sohnes. Deswegen sprach der Meister zu ihr durch zwei menschliche Beauftragte des Heiligen Geistes, mit denen sie in Verbindung treten konnte.

SEMINARTRÄUME

Manchmal finden Sie sich auf den inneren Ebenen in Umgebungen wieder, die einem Eckankar-Seminar sehr ähnlich sind. Vielleicht dienen Sie dort als Platzanweiser oder spielen eine andere bedeutende Rolle.

Immer wenn Sie eine Handlung des Dienens für das ECK mit Liebe ausüben, ist es wegen der Liebe für den Ton und das Licht Gottes, das Sie erfüllt.

Möchten Sie auf den inneren Ebenen an einem Eckankar-Seminar teilnehmen? Dann probieren Sie die folgende Technik aus:

Gehen Sie vor dem Schlafengehen in Kontemplation. Visualisieren Sie jedes mögliche

Immer wenn Sie eine Handlung des Dienens für das ECK mit Liebe ausüben, ist es wegen der Liebe für den Ton und das Licht Gottes, das Sie erfüllt.

Detail über den Seminarort. Als Anleitung lesen Sie die Beschreibung in der jüngsten Vorregistrierungsbroschüre von Eckankar für das bevorstehende ECK-Seminar. Dann stellen Sie sich vor, Sie wären auf den inneren Ebenen dort.

Nun sagen Sie: »Ich sehe mich selbst mit Freunden auf diesem ECK-Seminar. Ich sehe mich selbst im Publikum, wie ich dem Meister zuhöre.«

Wenn Sie ganz bewusst Liebe geben möchten durch ihren Dienst als Platzanweiser oder eine andere Aufgabe, sagen Sie diese zweiteilige stille Aufforderung vor dem Schlaf. Dann lassen Sie die Sache ruhen. Sie ist in den Händen des Göttlichen Geistes.

Sehen Sie, was kommt.

Gott spricht zu uns

Es gibt eine Anzahl von Wegen, wie Gott den Menschen etwas mitteilt.

Gott spricht möglicherweise direkt durch den göttlichen Ton oder das Licht. Manchmal sehen Sie in der Kontemplation oder während des Tages ein blaues oder weißes Licht. Sie sollten wissen, dass dies die Gegenwart Gottes ist. Es ist die Gegenwart Gottes, die gekommen ist, um Sie im Geist anzuheben, Ihr Herz zu reinigen, Sie für den nächsten Abschnitt Ihrer Reise in das Herz der vollen Liebe und Güte Gottes vorzubereiten.

Bei anderen Gelegenheiten spricht Gott vielleicht durch den heiligen Ton alleine, wie der Ton eines Musikinstruments. Sie werden ein einzelnes Instrument oder eine Anzahl von ihnen, irgendeine himmlische Melodie spielen hören.

Manchmal sehen Sie in der Kontemplation oder während des Tages ein blaues oder weißes Licht. Sie sollten wissen, dass dies die Gegenwart Gottes ist.

Dann wiederum entscheidet sich Gott vielleicht, mit dem Gepolter eines Sturms oder im Donnerschlag zu sprechen. Andere haben von einer entfernten Trommel gesprochen. Oder dem Gesang eines Vogels. Manchmal erzittert die Luft vielleicht nur mit dem Atem eines sanften Seufzers.

Stellen Sie sich überhaupt auf fast jeden Ton ein. Wenn er Sie vom Gefühl her leicht, froh oder angehoben macht, angefüllt mit Güte und Liebe, dann seien Sie sicher, dass der Ton Gottes Segen mit einer von vielen Stimmen war.

Die Stimme Gottes ist gekommen, um Sie zu segnen.

Eine gewöhnlichere Art, in der Gott spricht, ist durch Träume. Aber Träume sind indirekter. Weil sie oft Symbole benutzen, muss man bei jeder Interpretation mit Sorgfalt vorgehen. Es ist, wie wenn man durch eine dunkle Wolke sieht.

Dann muss ein Träumer die Rudimente der Trauminterpretation lernen.

Ihre Erfahrungen in den höheren Welten sind durch Illusionen umwölkt. Die Dinge sind nicht, wie sie zu sein scheinen. Die negative Kraft, die wir Kal nennen (einige kennen sie als Satan oder Teufel) hat auch einen göttlichen Auftrag. Ihr Zweck ist, einen Träumer auszutricksen und irre zu führen und damit die Aussage des Traums zu verpassen. Diese negative Kraft möchte, dass Sie sagen: »Träume sind nicht wichtig.«

Sobald ein Mensch nicht länger durch den Unfug des Kal getäuscht wird, hat diese Seele einige Illusionen durchschaut und nimmt daher an spiritueller Liebe und Macht zu.

Ich sage: »Träume sind wichtig. Sie sind ein Weg, auf dem Gott gerade zu Ihnen spricht.«

Wenn er Sie vom Gefühl her leicht, froh oder angehoben macht, angefüllt mit Güte und Liebe, dann seien Sie sicher, dass der Ton Gottes Segen mit einer von vielen Stimmen war.

Traumbuch

Robert aus Nigeria wurde Mitglied von Eckankar. (Alle Namen in dieser Geschichte sind geändert, um die Privatsphäre zu schützen.) Nachdem Robert die ECK-Lehre zwei Jahre lang studiert hatte, erhielt er die zweite Initiation. Dieser einfache Ritus hebt einen in die Astralebene (Gefühle) an, die nächste Stufe über der physischen.

Er reiste zu einer weit entfernten Stadt, um an einem ECK-Seminar teilzunehmen, und als es zu Ende war, bekam er eine Reisegelegenheit für den halben Weg zurück zu seiner Heimatstadt mit anderen ECKisten. Nach der Hälfte des Weges wollte er ein Taxi nehmen, für den Rest der Reise. Also nahm er Abschied von seinen Freunden und machte sich auf zu Taxistand. Weil es eine große Entfernung zu Roberts Heimatstadt war, wollte der Taxifahrer gerne warten, bis sein Taxi voll war. Robert hatte Glück. Er war der letzte Passagier. Das Fahrzeug war voll, bereit loszufahren.

Aber dann, Probleme. Als Robert nach seiner Brieftasche griff, um sicher zu gehen, dass er an seinem Zielort bezahlen konnte, wurde er von einer schrecklichen Entdeckung geschockt: Seine Brieftasche war nicht da. Er geriet in Panik.

Er verhandelte mit dem Taxifahrer: »Bringen Sie mich zu meiner Heimatstadt und ich bezahle sie dort.«

Der Taxifahrer hatte das schon mal gehört. Sollte er diesem Kerl trauen? So eine lange Fahrt. Als der Taxifahrer die Situation in seinem Verstand hin- und her bewegte, fühlte sich Robert mehr und mehr in Not – keine Brieftasche, kein Geld, keine Schlüssel, keine ECK-ID-Karte. Wie sollte er nach Hause kommen?

Dann durchbrach einer der Passagiere die ausweglose Situation: »Das ist in Ordnung«, sagte er. »Ich bezahle seine Rechnung.« Robert dankte seinem Wohltäter und versprach: »Ich bezahle Ihnen das, sobald wir in meiner Heimatstadt ankommen.«

Der andere antwortete: »Das ist nicht nötig.«

Durch diesen Akt der Großzügigkeit bekam Robert das Gefühl, dass der Mahanta, der Lebende ECK-Meister, in dieser Erfahrung eine Botschaft für ihn übermittelte. Der spirituelle Führer von ECK versuchte, ihm irgendeine wichtige Lektion zu erteilen. Also fuhr Robert seine spirituellen Antennen aus und versuchte herauszufinden, was das sein konnte.

Als er Zuhause ankam, versuchte er, seinem Wohltäter das Geld zurückzuzahlen. Aber es war Sonntag. Die Banken waren geschlossen, daher konnte er an die Mittel nicht heran. Als er überlegte, was er als Nächstes machen sollte, kam jemand an die Eingangstür seiner Wohnung. Der Mann war Repräsentant eines früheren Kunden, für den Robert damals Beratungsarbeiten durchgeführt hatte. Der Fremde übergab ihm eine große Summe Bargeld. Jetzt war reichlich Geld da, um seinen Engel für die Taxifahrt auszuzahlen.

Die Sache mit dem Taxigeld wurde also zur Zufriedenheit aller gelöst.

Aber Robert hatte noch ein Problem außer der vermissten Brieftasche. Er hatte auch seine Schlüssel verloren. Als Lehrer an einer großen Universität brauchte er sie, um in sein Büro zu kommen. Noch schlimmer, die verlorenen Schlüssel waren das einzige Set. Robert nahm sie selten auf Reisen mit, aber diesmal hatte er es vergessen. Also war er jetzt aus seinem Büro ausgeschlossen. Was tun?

Robert bekam das Gefühl, dass der Mahanta, der Lebende ECK-Meister, in dieser Erfahrung eine Botschaft für ihn übermittelte.

In dieser Nacht erschien der Innere Meister in einem Traum und sprach zu ihm.

»Was ist mit deinem Traumbuch?«, fragte der Traummeister.

Robert kramte in seinem Gedächtnis nach. »Ich habe ja ein Notizbuch gekauft und wollte direkt nach der zweiten Initiation anfangen, meine Träume aufzuschreiben«, sagte er. »Aber ich habe es vergessen.«

Er hatte gute Traumerfahrungen gehabt. In einer erinnerte er sich jetzt an die Warnung des Traummeisters vor einigen Leuten, die ein Geschäft mit ihm aufbauen wollten, aber von der unehrlichen Sorte waren. Er hatte auf die Warnung geachtet und war in der Lage, sich selbst zu schützen. Es ersparte ihm eine Menge Geld. Robert hätte diesen Fall in sein Traumbuch schreiben können, aber er hatte das vernachlässigt.

Der Meister fragte: »Was ist mit deinen Initiiertenberichten? Wo sind diese Berichte, die du zu deinem eigenen Nutzen jeden Monat schreiben solltest? Selbst wenn du sie nicht schickst, schreib sie einfach.«

»Ich habe es vergessen«, sagte Robert. Er wurde sich nun der äußersten Vernachlässigung seiner spirituellen Disziplin bewusst.

Der Meister benutzte einen einleuchtenden Begriff, um seine Verfehlung zu beschreiben: »Indiszipliniertheit«. Nicht »Mangel an Disziplin«, sondern »Indiszipliniertheit«.

»Die verlorene Brieftasche und die verlorenen Schlüssel sind ein Wachtraum, wie du dich selbst aus den spirituellen Welten durch ›Indiszipliniertheit‹ ausschließt«, sagte der Innere Meister. »Du musst dich ändern, wenn du dein spirituelles

Leben weiter öffnen möchtest.«

Es dauerte nicht lange und Robert hatte einen zweiten Traum. Darin traf er einen Freund aus derselben Stadt, die der Ort für das ECK-Seminar war, das er besucht hatte.

»Ich habe deine Brieftasche gefunden«, sagte sein Freund. »Ich schicke sie dir mit einem Brief.«

Aber am nächsten Morgen hatte Robert Zweifel an seinem Traum. Als ihm daher ein Bekannter von Zuhause erzählte, dass er diese Stadt besuchen wollte, vertraute Robert ihm eine Notiz an seinen Freund über den Traum an. »Wenn du meine Brieftasche findest«, schrieb er, »schicke sie bitte zurück.«

Am nächsten Tag kam seine Brieftasche an. Die Schlüssel und seine ECK-ID-Karte waren intakt, also war alles wieder in Ordnung.

Durch Nachdenken kam Robert dahinter, dass seine Brieftasche gar nicht verloren gegangen war. Sie befand sich bloß in der Obhut eines anderen. Er erkannte, dass die ganze Situation ein Geschenk des Meisters war, um ihm bei seiner spirituellen Disziplin zu helfen. Es war ein Akt der Gnade Gottes, um seine Reise nach Hause zu beschleunigen.

Karma in Träumen

Karma kann auch im Traumzustand oder auf andere Art abgearbeitet werden.

Zum Beispiel haben Menschen Autounfälle im Traum, anstatt ein solches reinigendes, aber aufregendes Ereignis in ihrem täglichen Leben zu haben. Andere wiederum haben tatsächlich einen Unfall, aber ein Wunder wendet schwere Verletzungen oder Schlimmeres ab. Niemand behauptet, dass die ECK-Lehre ein Allheilmittel für alle Übel ist. Weit

Er erkannte, dass die ganze Situation ein Geschenk des Meisters war, um ihm bei seiner spirituellen Disziplin zu helfen. Es war ein Akt der Gnade Gottes, um seine Reise nach Hause zu beschleunigen.

> *In diesem Leben geht es darum, uns selbst zu begegnen.*

entfernt davon. In diesem Leben geht es darum, uns selbst zu begegnen.

Unter Berücksichtigung dessen kommen größere Herausforderungen ans Licht, die man bewältigen muss – nicht nur, um vergangene Schulden abzuzahlen, sondern auch, um an spiritueller Statur zu gewinnen.

Das Spiel des Karmas ist die Wurzel aller menschlichen Beziehungen.

In der nächsten Geschichte muss ein junger Mann die Waage der Gerechtigkeit wegen vergangenen Karmas ins Gleichgewicht bringen. Er muss einem Opfer aus einem früheren Leben etwas zurückzahlen. Aber der Mahanta, der Lebende ECK-Meister (der spirituelle Führer von Eckankar) schickt ihm einen Traum, um ihn auf die notwendige, aber schmerzvolle Erfahrung vorzubereiten, die auf ihn zukommt.

Nick, so nennen wir ihn, erzählte von einem Traum, in dem eine wunderschöne junge Frau in sein Büro kam. Sie wollte das Telephon auf dem Schreibtisch seines Vorgesetzten benutzen. Nick und das Mädchen fühlten eine unmittelbare Zuneigung zueinander, und bald entwickelte sich eine leidenschaftliche Romanze. Aber zu seiner Enttäuschung führte sie zu nichts.

Dann wachte er auf.

Wochen später begann ein junge Studentin eine Auftragsarbeit im Büro, um Arbeitserfahrung zu sammeln. Nick liebte sie von Beginn an. Er tat alles in seiner Macht Stehende, um ihr Herz zu gewinnen. Aber sie spielte die Schüchterne und wimmelte seine starke Zuneigung mit Versprechungen ab. Später, immer später. Bald war jeder im Büro über ihre Beziehung am Reden.

Dann stürzte der Himmel ein.

Durch die Gerüchteküche im Büro erfuhr Nick von der heimlichen Liebesaffäre zwischen ihr und seinem besten Freund im Büro. Es hatte in der ersten Woche ihrer Ankunft begonnen. Nick hatte selbst dazu beigetragen. In dieser ersten Woche musste er eines Abends bis spät arbeiten und bat deshalb seinen guten Freund, sie nach Hause zu begleiten. Das war der Anfang vom Ende.

Nur das ECK, der Göttliche Geist, hielt Nick davon ab, den Verstand zu verlieren, als er von der heimlichen Liebesaffäre erfuhr. Aber er wurde verbittert über das Leben. Warum war diese wunderschöne junge Frau gekommen – um Kummer zu bringen?

In seiner Angst und seinem Ärger vergaß er die spirituelle Liebe des Mahanta, des Lebenden ECK-Meisters.

Dann, ein zweiter Traum. Der Mahanta nahm ihn mit auf die Zeitspur und zeigte ihm ein vergangenes Leben, in dem er eine Frau war. Verheiratet mit einem reichen Mann, hatte sie (Nick) zwei Hausgehilfen, die beide wegen Nicks Missbrauch seiner Position und seiner Autorität zu leiden hatten. Eine war diese Studentin.

»Du hast dieses Karma verursacht«, erklärte der Mahanta. »Diese Schuld steht zwischen dir und der Liebe Gottes. Bezahle sie jetzt und bringe es hinter dich.«

Am Ende erkannte Nick die Hand des Karmas und der lang ausstehenden Schuld, die er begleichen musste. Der bohrende Schmerz brauchte eine Weile, um abzuklingen, natürlich, aber nun ist er glücklich, dass die Schuld bezahlt ist. Nachdem der Schmerz vorüber war, kam ein neues Gefühl von

Freiheit und Leichtigkeit. Gottes Liebe konnte nun direkt in sein Herz scheinen.

Die hinderliche Block der karmischen Schuld war verschwunden.

Das Schicksal ändern

Ein wenig bekannter Nutzen eines wahren Meisters ist seine Fähigkeit, das Schicksal zu ändern.

Ein wenig bekannter Nutzen eines wahren Meisters ist seine Fähigkeit, das Schicksal zu ändern. Er hat die spirituelle Macht, den Verlauf des Schicksals zu ändern, sobald ein Mensch einen höheren Bewusstseinszustand erreicht. Wenn genug Entfaltung vorhanden ist, wird ein wahrer Meister unnötiges Karma streichen.

Dann ist es aus den Büchern heraus.

Oft klärt sich Karma im Traumzustand auf.

Oft klärt sich Karma im Traumzustand auf. In diesem Fall kann jemand, der eine gewisse Erfahrung braucht, sie im Traum erhalten. Am nächsten Morgen sagt der Träumer: »Was für ein Traum! Ich hoffe doch, das passiert nicht hier.«

Das muss nicht sein; es hat bereits seinen Lauf genommen. Der Betroffene hat die Zeche in diesem Traum für alles bezahlt, was er schuldig war.

Diese Betrachtungsweise ist ein Geschenk vom Meister.

Vor ein paar Jahren sagten die Ärzte zu Rebecca, dass sie unfruchtbar war – niemals eigene Kinder haben konnte. Als Mitglied von Eckankar glaubt sie an Träume. Trotz dieser düsteren Voraussage der Ärzte spürte sie immer noch den starken Wunsch, auf natürliche Art Mutter zu werden, ihre eigenen Kinder zu gebären. Daher öffnete sie ihr Herz für den Göttlichen Geist.

Sie sagte: »Wenn es einen Weg für mich gibt, eigene Kinder zu haben, dann lass dies bitte geschehen.«

Dann entschloss sie sich, ihre Religion zu leben. Als ECKist begann sie, die spirituellen Übungen jeden Tag zu machen. Rebecca las ECK-Bücher. Sie praktizierte die ECK-Prinzipien nach besten Kräften.

Rebecca spiritualisierte dadurch ihren Bewusstseinszustand.

Sie setzte alles in ihrem Leben in das bestmögliche Licht, um sich selbst anzuheben, weil sie wusste, dass die Macht Gottes dann ins Herz gelangen kann.

Eines Abends vor dem Schlafengehen nutzte sie eine Visualisierungstechnik. Sie bestand darin, sich vorzustellen, an einem Ort der Heilung zu sein. Später war sie in einem Traum in einem großen Krankenhaus in einer anderen Welt, in der ein Arzt eine Untersuchung vornahm und sie dann in einen Operationssaal rollte, um eine Operation durchzuführen. Nach der Operation übergab er ihr ein Rezept. Darauf stand der Name der Arznei, den sie sich merkte.

In dem Augenblick, wo er den Namen der Arznei erwähnte, spürte sie ganz deutlich eine Bewegung in ihrem Unterleib. Irgendetwas rührte sich. Dann wachte sie auf.

Rebecca verzeichnete den Traum in ihrem Tagebuch. Auf ein getrenntes Stück Papier schrieb sie den Namen der Arznei und schlief dann wieder ein.

Am nächsten Morgen rief sie mehrere Apotheken an, um die Traumarznei aufzuspüren. Überall war die Antwort gleich. »Gnädige Frau, diese Arznei ist sehr selten, Sie können sie nur an den regionalen Krankenhäusern und einigen großen privaten Kliniken bekommen.« Es war eine neue Arznei.

Rebecca überlegte, was sie tun könnte. Sie dachte: *Ich kann wirklich nicht zu einem Arzt gehen und sagen: ›Hier ist mein Traumrezept. Würden Sie es bitte ausstellen?‹* Sie beschloss, die Sache ruhen zu lassen.

Sie wollte auf Gottes eigene Zeiteinteilung warten.

Rebecca lebte normal weiter und vergaß diesen Traum zum größten Teil. Dann wachte sie eines Morgens mit schrecklichen Zahnschmerzen auf. Ihr Gaumen war geschwollen. Sie hatte das Gefühl, ihre Zähne würden ausfallen. Ihr Vorgesetzter bei der Arbeit gab ihr frei, damit sie eine Zahnklinik aufsuchen konnte.

Bei ihrer Ankunft warf ein Zahnarzt einen Blick auf den schmerzenden Zahn. »Sie haben eine ziemliche Infektion da«, sagte er. »Ich verschreibe Ihnen gleich ein Rezept.« Er sagte den Namen der Arznei – genau dasselbe Mittel, das der Arzt in ihrem Traum verschrieben hatte. Es war die seltene neue Wunderarznei.

Rebecca kehrte mit dem Rezept nach Hause zurück. Und bevor die Flasche leer war, stellte sie voll Freude fest, dass sie schwanger war. Das Kind ist heute sieben Jahre alt.

Dieses Kind war ihr Beweis für die Gegenwart des Mahanta, dass er immer bei ihr ist. Er hatte ihre von Herzen kommende Bitte erhört.

Dieses Kind war ihr Beweis für die Gegenwart des Mahanta, dass er immer bei ihr ist. Er hatte ihre von Herzen kommende Bitte erhört.

Träume sind also ein weiterer Weg, um Antworten vom Heiligen Geist zu erhalten.

* * *

Die folgenden vier persönlichen Berichte erzählen von der Macht der Träume. Sie sind reines

Gold. Sie sind erschienen in Erde an Gott, bitte kommen ..., *Buch 1 und 2.*

Wie ich mich selbst befreite
von Larry White

Nacht für Nacht hatte ich denselben Albtraum. Ein Mann mit einem Messer verfolgte mich.

Es spielte keine Rolle, wo ich war, oder mit wem ich in dem Traum war, er tauchte stets aus dem Nichts auf und verfolgte mich. Um Ecken herum, durch unerleuchtete Straßen und Alleen, durch verlassene Gebäude, er war immer hinter mir her.

Und was noch weniger angenehm war, je schneller ich zu laufen versuchte, um so langsamer bewegten sich dann meine Beine. Es war, als würde man versuchen, unter Wasser zu sprinten. Meine Beine wurden immer schwerer, und kurz bevor ich gefasst wurde, wachte ich in kaltem Schweiß auf.

Die Art meiner Arbeit verlangt einen aufmerksamen Geisteszustand. Der Mangel an Schlaf war eine Bedrohung für die Sicherheit meiner Arbeit und führte dazu, dass mein Chef mich fragte, ob ich einen zweiten Beruf ausübte. Er hatte das Gefühl, ich schlafwandle tagsüber.

Ich beschloss, diesem Traumwahnsinn ein Ende zu machen.

Das nächste Mal, wenn mich dieser Fremde im Traumzustand verfolgte, war ich entschlossen, mich umzudrehen und zu fragen: »Was wollen Sie von mir?« Schließlich hat der Lebende ECK-Meister betont, wie viel man durch Träume lernen kann. Sich mit einer Traumsituation von Angesicht zu Angesicht auseinander zu

Das nächste Mal, wenn mich dieser Fremde im Traumzustand verfolgte, war ich entschlossen, mich umzudrehen und zu fragen: »Was wollen Sie von mir?«

setzen ist besser, als davor wegzulaufen: eine Mahnung an mich selbst.

In dieser Nacht lag ich im Bett, bereit zu handeln. Ich wiederholte mir immer wieder: »Heute Nacht werde ich den Mann mit dem Messer stellen. Heute Nacht werde ich ihn fragen, was er von mir will.«

Schließlich ging ich in den Ruhezustand über. Schnell wachte ich auf, erfrischt von einer vollen Nachtruhe – aber ohne die Erinnerung an einen einzigen Traum.

Es war ein besserer Arbeitstag als gewöhnlich.

In dieser Nacht wiederholte ich meine innere Anweisung, den Mann in meinem Traum zu stellen. Wieder kam nichts. War das gut? War das Loswerden eines einzigen dummen Albtraums es wert, alle meine anderen Träume auszuwischen? Meinem Chef war das egal; er war glücklich, dass sein Angestellter wieder voll da war.

In der dritten Nacht wiederholte ich das Postulat. Aber ich hatte ein losgelösteres Gefühl.

Plötzlich wachte ich im Traumzustand auf und stöberte durch die Alben in einem Plattengeschäft. Ich war auf der Suche nach einem bestimmten Album. Wie sah es aus? Keine Ahnung. Aber ich hatte volles Vertrauen, dass ich es wiedererkennen würde, sobald meine Finger es berührten.

Als ich schon dabei war aufzugeben und zu gehen, entdeckte ich das gewünschte Album auf einem Wandregal. Es hieß *Schau dich an*. Die Vorderseite war tatsächlich ein Spiegel, und es war ein seltsames Gefühl, meine Spiegelung zu sehen, die mich anstarrte: wirklich ein sehr trauriges Gesicht.

Die Spiegelung enthielt aber noch ein anderes Bild, einen Mann, der schrie: »Du wirst es nie zu etwas bringen!«

Es war der furchterregende Mann mit dem Messer.

Ich lief mit schnellem Schritt aus dem Laden raus und dann weiter durch das Einkaufszentrum. Die vertrauten Schritte hämmerten heiß hinter mir her. Je schneller ich zu laufen versuchte, um so langsamer bewegten sich meine Beine. Einen Augenblick später erinnerte ich mich an meine Entschlossenheit, diesen geheimnisvollen Fremden zu stellen. Also blieb ich wie angewurzelt stehen und schnellte herum.

»Was wollen Sie von mir?«, fragte ich.

»Gott sei Dank«, sagte der schnaufende Mann, »ich dachte, Sie würden niemals aufhören wegzulaufen.«

Ich schloss meine Augen, um auf das Schlimmste gefasst zu sein und war erstaunt ein seltsam kratzendes Geräusch zu vernehmen. Meine Augen schnappten auf. Der Mann, zu meinen Füßen kauernd, nutzte sein Messer wie eine Säge, um eine Kugel und eine Kette von jedem meiner Beine zu lösen, um sie zu befreien. Dann sagte er mit einem Ausdruck des Mitgefühls auf seinem Gesicht: »Sie müssen endlich aufhören, sich selbst zu behindern. Da. Jetzt sind Sie frei.«

Ich erwachte und schrieb den Traum auf. Es kam mir die Erkenntnis, wie sehr ich mich selbst behindert hatte. Da ergab sich die Möglichkeit

Ich erinnerte mich an meine Entschlossenheit, diesen geheimnisvollen Fremden zu stellen. Also blieb ich wie angewurzelt stehen und schnellte herum.

zu einer viel besseren Stelle in einer anderen Firma, von der ich gedacht hatte, ich sei es nicht wert, mich zu bewerben, also führte die Gelegenheit zu nichts.

Echos aus meiner Vergangenheit sagten mir auch: »Aus dir wird nie etwas.« Es war eine oft wiederholte und in alte, lange bestehende Gedankenrillen eingegrabene Botschaft. Diese Platte spielte immer und immer wieder.

Aber war das ein Grund für die weitere Sabotage meines Lebens?

Am nächsten Tag stellte ich nach der Arbeit eine Liste all meiner beruflichen Fähigkeiten zusammen. Als ich sie fertig hatte, war ich überrascht von der Breite meiner Erfahrungen. Der nächste Schritt war, eine Zusammenfassung dieser Liste anzufertigen und sie der anderen Firma vorzulegen. Sie baten mich noch am gleichen Morgen zum Gespräch.

Die Firma stellte mich sofort ein.

Seit dieser Traumerfahrung habe ich viele alte Aufzeichnungen von Angst losgelassen und sie durch die unbedingte Liebe des ECK ersetzt.

Seit dieser Traumerfahrung habe ich viele alte Aufzeichnungen von Angst losgelassen und sie durch die unbedingte Liebe des ECK ersetzt. Ob scheußlich oder wunderschön, meine Träume waren Segnungen voller Wahrheit.

Der innere Vertrag
von E. K. Tyrrell

Vor mehreren Jahren hatte ich einen lebhaften Traum, dessen Bedeutung mir monatelang entging.

Darin befand ich mich in einem kleinen Arbeitszimmer oder einer Bibliothek. Eine Höherinitiierte von ECK stand hinter dem Schreibtisch. Wir waren uns im Wachleben noch nie begegnet, aber ich hatte oft an ihren zahlreichen Vorträgen und Workshops bei Eckankar-Seminaren teilgenommen.

Jetzt war ihr Lächeln voller Liebe. Sie schob ein Papier über den Schreibtisch, das ich unterschreiben sollte. Als ich meinen Namen auf die gepunktete Linie schrieb, fühlte ich, dass noch eine andere Person im Zimmer war. Da stand Wah Z, die innere Form des Lebenden ECK-Meisters, am anderen Ende des Schreibtisches in einem weißen Hemd und langen Hosen.

Wah Z sammelte ein Bündel Verträge auf, wie der, den ich unterzeichnet hatte. Er schaute mich nicht an oder sprach zu mir. Nachdem er die Papiere aufgesammelt hatte, schlüpfte er aus dem Zimmer. Beim Aufwachen hatte ich das Gefühl, dass etwas von großer Bedeutung bevorstand.

Ich schrieb später der Höherinitiierten in meinem Traum und beschrieb detailliert das kleine Arbeitszimmer und meine innere Erfahrung dort. Innerhalb kurzer Zeit kam ihre Antwort.

Der Brief bestätigte meine Beschreibung des Arbeitszimmers in ihrem eigenen Haus.

Sie brachte Dankbarkeit zum Ausdruck, dass der Mahanta sie als Kanal für das ECK ausgewählt hatte und wies darauf hin, dass der Traum bedeuten könnte, ich sollte danach streben, all das zu sein, was ich sein konnte. Bezüglich des Vertrages sagte sie, die Interpretation dessen, was er bedeutete, sollte einzig und allein mir überlassen bleiben.

Es gab aber noch mehr aus diesem Traum zu lernen.

Ich fühlte, dass noch eine andere Person im Zimmer war. Da stand Wah Z, die innere Form des Lebenden ECK-Meisters, am anderen Ende des Schreibtisches in einem weißen Hemd und langen Hosen.

Als Nächstes durchforschte ich alle Bücher von Eckankar nach Hinweisen auf innere Verträge, aber es tauchte nichts auf. Also gab ich die Suche auf.

Nicht lange danach wurde meinem Mann von fünfundvierzig Jahren (auch ein ECKist) die Diagnose einer tödlichen Krankheit gestellt. Wir gingen durch eine lange, dunkle Periode der Prüfung und des spirituellen Wachstums, als wir uns darauf vorbereiteten, Abschied zu nehmen.

Unsere Freunde von Eckankar gaben Liebe und ständige Hilfe. Keine Aufgabe war zu groß oder zu klein und sie boten Unterstützung an, bevor sie erbeten wurde. Eine Höherinitiierte, eine Krankenschwester, kam fast jede Nacht von der Arbeit, um mir eine Ruhepause von der Versorgung meines Mannes zu ermöglichen.

Eine andere ECKistin, ebenfalls eine Krankenschwester, tat alles, um ihm das Leben sowohl zu Hause und als auch im Krankenhaus angenehm zu machen. Sie half meiner Familie und mir, mit dem Stress fertig zu werden.

Nach dem Hinübergehen (Ableben) meines Mannes zu einer anderen Ebene der Existenz gab es einen Gedächtnisgottesdienst in unserem Haus. Der Höherinitiierte, der ihn leitete, tat dies mit viel Liebe und Demut. Die Familie meines Mannes, obwohl keine ECKisten, erhielten viel Trost dadurch und machten immer wieder Bemerkungen darüber, wie schön der Gottesdienst war.

Mehrere Tage nach seinem Ableben erschien mir mein Mann zuhause. Er erschien so real wie Sie oder ich, als er mit mir auf unserem Lieblingsplatz auf der Couch saß. Er schaute so gut

Mehrere Tage nach seinem Ableben erschien mir mein Mann zuhause. Er erschien so real wie Sie oder ich, als er mit mir auf unserem Lieblingsplatz auf der Couch saß.

aus, so stark und gesund. Ich konnte meinen Augen nicht glauben.

Plötzlich schaute er mir direkt in die Augen.

»Möchtest du jetzt mit mir kommen?«, fragte er, »oder deinen Vertrag zu Ende bringen?«

Nachdem ich ihn viereinhalb Jahrzehnte lang geliebt hatte, war der Drang zu gehen groß, aber irgendwie wusste ich, wir hatten so viel gelernt, wie wir zusammen lernen konnten. Nun war es Zeit, getrennte Wege zu gehen, denn jeder würde auf seinem eigenen Weg schneller Fortschritte machen.

Ich wollte meinen Vertrag zu dienen zu Ende bringen.

Zwei Jahre sind seit seinem Tod vergangen. In der Zwischenzeit habe ich viele Lektionen gelernt über Selbstverantwortung und Selbstdisziplin. Natürlich gab es auch noch Zeiten der Einsamkeit und der Zweifel.

In einer sehr schlimmen Nacht schrie ich auf: »Wozu geschieht das alles?«

In Verzweiflung öffnete ich das Buch *Das Shariyat-Ki-Sugmad*, Buch 1. Das sind die Schriften von ECK.

Mein Blick fiel auf die Worte: »Ob der Chela [Student] auf der physischen Ebene lebt oder auf der Atma Lok (Seelenebene), er hat nie das Gefühl, in einer gesonderten Welt oder einem gesonderten Zustand zu sein. ... Er fühlt sich weder als Bürger noch als Fremder, sondern wie ein moderner Reisender, der jedes Land als Tourist oder in Geschäften durchreist.

Die Wesenheiten auf jeder Ebene betrachten das Dasein dort als eine Art Dienstleistungsvertrag.«

Ich fand heraus, dass die Freude, die durch den wahren Dienst an Gott entsteht, am Ende alle Ängste und Zweifel der Seele auf ihrer Reise nach Hause zu Gott verbannt.

Eckankar ist eine spirituelle Lehre, die dem Einzelnen den Weg heim zu Gott zeigt. Für mich begann die Reise mit einem mysteriösen Traum.

Und weiter unten auf der Seite: »Der Dienst auf der Erde in der menschlichen Form, oder in irgendeiner der psychischen Ebenen, ist ein geringer Preis für den Erwerb einer Fahrkarte zum wahren Reich Gottes, [die man durch den Weg von Eckankar erhält].«

Ich hatte den Zyklus vollendet. Hier war die Antwort auf alle meine Fragen, die Antwort auf meinen Traum. Ich hatte den vollen Zyklus durchgemacht. Ich fand heraus, dass die Freude, die durch den wahren Dienst an Gott entsteht, am Ende alle Ängste und Zweifel der Seele auf ihrer Reise nach Hause zu Gott verbannt.

Der Hölle entkommen
von Ed Adler

Eckankar ist eine spirituelle Lehre, die dem Einzelnen den Weg heim zu Gott zeigt. Für mich begann die Reise mit einem mysteriösen Traum, nur wenige Wochen, nachdem ich einen Antrag auf Mitgliedschaft in Eckankar gestellt hatte.

»Bitte, helft mir«, schrie ich in diesem Traum.

Der Gestank um mich herum war unerträglich. Bis zu meinen Hüften stand ich in einer dampfenden, faul riechenden Jauchegrube aus Schlamm und fürchtete, immer tiefer zu sinken. Übelkeit durchfuhr mich in endlosen Wellen. Ich kämpfte darum, aus dem Schmutz herauszukommen, der mich mit klauenähnlichen Fingern festhielt.

Konnte dies die Hölle sein?, fragte ich mich.

Wenn sie es war, war sie viel schlimmer, als ich es mir jemals vorgestellt hatte. Niemals hatte ich mich so hilflos gefühlt.

Ich kämpfte bis zur Erschöpfung, dann hörte ich auf, um herauszufinden, wo ich war. Zuerst war da nichts außer meiner Furcht und der Dunkelheit. Durch das Licht einer schwachen Reflektion von oben konnte ich gerade noch einen höhlenartigen Raum ausmachen, der sich hunderte von Fuß über mir ausdehnte. Irgendwie wusste ich, dass ich im Kellergeschoss eines hohen Gebäudes gefangen war.

Als ich mich nach Hilfe umsah, bemerkte ich jemanden, der an der gegenüberliegenden Wand lehnte, nahe einer Reihe von hell erleuchteten Aufzügen. Es war ein großer, schlanker, schwarzhäutiger junger Mann mit einem warmen Lächeln. Aber seine durchdringenden schwarzen Augen blickten geradewegs durch mich hindurch.

»Warum hilfst du mir nicht?«, rief ich.

Er antwortete, indem er seine Arme entfaltete und mich zu sich heranwinkte.

Was soll das?, dachte ich. *Er will, dass ich selbst zu ihm herüberkomme. Aber das ist unmöglich! Ich stecke wirklich fest.*

Ich hatte aber bei einem Versuch nichts zu verlieren. Überraschenderweise fand ich die Kraft, mich durch den Schlamm dorthin zu kämpfen, wo er stand. Er streckte seine Hand aus, um mir hinauf und heraus zu helfen. Ich war endlich frei – zumindest von der widerlichen Grube, aber wie wenig ahnte ich, dass mein Abenteuer gerade erst begonnen hatte.

Er sagte kein Wort, sondern zeigte einfach auf einen der wartenden Aufzüge.

Es war das seltsamste Gerät, das ich je gesehen hatte. Da waren keine Seiten oder eine

Decke, nur eine einfache hölzerne Plattform mit einem aufrecht stehenden Schalthebel. Er trat auf die Plattform und nickte mir zu, ihm zu folgen. Voller Zweifel ging ich zu diesem fremdartigen Apparat und stellte mich auch darauf und bemerkte dann eine junge Frau, die in der Nähe stand. Wer weiß, woher sie kam. Ohne ein Wort gesellte sie sich zu uns in den Aufzug.

Wer ist das?, fragte ich mich.

Ich strengte mich an, ihr Gesicht zu sehen, konnte aber unerklärlicherweise meine Augen nicht konzentrieren. Ihre Gesichtszüge blieben verschwommen. (Es sollte mehrere Jahre dauern, bevor ich entdeckte, wer sie war.)

Inzwischen drückte der stille junge Mann den Steuerhebel herunter und wir sausten mit erstaunlicher Geschwindigkeit hoch. Im Wachzustand litt ich an einer unkontrollierbaren Höhenangst und war jetzt entsetzt, als ich hinunter auf den schnell verschwindenden Kellerboden sah.

Mit großer Mühe zwang ich meinen Blick weg von dem Schwindel erregenden Raum unten zu dem gelassenen Gesicht unseres Führers. Meine eisige Furcht schmolz hinweg in der Wärme seiner ruhigen Sicherheit. Die mysteriöse Frau schien ebenfalls unbekümmert über unseren raschen Aufstieg und ich entspannte mich ein wenig.

Trotz unserer großen Geschwindigkeit stiegen wir lange Zeit höher und höher. Endlich kamen wir oben an und traten vorsichtig auf ein flaches, graues, mit Kies bestreutes Dach. Die Atmosphäre war auch grau. Und der schwere Nebel war wie eine bedrückende Decke, die

---

Mit großer Mühe zwang ich meinen Blick weg von dem Schwindel erregenden Raum unten zu dem gelassenen Gesicht unseres Führers.

gerade noch genug Licht durchließ, den nächsten Schritt zu sehen. Als wir unseren Weg zur Dachkante ertasteten, war ich mir des tiefen Abgrundes, nur einen Schritt entfernt, sehr wohl bewusst. Wie sehr wünschte ich mir, wir hätten mehr Licht. Jede Zelle in meinem Körper schrie nach mehr Licht!

Ohne Warnung hob unser Führer den Arm. Er wies auf einen Fleck in dem blinden, grauen Himmel, von wo, so deutete er an, die strahlende Sonne hinter dem bleiernen Schleier bald scheinen würde. Er zeigte immerzu dort hin.

Ich bin nicht sicher, wie lange wir dort standen. Es konnte der Bruchteil einer Sekunde gewesen sein oder tausend Jahre. Als das golden-weiße Licht explosionsartig durch den schweren Himmel schien, gab es kein Zeitgefühl. Jeder Quadratzentimeter der Schöpfung war in das liebevolle Licht der Wahrheit getaucht. Da war keine Angst mehr, kein Schmerz, kein Ärger, keine Eifersucht, kein Hass, keine Verzweiflung oder Einsamkeit irgendwo – noch Grenzen oder Trennung. Alle Dinge hatten ihr Sein in dem Einen.

Was gab es da zu suchen? Alles, was je gewesen war oder sein würde, existierte im Hier und Jetzt.

Wie sehr ich mich danach sehnte, für immer in diesem wunderbaren Moment zu verharren, aber die wunderschöne Vision schwand langsam. Es war Morgen und ich saß in meinem Bett zu Hause. Tränen der Freude und des Staunens strömten über meine Wangen.

War das alles nur ein wilder Traum gewesen?, fragte ich mich.

Als das golden-weiße Licht explosionsartig durch den schweren Himmel schien, gab es kein Zeitgefühl. Jeder Quadratzentimeter der Schöpfung war in das liebevolle Licht der Wahrheit getaucht.

»Nein, natürlich nicht!«
Die augenblickliche Antwort war von innen aus meinem Herzen gekommen. Ich wusste, diese Erfahrung war ein wertvolles Geschenk, das mich für immer verändern würde.

* * *

Am nächsten Tag traf ein Brief ein mit einer Einladung zu einem örtlichen Eckankar-Satsang oder Studienklasse. Er erfüllte mich mit freudiger Erwartung. Irgendwie wusste ich, dass dies alles mit meinem Traum zu tun hatte. Der warmherzige Brief von meinem Arahata (Lehrer) informierte mich, dass die Klasse sich in wenigen Tagen treffen sollte.

An einem frischen Januarabend, drei Tage später, ging ich zu einem großen Apartmenthaus in einer vornehmen alten Wohngegend der Stadt. Ich klopfte an die Eingangstür und meine Hände zitterten nicht nur von dem kalten Wind. Und schon strömte eine riesige Welle der Freude durch die solide Eichentür. Ich zögerte einen Moment, erstarrt durch die jähe Erkenntnis, dass mein Leben, sobald sich die Tür öffnete, nicht mehr dasselbe sein würde. Ich schüttelte mich und klopfte noch einmal – diesmal mutiger, in dem Bemühen, meine immer noch vorhandenen Ängste zu besiegen.

Die Tür öffnete sich weit. Ein großer, schlanker, schwarzhäutiger College-Student mit einem warmen Lächeln und durchdringenden schwarzen Augen begrüßte mich.

»Kann ich Ihnen helfen?,« fragte er.

Meine Stimme bebte, aber es gelang mir, mit erstickter Stimme zu sagen: »Danke, das haben Sie schon!«

»Hi, ich bin Al«, sagte er in einem ruhigen Ton und bat mich herein.

Es fiel mir schwer, Al an diesem Abend in der Klasse anzuschauen. Das golden-weiße Licht, das um seinen Kopf und seine Schultern tanzte, war so blendend und leuchtend, dass mir die Augen vor Tränen brannten.

Wenn es so ist, mit einem Lehrer von Eckankar zusammen zu sein, dachte ich, *wie wird es erst sein, wenn ich den Meister treffe?*

Es war eine aufregende und dynamische Zeit der Entdeckung und Veränderung für unsere kleine Satsang-Klasse, da wir bei jedem Treffen neue innere und äußere Welten erforschten. Al war ein sehr bestimmter, aber freundlicher Lehrer, und Wunder wurden für jeden von uns selbstverständlich. Stück für Stück nahm unsere Klasse in diesen ersten Monaten an Umfang zu, und aus Fremden wurde im Nu eine liebevolle Familie.

Als Marie zu uns kam, war etwas an ihr, was mich überlegen ließ, ob wir uns früher schon einmal getroffen hatten.

Sie war eine attraktive, blonde junge Dame mit blauen Augen, die in die tiefen Geheimnisse des Geistes zu sehen schienen. Während wir weiterstudierten, dachte ich oft daran, sie zu fragen, ob wir uns früher schon getroffen hätten, aber nach und nach ging mir dieser Gedanke aus dem Sinn.

Einige Zeit später reiste eine kleine Gruppe von uns zu einem Eckankar-Workshop. Die Unterhaltung verlagerte sich von dem schönen Wetter zu einem aufregenden Gespräch über unsere inneren Abenteuer. Ich begann gerade

Das golden-weiße Licht, das um seinen Kopf und seine Schultern tanzte, war so blendend und leuchtend, dass mir die Augen vor Tränen brannten.

mein Abenteuer in der Jauchegrube zu beschreiben, als Marie mich stoppte.

»Weißt du nicht, wer der andere Passagier in dem Aufzug war?«

Ich muss mit einem nichtssagenden Gesichtsausdruck reagiert haben, denn sie fuhr fort: »Das war ich!«

Dann beschrieb sie mit erstaunlicher Genauigkeit jedes einzelne Detail – von der rasenden Fahrt mit dem Aufzug bis zu dem golden-weißen Licht, das durch den schweren, grauen Nebel brach.

Diese Geschichte mag manchen wie Science-Fiction vorkommen, aber sie ist nur eines von vielen spirituellen Abenteuern, die von Mitgliedern meiner lokalen Satsang-Klasse bei Eckankar während der Zeit, die wir miteinander studierten, berichtet wurden. Wo sind die Worte, unsere Freude, Dankbarkeit und Verwunderung auszudrücken?

Der Satsang ist ein lebendiger Kanal – ein Weg für den Geist, um jede Seele auf der langen Reise nach Hause zu Gott zu ermutigen und zu führen.

Der Satsang ist ein lebendiger Kanal – ein Weg für den Geist, um jede Seele auf der langen Reise nach Hause zu Gott zu ermutigen und zu führen.

Die Rauchgewohnheit loswerden
von John London

Kurz vor einem Eckankar-Seminar in Orlando, Florida notierte ich den folgenden Traum über meine Rauchgewohnheiten in meinem Traumbuch: *Ich stand auf dem Parkplatz mit meinem Lieferwagen und rauchte eine Zigarette. Ich ließ sie dauernd fallen, auf meinen Schoß, auf den Boden, auf die Lenkradsäule.*

Auf dem Seminar ließ ich jedes Mal, wenn ich um eine Ecke fuhr, an einer Ampel hielt oder mich nach vorne beugte, meine Zigarette fallen, ganz wie in meinem Traum. Das ECK sagte mir, dass es Zeit war, die Rauchgewohnheit fallen zu lassen.

Aber manchmal ist es nicht einfach, eine lange eingehaltene Gewohnheit aufzugeben. Eines Tages, als ich zu meinem Büro ging, fragte ich den Mahanta ganz laut: »Ist Rauchen wirklich so schlimm? Was für eine Wirkung hat es spirituell auf mich?«

Welche Nachteile konnte das Rauchen haben?

Keine Antwort kam in diesem Augenblick, um meine Frage zu beantworten, also hatte ich sie schnell wieder vergessen. Aber der Innere Meister nicht.

In dieser Nacht hatte ich einen weiteren Traum. Ich saß auf der Terrasse, als ein Freund und sein junger Sohn auf mich zukamen. »Komm mit uns«, sagte mein Freund.

Sie führten mich seitlich um das Haus herum. Zigarettenstummel, alte verkrumpelte Packungen und leere Schachteln bedeckten den Hof. Was für eine Schweinerei! Wir machten uns an die Arbeit und füllten den Abfalleimer bis zum Überquellen. Und es gab immer noch Abfall aufzulesen, als der Traum langsam ausklang.

Diesmal hörte ich gut zu. Ich wusste, der Mahanta hatte meine Frage beantwortet. Er hatte mir gezeigt, welche Wirkung Rauchen auf mich hatte: Es füllte mein Bewusstsein mit Abfall! Erfolg bei den Spirituellen Übungen von ECK und Rauchen sind nicht vereinbar.

Ich wusste, der Mahanta hatte meine Frage beantwortet. Er hatte mir gezeigt, welche Wirkung Rauchen auf mich hatte: Es füllte mein Bewusstsein mit Abfall!

Ich versuchte mich vorzubereiten, das Licht und den Ton Gottes zu empfangen.

Zigarettenrauch umwölkt die innere Vision.

Als ein neuer ECKist, der sich sehr bemühte, an spiritueller Bewusstheit zuzunehmen, versuchte ich mich vorzubereiten, das Licht und den Ton Gottes zu empfangen. Doch die ganze Zeit hatte ich mein Bewusstsein mit Abfall verunreinigt!

Wah Z (der innere Name des Mahanta) und das ECK (der Göttliche Geist) arbeiteten mit mir sowohl im Traum- als auch im Wachzustand, um mir zu helfen, die Rauchgewohnheit abzulegen. Ein Ergebnis dieser Hilfe war das Verständnis für die Notwendigkeit, meine Zigaretten dort fallen zu lassen, wo sie hingehörten – in den Abfall.

Jetzt, als spiritueller Ökologe, richte ich mein Leben darauf aus, meine persönliche Umgebung sauber zu halten!

8
Spirituelle Freiheit

Ein Traum ist einfach eine Erinnerung an eine Erfahrung in den anderen Welten. Und oft ist diese innere Erfahrung der alltäglichen Wirklichkeit eines Menschen so unähnlich, dass sie für ihn keinen Sinn ergibt.

Dieser Unterschied zwischen der inneren und äußeren Wirklichkeit ist ein Grund, warum manche Menschen es schwierig finden, sich an ihre Träume zu erinnern. Die Ironie ist, dass der Traumzustand auch ihnen helfen kann. Er offenbart möglicherweise eine Ursache, die in ihrem Leben zwei oder drei Wochen zuvor aufgetreten ist und ihre Wirkungen jetzt, so dass er zwei und zwei zusammenzählen kann. Sie lernen, dass das meiste persönliche Missgeschick oder Glück durch sie selbst entstanden ist.

Ein ECKist, den wir Jim nennen, hatte eine Reihe von guten Träumen, die von seinem spirituellen Leben handelten. Die Träume kamen in Abständen von Jahren.

In dem ersten sah Jim, wie das Fundament für ein Gebäude gelegt wurde. Aber es war eine dürftige Konstruktion und daher stürzte alles zusammen und wurde zerstört.

Ein Traum ist einfach eine Erinnerung an eine Erfahrung in den anderen Welten.

Dieser Traum zeigte Jims Leben vor ECK. Während dieser Phase hatte er die grundlegenden Regeln gelernt, wie man mit anderen auskommt, wie man das Leben schätzt und wie man anderer Leute Eigentum respektiert. Das war gut. Er erkannte diesen Überblick in seinem Traum. Dennoch riskiert ein Haus, das nicht gut gebaut ist, möglicherweise den Zusammenbruch. Also musste es da ein fehlendes Element geben bei diesen grundlegenden Regeln, die er darüber gelernt hatte, wie man mit anderen auskommt und dergleichen. Aber was?

Was ist ein spiritueller Traum?

Manchmal fragt man sich bei solch einem Traum: »Was bedeutete er?« Wenn er nicht auf buchstäbliche Art einen Sinn ergibt, versuchen Sie zu erkennen, welche spirituelle Lektion er enthalten könnte.

Kurz nachdem er zu ECK gekommen war, hatte Jim einen ähnlichen Traum. In dem sah er, wie ein Betonfundament für ein Gebäude von unglaublicher Größe gelegt wurde. Er erkannte, dass dieses riesige Fundament die ECK-Lehre bedeutete, und er konnte sich nur eine Vorstellung davon machen, welche Art von Gebäude darauf ruhen konnte.

Andererseits verspürte er, es war der Tempel seines eigenen Seins.

Irgendwann später hatte Jim dann einen dritten derartigen Traum. In diesem sah er dasselbe Betonfundament wie in dem zweiten Traum, aber nun wuchs darauf ein Rahmenwerk aus Stahl heran.

Dieses Gebäude war in der Tat sein innerer Tempel. Wenn er mal fertig war, würde er sich als ein mächtiger Tempel erweisen, der in der Lage war, jeder Kraft zu widerstehen.

Das sind ausgezeichnete Beispiele spiritueller Träume. Manchmal fragt man sich bei solch einem Traum: »Was bedeutete er?« Wenn er nicht auf buchstäbliche Art einen Sinn ergibt, versuchen Sie zu erkennen, welche spirituelle Lektion er enthalten könnte.

Pete, ein anderes neues Mitglied von Eckankar, berichtet auch von einem spirituellen Traum. Darin war er in einem Raum mit anderen ECKisten. Einer sagte: »Hast du diesen Brief fallen lassen?« Auf dem Boden neben ihm lag ein Umschlag.

Er hob ihn auf. Auf der Vorderseite stand die Adresse »Schule des Heiligen Kindes«, der Name einer Schule, die er als Kind besucht hatte. Das Bild »Schule des Heiligen Kindes« deutete er als den wunderschönen Zustand der Seele.

Pete fragte sich: *Was bedeutet dieser Umschlag?*

Dann fiel sein Blick auf ein anderes Wort, *Katastrophe*, das auch auf dem Umschlag geschrieben stand.

Der Traum wies auf seine spirituellen Übungen hin. Er hatte sie nicht gemacht. Und dieses heilige Kind, die Seele, das spirituelle Wesen, das er ist, verpasste eine goldene Gelegenheit, sich auf höheres spirituelles Gebiet zu begeben. Tatsächlich war er dabei, eine Katastrophe herbeizuführen.

Der Traum erschütterte ihn.

»Aber was bedeutet er?«, fragte er.

Pete war sich nicht sicher. Obwohl er sich bewusst war, dass er die spirituellen Übungen kurz gehalten hatte, wusste er, dass der Traum auch von einer Schule handelte, die er einst besucht hatte, der Schule des Heiligen Kindes.

In der folgenden Nacht kam ein Traum mit Hinweisen auf die Bedeutung seines ersten Traumes. Darin kehrte er zur Schule zurück. Dort entdeckte er, dass der ganze Ort in Ruinen stand, seine kalkweißen Wände verwittert durch den Verschleiß

Der Traum wies auf seine spirituellen Übungen hin. Er hatte sie nicht gemacht. Und dieses heilige Kind, die Seele, das spirituelle Wesen, das er ist, verpasste eine goldene Gelegenheit, sich auf höheres spirituelles Gebiet zu begeben.

der Jahre. Er entschloss sich, die Treppe hoch zu seinem alten Schlafraum zu gehen, genau der Ort, wo er sich als Student am wohlsten gefühlt hatte. Pete versuchte, die Stufen hochzugehen, aber seine Beine erwiesen sich als zu schwach. Er konnte nicht hochkommen. Er kroch schließlich mit großer Mühe und es gelang ihm so, nach oben zu kommen.

Diese zwei Träume kamen genau vor einem ECK-Seminar. Während des Seminars schoss es ihm plötzlich wieder durch den Kopf, dass er die Spirituellen Übungen von ECK vernachlässigt hatte. (Diese Übungen stehen überall in den ECK-Schriften und sind für alle verfügbar.)

Also begann Pete, wieder die spirituellen Übungen zu machen.

Ein halbes Jahr später tauchte ein anderer derartiger Traum auf, in dem er wieder einen Besuch in der Schule des Heiligen Kindes machte. Diesmal wurde die Schule gerade renoviert. Um es anders auszudrücken, seine inneren Körper – die unteren Häuser der Seele: der emotionale, kausale und mentale Körper – wurden einer nach dem anderen wiederhergestellt.

In dem Traum verspürte er dann einen starken Drang, an der Kapelle Halt zu machen. Dieser Ort der Anbetung stellte natürlich den Aufenthaltsort der Seele dar, ihr Reich auf der Seelenebene.

Dort bemerkte er, dass die Kapelle auch erneuert war, ihre Schönheit war jenseits jeder Beschreibung. Ihr Glanz atemberaubend. Sehr schön, schneeweiß durch das Licht Gottes, das in Seinem höchsten Glanz von reinstem Weiß ist.

In allen seinen Teilen ergab Petes Traum einen ermutigenden neuen Stand seines spirituellen Fortschritts auf dem Weg von ECK.

TRAUMCHARAKTERE
Menschliche Charaktere spielen eine führende Rolle in den meisten Träumen. Es sind oft Menschen, die Ihnen im täglichen Leben nahestehen und in vielen Fällen etwas anderes als sich selbst darstellen.

Viele Träumer erhalten eine Einsicht in jemandes persönliche Gedanken und Gefühle, indem sie die Worte und Handlungen eines Traumcharakters studieren.

Möchten Sie eine Technik der Trauminterpretation ausprobieren?

Dann schreiben Sie beim Aufwachen einen Traum und Ihre Gedanken und Gefühle darüber auf. Und achten Sie besonders auf die Charakterzüge der Personen, denen Sie begegnet sind.

Viele Träumer erhalten eine Einsicht in jemandes persönliche Gedanken und Gefühle, indem sie die Worte und Handlungen eines Traumcharakters studieren.

Träume mit Tieren

Janice, so wollen wir sie nennen, hielt einen Katzenzwinger als Nebenbeschäftigung. Leute, die in Urlaub fuhren, brachten ihre Katzen, die sie als Haustiere hielten, und sie nahm sie in Pflege, weil sie Katzen liebte. Sie hatte einen Zwinger mit besonders großen Käfigen. Auf ihren Geschäftskarten standen Mottos wie z. B. »Wir lieben Katzen« oder »Liebe ist alles«.

Sie war eine echte Katzenliebhaberin.

Der Zwinger gab daher jeder Katze eine Menge Raum und Freiheit. Wegen des großzügigen individuellen Platzangebots konnte ihr Zwinger weit weniger Katzen beherbergen als die meisten anderen Zwinger, deswegen warf das Geschäft weniger Gewinn ab, als möglich gewesen wäre. Aber Dinge, die aus Liebe getan werden, werfen nicht immer einen materiellen Gewinn ab. Die meisten Katzen,

Dinge, die aus Liebe getan werden, werfen nicht immer einen materiellen Gewinn ab.

die bei Janice blieben, genossen den Besuch.

Meistens waren daher alle ihre Katzen glücklich. Wenn die Besitzer zu ihnen kamen, waren sie zufrieden, entweder nach Hause zurückzukehren oder weiter zu bleiben. Katzen wissen das eine oder andere über ein gutes Leben.

Aber eines Tages befiel eine Düsternis dieses Katzenparadies.

Alle ihre pelzigen Gäste waren glücklich, außer einer Katze mit dem Namen Busy. Um es klarzustellen, Busy war eine wohlerzogene Katze. Zum größten Teil jedenfalls. Aber immer wenn Janice den Raum verließ, begann Busy zu jammern.

Katzen können einen schrecklichen Krach machen, wenn sie schreien, ganz so wie manche Menschen, die nach Gott schreien (wie die Pharisäer im Neuen Testament). Ein fürchterliches Geheul. Wer konnte Busys Klagen aushalten? Busy schrie manchmal in einem fort. Die Umstände waren immer die gleichen: Immer wenn Janice den Raum verließ, ließ die Katze ihre grässliche Sirene los.

Am fünften Tag wurden ihre menschlichen Mitbewohner und ihre Gastkatzen allmählich verrückt durch den Lärm. Die Menschen aßen draußen, nur um Frieden und Ruhe zu haben. Aber die Katzen waren dran. Recht wenig Liebe blieb in diesem einst friedlichen Zufluchtsort übrig. Was konnte Janice tun?

Sie hatte diese kleine Gemeinschaft als einen Hafen der Liebe geführt. Und jetzt dieser Aufstand.

Am Anfang war ihr Zwinger ganz so wie Gottes Erschaffung der Welt. Gott setzte ein Bündel Seelen auf einen grünen oder nicht so grünen Flecken Erde und sagte: »Ihr existiert, weil ich euch liebe.«

Und was passierte dann? Jahrhunderte kriegerischer Auseinandersetzungen gingen los, mit Gottes Lieblingen gegeneinander mit Stöcken, Steinen und Worten.

Was für eine undankbare Schöpfung. (Wie Busy in unserer Geschichte?)

Bald verlor auch Janice die Geduld, eine Überraschung, weil sie eine Person mit Herz und voller Liebe ist. Aber die jammernde Katze hatte allen Frieden und Harmonie erschüttert.

Janice war am Ende ihrer Geduld angelangt. Also übergab sie dem Mahanta die Angelegenheit. »Mahanta«, sagte sie, »ich kann nichts tun. Wenn du oder irgendeiner der ECK-Meister helfen kann, dann tu bitte was. Die Katze raubt mir den Verstand.«

In dieser Nacht hatte Janice einen Traum. Darin traf sie Prajapati, den ECK-Meister, der besonderes Interesse an Tieren hat. Prajapati ging hin und begann Busy zu liebkosen.

Als er die Katze streichelte, erschien ein goldenes Herz auf Busys Brust, denn Busy liebte die Beachtung und war bald ruhig.

All dies geschah auf den inneren Ebenen im Traumzustand.

Die inneren Welten der Träume sind genauso real wie diese äußere physische Welt. Und es gibt eine deutliche Verbindung zwischen ihnen. Manchmal, wenn die Dinge hier draußen nicht richtig laufen, können Sie, anstatt jahrelang Karma und Probleme zu ertragen, die Dinge durch einen Traum wieder in Ordnung bringen. Aber man muss über bestimmte Kenntnisse verfügen, um die inneren Welten zu erreichen.

Und zwar so: Singen Sie das Liebeslied an Gott,

Als er die Katze streichelte, erschien ein goldenes Herz auf Busys Brust, denn Busy liebte die Beachtung und war bald ruhig. All dies geschah auf den inneren Ebenen im Traumzustand.

HU. Zur gegebenen Zeit wird der Mahanta Sie in die anderen Welten bringen.

Der Mahanta gibt Ihnen vielleicht eine Erfahrung, mit der Sie die Einsicht gewinnen, entweder Ihre äußeren Umstände zu verändern oder Ihr inneres Selbst zu verbessern. Manchmal ist eine solche Anpassung in den unsichtbaren Welten alles, was erforderlich ist, um die Dinge in dieser physischen Welt besser funktionieren zu lassen.

Bald erschienen mehr ECK-Meister in den Träumen von Janice. Busy war glücklich und rannte von einem ECK-Meister zum anderen und freute sich über die Aufmerksamkeit und die Liebkosungen.

Rebazar Tarzs, ein ECK-Meister, der einst aus Tibet kam, nahm Busy auf und sagte: »Busy, komm, wir machen einen kleinen Spaziergang.«

Rebazar trug sie in eine nahegelegene Höhle.

Als sie den Eingang der Höhle erreichten, sagte Rebazar: »Busy, das ist eine Höhle und wir gehen jetzt hinein. Es ist sehr wichtig für dich, zu sehen und zu verstehen, was diese Höhle für dich bedeutet.«

Sie gingen hinein und fanden eine höhlenartige Grube. Rebazar erklärte, dass Busy vor langer Zeit in einem früheren Leben auf eine solche Grube gestoßen war und in sie hineingestolpert war. Die Katze schrie vergeblich um Hilfe, aber niemand hörte die Schreie aus der Tiefe der Höhle. So kam die Katze um. Der Terror der Vergangenheit war in dieses gegenwärtige Leben gekommen. Deshalb ist es leicht zu verstehen, warum Busy davor graute, verlassen zu werden.

Als Rebazar der Katze dieses vergangene Leben enthüllte, schien das goldene Herz auf Busys Brust

Als Rebazar der Katze dieses vergangene Leben enthüllte, schien das goldene Herz auf Busys Brust umso mehr. Es warf nun einen sanften Lichtschein um sie.

umso mehr. Es warf nun einen sanften Lichtschein um sie.

»Möchtest du die Höhle erkunden?«, fragte Rebazar.

Mit anderen Worten, hatte Busy den Mut, die Quelle der Angst zu erkunden. Und natürlich besaß Busy, wie die meisten Katzen, ein neugieriges Wesen. Sie gingen weiter durch die Höhle. In der Zwischenzeit ergoss sich das Licht Gottes durch Busys Herz und erleuchtete die Gruben, Löcher und andere Fallen.

Jetzt sah und verstand Janice, was mit Busy auf den inneren Ebenen geschah. Und die Katze hatte nie mehr einen Schreianfall.

Rebazar und die anderen ECK-Meister hatten eine spirituelle Heilung zustande gebracht. Keine einfache Sache bei einer Katze. Auf jeden Fall war Busys altes Karma weg.

Der Innere Meister kann Sie in Ihren Träumen treffen, mit Ihnen sprechen und alle spirituelle Anleitung geben, die Sie benötigen.

Der Innere Meister kann Sie in Ihren Träumen treffen, mit Ihnen sprechen und alle spirituelle Anleitung geben, die Sie benötigen.

DEN TRAUMMEISTER EINLADEN

Der Traummeister ist der Mahanta, der Lebende ECK-Meister. Er bietet Hilfe nur mit dem Einverständnis des Träumers an.

Geben Sie ihm also vor dem Schlafengehen die Erlaubnis, bei Ihnen zu sein. Stellen Sie sich vor, wie Sie Ihre Lasten nehmen und sie dem Traummeister übergeben. Dann schauen Sie, dass der Verstand seine Probleme und Sorgen loslässt. Bitten Sie den Meister, die karmischen Bedingungen aus dem Weg zu schaffen, die zwischen Ihnen und dem spirituellen Wachstum stehen.

> Dann schlafen Sie ein. Seien Sie sich bewusst, dass Sie in der Obhut des Traummeisters ruhen, der Ihnen Schutz verleihen und Ihre Interessen immer am besten vertreten wird.

Von der Dunkelheit ins Licht

Die Wahrheit offenbart sich durch das Licht und den Ton Gottes. Ob sie durch ein Tier, durch einen anderen Menschen oder direkt vom Heiligen Geist als Licht und Ton zu Ihnen kommt, sie kommt mit Liebe.

In einem Herz voll Liebe, wo ist da Platz für Angst?

Liebe vertreibt die Angst. Wenn die meisten Menschen durch die Geburt in dieses physische Leben eintreten, sind ihre Herzen offen. Aber nach einer ganzen Batterie von Lebenserfahrungen schnappen manche Herzen möglicherweise zu. Wenn das Herz sich einmal schließt, wie will dann das Licht Gottes eintreten? Aber jene, die Wahrheit und Weisheit lieben, werden wieder versuchen, das Herz zu öffnen. Sie spüren, dass etwas fehlt. Sie sind nicht ganz.

Die Reise der Seele in diesen materiellen Welten erstreckt sich von der Dunkelheit bis ins Licht. Die Seele ist Licht, ein Funke Gottes an diesem Ort der Dunkelheit. Sie fühlt sich zur Quelle ihres Wesens hingezogen, welche sowohl Licht als auch Ton ist.

Lassen Sie sich von Träumen Ihren Weg weisen zu der Wahrheit und der Weisheit von ECK.

Lassen Sie sich von Träumen Ihren Weg weisen zu der Wahrheit und der Weisheit von ECK.

Mahanta, ich liebe dich

Machen Sie folgende spirituelle Übung, bevor Sie einschlafen, während Sie HU oder ein persönliches Wort (für ECK-Initiierte) singen.

Beginnen Sie mit einem einfachen Postulat. Es sollte ein offenes und einfaches sein, wie z. B. »Mahanta, ich liebe dich«.

Singen Sie in den ruhigen Bereichen Ihres Verstandes weiterhin HU. Lassen Sie Ihren Verstand in einem spirituellen, automatischen Modus laufen. Das bedeutet nicht, dass Sie den HU-Gesang zur gedankenlosen Wiederholung eines Wortes werden lassen. Konzentrieren Sie sich lieber auf den Tonstrom, der in Ihnen mitschwingt.

Sollten Sie in der Nacht aufwachen, spiritualisieren Sie wieder Ihr Bewusstsein. Legen Sie eine oder zwei Sekunden lang Ihre Aufmerksamkeit auf den Traummeister, den Mahanta.

Dann schlafen Sie wieder ein. Leicht genug?

Machen Sie diese Übung mit einem Herzen voller Liebe für Gott. Begegnen Sie der göttlichen Schöpfung, die Sie sind, mit Achtung.

Auf diese sanfte, einfache Art werden Sie ein Liebhaber des Lebens.

* * *

Die Geschichten von Mike und Bruce stammen aus Erde an Gott, bitte kommen ..., Buch 2. *Schauen Sie, wie die magische Kraft der Träume Herzen heilen oder die Zukunft enthüllen kann. Namen, aber nicht die wirklichen, werden hinzugefügt, damit Sie besser nachvollziehen können, wer wer ist.*

HU, ein Liebeslied an Gott
von Mike DeLuca

Meine Schwester Anna heiratete vor Kurzem Will, dessen fünf Jahre alter Sohn aus einer vorhergehenden Ehe ohne Vorwarnung gestorben war. Seitdem hatte Will durch diesen Verlust einen ungeheuren Schmerz mit sich herumgetragen.

Eines Abends waren Anna, Will und ich in einem Gespräch über Träume und HU, den Namen Gottes in allen Dingen. Ich erzählte, wie wir in Eckankar mit Träumen arbeiten. Und außerdem noch, wie wir das heilige Wort HU singen, als Hilfe, um unsere Träume zu behalten und zu verstehen. Will zeigte sich interessiert. Ich fuhr also fort, dass HU uns auch von schmerzhaften Prüfungen heilen kann.

»Ich habe oft Anfänge von Träumen mit meinem Sohn gehabt«, sagte er, »aber Furcht und Angst schalten die Träume ab, bevor ich ihn wirklich treffen kann.«

Ich schlug vor, er solle vor dem Schlafengehen HU singen.

Wenige Tage später rief Will in einem Zustand großer Aufregung an. Er hatte HU gesungen. Dann kam ein Traum, in dem er seinen Sohn traf und viele Dinge hinüberbringen konnte, die vor dem vorzeitigen Tod seines Sohnes ungesagt blieben. Sein Sohn versicherte ihm, dass er glücklich war.

Und diese Versicherung brachte Will inneren Frieden.

Bald darauf baute Will die Ortsgruppe einer nationalen Unterstützungsgruppe für hinterbliebene Eltern auf. Wegen seiner tröstlichen Erfahrung mit HU bat er mich, einen Workshop über Träume und den HU-Gesang für diese Gruppe zu leiten.

Zwei aus dem Workshop waren ein Ehepaar

Will rief in einem Zustand großer Aufregung an. Er hatte HU gesungen. Dann kam ein Traum, in dem er seinen Sohn traf und viele Dinge hinüberbringen konnte, die vor dem vorzeitigen Tod seines Sohnes ungesagt blieben.

aus Irland. Kate und Robert waren Katholiken, die vor wenigen Jahren in die Vereinigten Staaten gezogen waren und deren älteste Tochter hier krank geworden war. Sie starb in ihren Armen. Die Erfahrung erschütterte sie. Sie hatten keine Unterstützung in diesen dunklen Stunden, weil ihre Familien weit weg in Irland waren.

Während des Traumworkshops entschlossen sich Kate und Robert zu versuchen, HU zu singen. Was hatten sie zu verlieren? Also führte ich sie durch eine kurze Imaginationstechnik, in der sie zu einem inneren Fluss von Licht und Ton gehen sollten.

Als Kate aus der kontemplativen Übung zurückkam, sagte sie, es war das erste Mal seit geraumer Zeit, dass sie das Gefühl von Frieden hatte.

Zurück zu Hause sagten sie sich wiederum, dass nichts falsch daran sein konnte, die Übung selbst auszuprobieren. Möglicherweise konnte sie zum Verständnis des Hinscheidens ihrer Tochter beitragen. Also sangen sie zusammen HU und schliefen ein. Kate reiste im Traum zu einem Krankenhaus, wo ihr alles im Bewusstsein blieb, was vor sich ging. Dort erfuhr sie, dass ihre Tochter nicht mehr im Krankenhaus war, was nach dem Verständnis von Kate bedeutete, dass das Kind nicht länger Schmerzen ausgesetzt war. Später im Traum traf sie ihre Tochter, umgeben von einem Kreis von Kindern.

»Es geht mir gut«, sagte sie zu ihrer Mutter. »Ich habe keine Schmerzen mehr. Ich bin glücklich und ich habe eine Aufgabe hier, mit diesen Kindern zu arbeiten. Es ist einfach wunderbar hier.«

Im Traum traf sie ihre Tochter, umgeben von einem Kreis von Kindern.

Kate sagte: »Ich kann es gar nicht abwarten, dich zu deinem Vater zu bringen und ihm das alles zu erzählen.«

»Mama«, antwortete die Tochter, »ich kann nicht mit dir gehen. Ich gehöre jetzt hierher. Aber du kannst kommen und mich jederzeit besuchen.«

»Wie?«, fragte Kate.

»Tu einfach, was du getan hast, um hierher zu kommen. Das wird dich wieder hierher führen«, sagte das Mädchen.

Einen Augenblick später war Kate wieder zuhause im Bett. Sie berichtete Robert alles, was geschehen war. Das glückliche Paar erzählte dann seinen anderen Kindern von dem Traumtreffen, und auch sie begannen Träume mit ihrer Schwester zu haben.

Wenige Tage danach besuchten Kate und Robert eine Klasse für Bibelstudien. Sie berichteten von ihrer Heilung durch die HU-Übung. Das Paar berichtete Will auch von ihrem Wunsch, jedermann wissen zu lassen, wie wichtig das HU-Singen und die Bitte um Hilfe im Traumzustand sind.

Der HU-Gesang und der Mahanta sind für alle da. HU zu singen ist ein großartiges spirituelles Werkzeug.

Der HU-Gesang und der Mahanta sind für alle da. HU zu singen ist ein großartiges spirituelles Werkzeug.

Nutzen Sie es jederzeit.

Wie ein Zukunftstraum wahr wurde
von Bruce Weber

Die Firma, für die ich arbeite, ging durch eine schwierige Zeit. Eines Tages kündigte sie die Entlassung eines Viertels ihrer Angestellten an, aber sechs Monate gingen vorbei, ohne dass jemand gefeuert wurde. Aber immer noch war die Angst groß.

Ich entschloss mich, mir keine Sorgen darüber zu machen, entlassen zu werden, aber tief im Inneren war ich nicht sicher, ob ich die Kürzungen überleben würde.

Eines Nachts ließ mich der Mahanta einen Blick auf die Richtung werfen, die ich während dieser Unsicherheit einschlagen sollte. In einem Traum stand ich in der Lobby eines Wolkenkratzers. Ich stieg in einen Aufzug. Eine Frau von meiner Arbeitsstelle war der Aufzugführer, aber in diesem Traum war ihr Name Kassandra. Es schien auch noch eine unsichtbare Person mit uns in dem Aufzug zu sein.

Der Aufzug schoss nach oben. Dann öffnete Kassandra die Türen und kündigte an: »Hier ist Ihr Ziel: Hebron.«

Hebron? Was meinte sie mit Hebron?

Dieser seltsame Name erregte meine Neugier, als ich aus dem Fahrstuhl stolperte. Ich musste auf meine Füße Acht geben. Das Gebäude bestand nur aus offenen Balken, ohne Wände oder Böden, aber ich sah den Himmel und spürte den Wind. Ein Arbeitskollege lehnte an einem Balken. Es war seltsam, er trug einen Sicherheitsgürtel und eine Kette und war an das Gerüst gekettet. Im nächsten Augenblick war er aufgesprungen und lachte und flog durch die Luft, hochgetragen von dem starken Wind, der durch das Gebäude wehte.

Der Ton in dem Traum war unbeschwert. Ich ging rüber, näher zu meinem Kollegen, immer noch oben im Wind, und sagte: »Nun, das ist aber eine ziemlich gute Idee.«

Kaum hatte ich das gesagt, als ich einen Sicherheitsgurt um meine eigene Hüfte bemerkte. Ich hob das Ende einer Kette an einem Bodenbalken auf, hakte es an meinen Sicherheitsgurt und schnappte dann das entgegengesetzte Ende an einem Eisenring in der Wand ein.

Bald waren mein Kollege und ich beide nur noch am Lachen und schwebten im Wind über dem offenen Boden.

Ich wachte auf und wunderte mich über die Bedeutung des Traums. Ich zog ein paar Erkundungen ein, sah den Namen *Kassandra* nach und erfuhr, dass sie eine Wahrsagerin in der griechischen Literatur war. Sie hatte den Annäherungsversuchen Apollos widerstanden. Als Vergeltung verdammte er sie daher dazu, dass ihre Prophezeiungen niemals geglaubt werden sollten, obwohl sie zutreffend waren.

Der Name Kassandra in meinem Traum war ohne Zweifel ein Zeichen für ein bevorstehendes Ereignis. Mein Ziel war Hebron, was vermutlich ein Name biblischer Herkunft war – er hatte was mit den Hebräern zu tun. Eine Bibelkonkordanz enthielt tatsächlich einen solchen Verweis.

Sarah, die Frau von Abraham, war gestorben, und er bereitete ihr Begräbnis vor. Ohne einen eigenen Ort, wo er sie begraben konnte, trat er an die Menschen von Hebron heran. Sie hatten große Achtung vor ihm als einem Prinzen Gottes und lehnten daher sein Angebot ab, für die Grabstelle zu bezahlen. Sie setzten ihn unter Druck, ihr Angebot anzunehmen. Aber Abraham bestand darauf, für die Ruhestätte seiner Frau zu bezahlen. So gaben sie also am Ende nach. Und Hebron wurde die Grabstätte von

Sarah und schließlich auch von Abraham.

Der biblische Verweis auf Hebron war ein solider Fingerzeig.

Die Botschaft des Traumes war, dass dieser neue Boden, oder das Land, bezahlt war. Ich hatte eine Bleibe in meiner Firma. Obwohl nicht mit Geld erworben, war meine Beschäftigung abgesichert durch Mittel wie Dienstleistungen und Kontakte mit Arbeitskollegen in meiner Firma.

Das Bild, durch einen Sicherheitsgurt abgesichert zu sein, bedeutete, dran zu bleiben. Wenn ich wollte, konnte ich meine Stelle behalten. Der Wind der Veränderung tobte, aber ich hatte die spirituelle Grundlage und die Sicherheit meines Arbeitsplatzes, um mit allem zurechtzukommen, was auch immer die Zukunft brachte.

Obwohl ich genau das in meinem Herzen vermutet hatte, war der Traum eine enorme Hilfe für mein Selbstvertrauen. Nun konnte ich mich entspannen, geduldig sein und meine Kollegen besänftigen.

Dann kam eine zweite Erkenntnis.

Wer war die unsichtbare Person bei mir in dem Aufzug? Wer anders als der Mahanta? Er führte mich in einen ganz neuen Bereich des Bewusstseins, damit ich meine eigene Zukunft in einer größeren Perspektive sehen konnte. Er blieb in der Nähe, während der starke Wind des ECK sowohl in meinem Traum als auch in meinem Beruf wehte.

Entsprechend der Vorhersage des Traums behielt ich meine Arbeitsstelle. Ich bin immer noch in der Firma, nachdem schließlich 25 Prozent der Arbeitskräfte entlassen wurden. Ich empfinde eine tiefe Dankbarkeit dafür. Ich bin dankbar für

Der Wind der Veränderung tobte, aber ich hatte die spirituelle Grundlage und die Sicherheit meines Arbeitsplatzes, um mit allem zurechtzukommen, was auch immer die Zukunft brachte.

> den Frieden, den mir dieser Traum während einer schwierigen Zeit in meinem Berufsleben verschaffte, und sage den Menschen immer, sie sollen in ihren Träumen um die Hilfe des Mahanta bitten. Er kann die schwierigsten Fragen im Leben erledigen helfen. Unter seiner Führung ist es möglich, einen Blick auf die Antworten zu werfen, die Sie benötigen.
>
> Die Welt der Träume ist ein wundervoller Ort!

9
Spirituelle Übungen für Träume

▨ Der goldene Becher

Stellen Sie sich jeden Abend zur Schlafenszeit einen goldenen Becher an Ihrem Bett vor. Sein Getränk sind Ihre Träume. Als Erstes, wenn Sie aufwachen, trinken Sie in einer morgendlichen Kontemplation in Ihrer Vorstellung aus dem Becher. Sie nehmen damit die Erfahrungen der Nacht zu sich. Das ist eine bewusste Art zu sagen: »Ich möchte mich an meine Aktivitäten in der Nacht auf den inneren Ebenen, während mein Körper schlief, erinnern.«

Der goldene Becher ist die Seele; das sind Sie. Sie sind ein- und dasselbe.

So wie Sie die Gewohnheit annehmen, aus diesem Becher zu trinken, nimmt dieser Umstand ein eigenes Leben an. Je mehr das ECK diesen Becher wieder füllt, umso mehr scheint die Seele (Sie) in ihrem eigenen goldenen Licht. Sie werden ein immer leuchtenderes Instrument für den Heiligen Geist.

Ihre bewussten Erfahrungen bei Tag und bei Nacht werden Sie zu einem größeren Verständnis Ihrer Stellung in der spirituellen Ordnung des Lebens führen.

Stellen Sie sich jeden Abend zur Schlafenszeit einen goldenen Becher an Ihrem Bett vor. Sein Getränk sind Ihre Träume.

Ihr Traumwörterbuch

Zu wichtigen Zeiten in meinem Leben war eines der Traumsymbole, die ich häufig sah, ein Spielfeld. Es war ein normal großes Baseballspielfeld. Wenn alles auf dem Feld in Ordnung war – vier Male gleichmäßig verteilt, ein Werfer, ein Schlagmann und zwei Teams gegeneinander – bedeutete das, dass mein Leben im Gleichgewicht war.

Aber manchmal hatten die Male nicht den richtigen Abstand voneinander oder der Male-Weg lag nicht ganz in einem perfekten Rechteck. Oder vielleicht platzte der Ball, den ich traf, und Federn bedeckten das ganze Innenfeld. Oder ich musste vielleicht ins Gebüsch rennen, um das erste Mal zu finden. Das zweite Mal war vielleicht nur wenige kurze Schritte vom ersten, während das dritte Mal einen Häuserblock weiter in einer Zufallsrichtung zu finden sein konnte.

Mit anderen Worten, alles an der Aufmachung des Spiels war falsch.

Wenn ich dann nach einem solchen Traum aufwachte, konnte ich oft eine unmittelbare Parallele in meinem äußeren Leben feststellen. Irgendetwas war nicht in Ordnung. Die Freude und der Sportsgeist waren aus dem Leben verschwunden. Ich war weniger glücklich.

Diese Art Traum war für mich ein Signal, mich hinzusetzen und einen Plan auszuarbeiten, die Dinge anders zu organisieren. Mit anderen Worten, einen Weg zu entdecken, wieder zu einem richtigen Baseballspielfeld zu kommen – mit dem richtigen Abstand zwischen den Malen, der korrekten Anzahl von Spielern in jedem Team, der geeigneten Ausrüstung und so weiter.

Bauen Sie ein Traumwörterbuch auf. Es kann

Ihnen helfen, mit Ihren eigenen Traumsymbolen vertraut zu werden. Ob es ein Baseballfeld, ein Bär, ein Adler, ein Auto, die Polizei, ein Mensch oder etwas anderes ist, Sie werden einem Muster auf die Spur kommen und lernen, was ein bestimmtes Symbol für Sie bedeutet.

Wollen Sie ein paar Ideen haben, wie man dieses Traumwörterbuch aufbaut?

Machen Sie in einem Abschnitt im hinteren Teil Ihres Traumbuchs oder in einem getrennten Notizbuch eine Liste von den Symbolen, die in Ihren Träumen vorkommen. Machen Sie Eintragungen in diesem Traumwörterbuch der Symbole. Halten Sie das Datum neben der Bedeutung fest, die Sie in jedem Symbol sehen. Auf diese Art und Weise können Sie Veränderungen verfolgen, da die Bedeutung sich vielleicht mit der Zeit verschiebt. Halten Sie Platz frei für zusätzliche Eintragungen.

Mit Ihrer Entwicklung werden die Traumsymbole sich nach und nach in neue Dimensionen ausbreiten, eine Tatsache, die den meisten Menschen, die Träume studieren, unbekannt ist.

Die zweiteilige Tür der Seele

Die Tür der Seele öffnet sich nach innen. Noch so viel Druck auf der falschen Seite wird sie nicht öffnen.

Zwanzig Minuten bis eine halbe Stunde ist die Grenze, die man mit einer spirituellen Übung in einer Sitzung verbringen soll, es sei denn eine Erfahrung ist in Gang gekommen. Dann, natürlich, schauen Sie sie sich bis zu Ende an.

Um eine Erfahrung mit dem Licht und Ton Gottes oder dem Inneren Meister in Gang zu setzen,

Bauen Sie ein Traumwörterbuch auf. Es kann Ihnen helfen, mit Ihren eigenen Traumsymbolen vertraut zu werden.

Die Tür der Seele öffnet sich nach innen. Noch so viel Druck auf der falschen Seite wird sie nicht öffnen.

benutzen Sie die folgende zweiteilige Technik:
1. Zählen Sie in der Kontemplation irgendwann am Tag langsam rückwärts von zehn bis eins. Dann versuchen Sie, sich selbst zu sehen, wie Sie neben Ihrem menschlichen Selbst stehen, das sich im Ruhezustand befindet. Halten Sie diesen Teil bis zu einer halben Stunde oder weniger aufrecht.
2. Der zweite Teil dieser Technik ist abends dran, wenn Sie sich vorbereiten, schlafen zu gehen. Sprechen Sie mit dem Traummeister, dem Mahanta. Sagen Sie zu ihm: »Ich gebe dir die Erlaubnis, mich in das Ferne Land zu führen, zu den richtigen Orten und Menschen.«

Dann gehen Sie schlafen. Denken Sie nicht weiter an diese Technik. Ihre Erlaubnis für den Mahanta öffnet den unbewussten Verstand und gibt dem menschlichen Verstand eine Chance, eine Erinnerung an Ihre Traumreisen bis zum Morgen zu behalten.

Das ist alles bei dieser zweiteiligen Traumübung.

Stellen Sie sicher, dass ein Traumnotizbuch sich in bequemer Reichweite befindet. Machen Sie Notizen. Denken Sie daran, dass im Bereich der Spiritualität keine Notwendigkeit besteht, die Dinge voranzutreiben. Mit dem ECK in Ihrem Leben werden die Gaben des Geistes, wie Liebe und Weisheit, jetzt allmählich Ihre Aufmerksamkeit finden.

Alles spirituell Gute kommt mit den Spirituellen Übungen von ECK.

▪ Lernen Sie Hingabe

Sagen Sie in der Kontemplation, Sie sind ein Instrument der Liebe für das Sugmad (Gott), das ECK (der Heilige Geist) und den Mahanta. Singen Sie als

Nächstes für ein paar Minuten HU, das Liebeslied an Gott.

Hören Sie auf einen Ton Gottes, wie ein Brummen oder ein summender Pulsschlag, ähnlich wie der eines elektrischen Stroms. Diese sind nur zwei der vielen möglichen Töne des Heiligen Geistes. Wenn ein Ton kommt und dann nach der Kontemplationssitzung bei Ihnen bleibt, fragen Sie den Traummeister: »Wie kann ich mich diesem Ton Gottes hingeben?«

Nun stellen Sie sich ein Treffen mit dem Traummeister von Angesicht zu Angesicht vor. Hören Sie auf seinen Rat bezüglich Hingabe. Er wird Ihnen erst beibringen, Ihre Gedanken zur Ruhe zu bringen. Dann sagt er, Sie sollen den Satz wiederholen: »Ich übergebe mein ganzes Selbst dem ECK, dem Heiligen Geist.«

Schreiben Sie am Morgen jedes Bruchstück Ihrer Träume auf. Nehmen Sie sie dann gleich mit in die Kontemplation oder zu einer späteren Zeit, die Ihnen besser passt.

Hat Sie ein Traum überhaupt etwas über Hingabe gelehrt? Wenn Ihnen dazu nichts einfällt, probieren Sie die Übung noch einmal. Die Botschaften in Ihren Träumen werden mit der Zeit und durch die praktische Übung leichter zu entziffern sein.

Bei vollem Bewusstsein träumen

Möchten Sie lernen, sich bei vollem Bewusstsein im Traumzustand auf eine neue oder höhere Ebene zu begeben? Dann probieren Sie die folgende Technik aus:

Legen Sie vor dem Schlafengehen Ihre Aufmerksamkeit auf das Gesicht des Lebenden ECK-Meisters.

Wenn ein Ton kommt und dann nach der Kontemplationssitzung bei Ihnen bleibt, fragen Sie den Traummeister: »Wie kann ich mich diesem Ton Gottes hingeben?«

Nun versuchen Sie, sein Gesicht im Verstand zu behalten, wenn Sie eindämmern. Dann erwarten Sie sein Kommen als der Traummeister.

Verankern Sie im Traumland Ihre Aufmerksamkeit an einem festen Gegenstand im Raum, wie z. B. einem Stuhl, einer Uhr usw. Halten Sie dieses Bild im Verstand. Dann geben Sie sich selbst einen Gedankenbefehl.

Sagen Sie: *Ich bin wach in diesem Traum.*

Lassen Sie Ihre Aufmerksamkeit fest auf dem festen Gegenstand, den Sie oben als Bezugspunkt gewählt haben. Spüren Sie, wie Sie allmählich aufsteigen. Wolkenschichten wie sanfte Baumwollbäusche werden vorbeiziehen. So bewegen Sie sich in einen neuen Bewusstseinszustand, der in jeder Hinsicht ebenso real ist wie dieser physische hier.

Eine Bewegung zu einem neuen Bewusstseinszustand ist eine Bewegung zu einer neuen Ebene.

Wenn es mühsam ist, Ihre Aufmerksamkeit auf dem festen Gegenstand in Ihrem Traum zu halten, machen Sie sich keine Sorgen. Sie werden in den Traumzustand sinken und später wie gewöhnlich aufwachen.

Eine andere Technik, bei vollem Bewusstsein zu träumen, ist, die Rolle eines stillen Zeugen einzunehmen. Beobachten Sie, wie andere ihre Rollen spielen, so als ob Sie einen Film ansehen würden.

Andere Techniken zum Ausprobieren sind, einen Traum zu beginnen und zu stoppen. Oder machen Sie ihn heller oder dunkler. Zum Spaß wechseln Sie von schwarzweiß zu Farbe.

Probieren Sie Sachen aus.

---

*Sagen Sie:
Ich bin wach
in diesem
Traum.*

Noch ein anderer Weg, bei vollem Bewusstsein zu träumen, ist, sich selbst beim Einschlafen zu beobachten. Halten Sie den Augenblick fest, wo Sie in den Traumzustand übergehen.

Das erfordert zwar Übung, aber es kann erholsam für Ihren Körper sein, während Sie diese Übungen des Umschaltens in einen höheren Bewusstseinszustand machen. Man braucht keine Spur Angst zu haben. Sie können auch bei vollem Bewusstsein von einer Traumstufe zu einer höheren aufsteigen.

Eine Frage stellt sich: Was tun, wenn Sie in einem bewussten Traum sind und in Ihren Körper zurückkehren wollen?

Nehmen Sie einfach das Gefühl an, zurück zu sein. Das ist alles. Sie werden augenblicklich zurückkehren.

Wie Sie Antworten in Ihren Träumen bekommen

Auf einer gewissen Stufe weiß die Seele alles. Wenn es etwas gibt, das Sie gerne in Ihr tägliches Wachbewusstsein herunterbringen würden, hier ist ein Weg, wie Sie das anpacken können.

Bevor Sie schlafen gehen, entspannen Sie sich und nehmen sich fest vor, dass Sie beim Aufwachen die Antwort auf jedwede Frage bekommen, die Sie im Kopf haben. Die Angelegenheit sollte aber spiritueller Natur sein.

Am Morgen erwarten Sie, die Antwort im Kopf zu haben.

Und so arbeitet der Prozess. Im Augenblick des Übergangs vom Schlafzustand zum Erwachen ist Ihr Herz noch offen für die nächtliche Traumlektion. Sie ist Wahrheit und Sie sind in direktem Kontakt

Bevor Sie schlafen gehen, entspannen Sie sich und nehmen sich fest vor, dass Sie beim Aufwachen die Antwort auf jedwede Frage bekommen, die Sie im Kopf haben.

mit ihr. In diesem Augenblick des Erwachens ist Ihre Antwort in Reichweite.

Schreiben Sie schnell eine Notiz der Lösung in Ihr Traumbuch. Tun Sie es jetzt. Andernfalls geht die Antwort verloren.

Eine Lösung existiert für jede Herausforderung unseres Seelenfriedens. Es gibt immer einen Weg, irgendwie. Was uns vom Glücklichsein zurückhält, ist unser Mangel an Glauben an die mächtige Kraft des Heiligen Geistes, sich unseren bescheidensten Bedürfnissen zuzuwenden.

Lernen Sie, wie wertvoll es ist, vor dem Schlafengehen oder beim Aufstehen eine spirituelle Übung zu machen. Diese Zeiten arbeiten zu Ihrem Vorteil, wenn Sie dabei die Ausdehnung Ihres Bewusstseins in Ihren Träumen verfolgen.

Reise auf einem Ozean von Licht

Wenn Sie heute Abend zu Bett gehen, schließen Sie Ihre Augen und machen Sie das Spirituelle Auge ausfindig. Es ist ein Punkt direkt über und zwischen den Augenbrauen. Nun schauen Sie dort auf sehr beiläufige Art nach dem Licht Gottes, das in Dutzenden von Formen erscheinen kann.

Zunächst sehen Sie vielleicht einen allgemeinen Lichtschein und denken, es ist Ihre Einbildung. Oder das göttliche Licht erscheint vielleicht als kleine blaue Flecken oder als ein heller Lichtpunkt. Oder es könnte aussehen wie ein Lichtstrahl, der durch ein offenes Fenster von dem Sonnenschein draußen hereinkommt.

Jegliche Farbe des Lichts kann auftauchen.

Wenn Sie nach dem Licht Gottes suchen, singen Sie Ihr geheimes Wort oder HU, ein Name für Gott, der große spirituelle Kraft hat.

Wenn Sie nach dem Licht Gottes suchen, singen Sie Ihr geheimes Wort oder HU, ein Name für Gott, der große spirituelle Kraft hat.

Das Wort *Gott* hat seine spirituelle Kraft verloren durch seinen leichtsinnigen Gebrauch und einfache Schwüre.

Beobachten Sie, wie das Auftauchen des Lichts sich in einen enormen Ozean von Licht verwandelt, viel großartiger als das Sonnenlicht, das sich, sagen wir, vom Pazifischen Ozean, in den Augen spiegelt. Sobald dieses heilige Licht die Erscheinungsform eines Ozeans annimmt, halten Sie Ausschau nach einem kleinen Boot, das sich der Küste nähert. Am Steuer ist der Mahanta oder einer der ECK-Meister. Dieser Steuermann wird Sie an Bord einladen. Steigen Sie in das Boot.

Lassen Sie jegliche Erfahrung auf sich zukommen. Setzen Sie keine Grenzen. Sie landen vielleicht wie durch Zauber in einer Traumvideoarkade oder innerhalb eines Goldenen Weisheitstempels. Oder es könnte eine Erfahrung mit dem Licht und Ton Gottes sein, die direkt in Ihr Herz einströmen.

Verweilen Sie in Frieden. Sie ruhen in der Hand des Allerhöchsten.

Teil Drei

Seelenreisen

10
Seelenreisen – Reisen in die höheren Welten

Tagträume, Nachtträume, Kontemplation, Seelenreisen – alles sind Stufen im Streben nach dem Himmel.

In Eckankar steht ein ernsthafter Sucher unter dem Schutz eines spirituellen Führers, der als der Mahanta bekannt ist. Das ist der Spirituelle Reisende. Als der Mahanta ist er der Innere Meister, derjenige, der auf die anderen Ebenen kommt, um Wissen, Wahrheit und Weisheit mitzuteilen. Aber er hat auch eine äußere Seite. Hier ist er der Lebende ECK-Meister.

Daher ist der spirituelle Führer von Eckankar – der Mahanta, der Lebende ECK-Meister – sowohl ein innerer als auch ein äußerer Lehrer für alle, die mehr über Gott und das Leben lernen möchten. Das ist seine Rolle.

So half der Meister als spiritueller Führer einem Afrikaner – durch die Uralte Wissenschaft des Seelenreisens –, eine Zusammenkunft mit seinem verstorbenen Sohn zu haben.

Dieser Mann hatte einen Sohn im Teenageralter. Als der Jugendliche erst fünfzehn Jahre alt war, trat er auf einen scharfen Gegenstand, bekam

In Eckankar steht ein ernsthafter Sucher unter dem Schutz eines spirituellen Führers, der als der Mahanta bekannt ist. Das ist der Spirituelle Reisende.

Tetanus und starb bald. Der Vater, ein ECKist, hatte den Wunsch, seinen Sohn auf den inneren Ebenen zu treffen. Er ging also in Kontemplation und sang das heilige Wort *HU*, um spirituelle Hilfe zu bekommen. Während dieser Kontemplation ließ ihn der Mahanta in den Seelenkörper eintreten und seinen Sohn durch Seelenreisen finden.

Vater und Sohn begrüßten daher einander im Himmel mit großer Freude und Liebe.

Dann stellte der Mann seinem Sohn eine Frage, die ihn lange geplagt hatte: »Wie hast du dich verletzt? Worauf bist du getreten, dass du Tetanus bekommen hast?«

Der Junge sagte: »In der Ecke des Durchgangs, der zur Küche führt, ist ein Nagel. Genau darauf bin ich getreten.«

Als der Vater aus der Kontemplation aufwachte, stand er aus seinem Bett auf und überprüfte den Durchgang. In der Tat ragte in der dunklen Ecke bei der Küche ein rostiger Nagel aus einer Diele. Er befand sich ganz an der Seite, aber der Teenager hatte das Pech, auf seine tödliche Spitze zu treten. Der Mann drehte den tödlichen Nagel aus dem Boden heraus, um sicherzustellen, dass kein anderes Leben mehr gefährdet würde.

Seelenreisen ist ein Geschenk des Himmels.

Obwohl er also tiefen Kummer über den Tod seines Sohnes empfand, ließ ihn diese Seelenreisenerfahrung mit eigenen Augen sehen, dass sein Sohn in Frieden und Glück weiterlebte.

Seelenreisen ist ein Geschenk des Himmels.

Gleichgesinnte Seelen

Viele, die die ECK-Lehre heute annehmen, haben in der einen oder anderen Weise eine spirituelle

Erfahrung gehabt, die ihre Mitmenschen nicht hatten. Darunter sind vielleicht Nahtoderfahrungen, außerkörperliche Abenteuer, Seelenreisen, Astralprojektionen oder sogar Visionen.

In den meisten Fällen aber ist es besser, dass die Menschen nicht tagein tagaus solche Erfahrungen haben. Menschen, bei denen das der Fall ist, sind oft nicht in der Lage, mit ihnen umzugehen. Im Allgemeinen geraten sie außer Kontrolle, eiern in ihrem spirituellen Orbit herum und verursachen Probleme für sich selbst und andere.

Für die meisten Menschen kommen psychische oder spirituelle Erfahrungen überraschend. Sie geschehen oft, bevor man von Eckankar gehört hat. Aber sie erwecken doch einen Sucher. Mit einem Gefühl von Staunen und Selbstzweifel fragt er sich dann vielleicht: *Was ist passiert? Verliere ich meinen Verstand?*

Dann wendet er sich an irgendeine Autorität, um auf die bohrenden Fragen zu seiner ungewöhnlichen Erfahrung eine Antwort zu finden. »Was ist passiert?«, sagt er. Der Pfarrer weiß es nicht. Doktoren der Philosophie, Psychologie oder der medizinischen Künste schauen einen auch verständnislos an.

Wohin jetzt?

Dann beobachtet er eines Tages eine Fernsehsendung und erfährt von anderen mit einer außergewöhnlichen Erfahrung wie seine eigene.

»Ah«, sagt er, »alle diese Erfahrungen hören sich wahr an.«

Nun fragt sich unser Sucher: *Wo kann ich Menschen wie mich treffen?*

Oft ist es schwer, Kontakt aufzunehmen. Die Leute, die im Fernsehen auftreten, sind aus Orten übers Land verstreut und das Fernsehprogramm gibt wegen der Wahrung der Privatsphäre vielleicht keine Namen oder Adressen heraus.

Aber es gibt eine Chance, andere mit ähnlichen Erfahrungen zu treffen.

Eckankar ist da. Zu seinen Vorteilen gehört die Chance für gleichgesinnte Menschen, sich bei öffentlichen Seminaren zu treffen. Bei diesem offenen Forum können alle mehr lernen über den göttlichen Plan hinter einer ganzen Bandbreite von inneren Erfahrungen. Die uralte ECK-Lehre ist nun verfügbar. Ein Vorteil von Eckankar und den ECK-Seminaren ist, dass sie einen gemeinsamen Treffpunkt für alle schaffen, die eine Erfahrung hatten, die ihr Leben verändert hat.

Einer von drei Amerikanern gibt zu, eine bemerkenswerte Erfahrung gehabt zu haben – entweder den physischen Körper verlassen zu haben oder irgendein anderes Phänomen. Nur wenige haben vielleicht das Wesen dieser Erfahrung verstanden, aber nichtsdestoweniger kann niemand sie in ihrem Glauben an die Realität dieser Erfahrung erschüttern. Wir von Eckankar sind dazu da, ihnen zu helfen diese Erfahrung zu verstehen. Die Vorträge und Schriften von ECK öffnen ein Fenster für die Geheimnisse der höheren Welten und was solch eine Erfahrung bedeutet.

Was ist Seelenreisen?

Ganz einfach gesagt ist Seelenreisen ein Mensch, der sich näher zum Herzen Gottes bewegt. Diese Bewegung nimmt eine Vielfalt von Formen an.

Seelenreisen ist zum größten Teil ein Instrument, das in den Welten unterhalb der Seelenebene benutzt wird, der ersten der wahren spirituellen

Welten. Es bringt einen durch die astrale, kausale, mentale und ätherische Ebene. Zusammen genommen sind das die Ebenen von Zeit und Raum. Seelenreisen kommt auf zwei allgemeine Arten vor. Eine Form ist das Gefühl einer schnellen Bewegung des Seelenkörpers durch die Ebenen von Zeit und Raum. Ist in Wirklichkeit aber eine solche Bewegung möglich?

Sehen Sie, die Seele existiert auf allen Ebenen, also ist das, was sich wie eine Bewegung oder eine Reise anfühlt, einfach die Seele, die in eine Übereinstimmung mit festgelegten Zuständen und Bedingungen gelangt, die in irgendeiner Welt von Zeit und Raum schon existieren.

Wenn Sie sich eine Szene vorstellen können, dann können Sie schon im selben Augenblick im Seelenkörper dort sein. Das ist die Vorstellungstechnik. Es fühlt sich vielleicht an, als würden Sie mit einer halsbrecherischen Geschwindigkeit wie eine Rakete durch den Raum sausen und auf einer Reise in den äußeren Weltraum losrasen. Tatsächlich aber ist die Seele (Sie) bewegungslos. Sie verschiebt ihre Aufmerksamkeit auf einen höheren Zustand. Diese Verschiebung der Aufmerksamkeit führt für die materiellen Sinne zu einem Gefühl der schnellen Bewegung.

Seelenreisen beginnt mit einer Spirituellen Übung von ECK in einer physischen Umgebung.

Ein Kontemplierender hört vielleicht einen rauschenden Ton wie ein heulender Wind in einem Tunnel, zusammen mit einem Gefühl von unglaublicher Geschwindigkeit. Aber, wie schon erklärt wurde, bewegt sich die Seele nicht. Die Seele *ist*. Zeit und Raum passen sich an den Bewusstseinszustand der Seele an und es ist diese

Die Seele bewegt sich nicht. Die Seele ist. Zeit und Raum passen sich an den Bewusstseinszustand der Seele an und es ist diese Anpassung von Zeit und Raum, die die Illusion von Bewegung oder atemberaubender Geschwindigkeit erzeugt.

Anpassung von Zeit und Raum, die die Illusion von Bewegung oder atemberaubender Geschwindigkeit erzeugt. Eine anscheinend schnelle Veränderung des Schauplatzes ist ein Aspekt des Seelenreisens, der sich als beängstigendes Hindernis für Schüchterne herausstellen kann. Diese Menschen fürchten sich davor, über sich selbst hinauszugehen.

Seelenreisen ist daher für die Kühnen und Mutigen im Geiste. Aber denken Sie daran, da man tatsächlich gar nicht irgendwo hin reist, ist es unmöglich, sich zu verirren.

Denken Sie an dieses Prinzip während einer spirituellen Übung. Das wird Ihnen das Vertrauen geben, Ihr Herz der Liebe zu öffnen und damit Freude zu haben an jeder Erleuchtung, die Sie aufsucht.

Eine andere Form des Seelenreisens ist die Erweiterung des Bewusstseins. Dieser Aspekt ist der wahre Zustand der persönlichen Offenbarung oder Erleuchtung, den wir in ECK anstreben. Sie sucht sowohl die Schüchternen als auch die Mutigen auf und ist eine sanftere, weniger robuste Version der Bewegung im Bewusstsein. Die meisten Menschen erfahren diese Art der allmählichen Verschiebung der Bewusstheit.

Liebe und Wunder definieren Seelenreisen am besten.

Der goldene Kuss Gottes

Seelenreisen hat daher mehrere Dimensionen. Manche Menschen beschreiben es als eine Verlagerung im Bewusstsein. Aus dem Nichts wirft irgendein Ereignis unvermittelt Licht auf eine spirituelle Angelegenheit, die ihnen mysteriös erschienen war. Eine Verlagerung im Bewusstsein zu einer neuen

Ebene huscht herbei wie ein sanfter goldener Kuss Gottes. Dann *wissen* diese glücklichen Seelen, sie hatten das allergrößte Glück und haben den Saum der göttlichen Liebe berührt. Oder eher, sie hat sie gestreift.

Seelenreisen kann, wie gesagt, auch mehr dramatischer Art sein. In diesem Fall transzendiert der Betreffende den menschlichen Körper und kostet von der Liebe und der Freiheit, die ein angeborenes Recht sind. Er steigt in die anderen Welten auf. Jede Erfahrung passt zu ihm, weil jede nur eine Spiegelung seines spirituellen Zustandes ist.

Die Menschen fragen: »Warum ist es so wichtig in Eckankar, Seelenreisen zu lernen?«

Seelenreisen im weiteren Sinne ist von großem Wert, weil es eine Verbindung zur Erweiterung des Bewusstseins ist. Das Gesetz des Schicksals beinhaltet, dass Menschen zur irgendeiner Zeit zu erwachen beginnen, wer und was sie sind. Auch ein Wissen über vergangene Leben kann sich ihnen durch Träume und Déjà-vu eröffnen. Und einige wenige erhalten einen Einblick in zukünftige Ereignisse.

Denken Sie daran, dass Seelenreisen bedeutet, sich in die höheren Reiche Gottes zu begeben, zu Orten, von denen Menschen noch nicht einmal geträumt haben. Seelenreisen enthüllt die Majestät und Sicherheit, die nur in den Armen Gottes allein in Fülle vorhanden ist.

Aus diesem Grund geht Seelenreisen über Astral- oder Verstandesreisen und mechanisches Beten hinaus und hebt einen in die tiefen spirituellen Bereiche an. Immer wenn die Seele die fernen Räume der inneren Ebenen durch Seelenreisen erreicht, öffnet sich das menschliche Herz der alles verzehrenden Liebe Gottes.

Seelenreisen enthüllt die Majestät und Sicherheit, die nur in den Armen Gottes allein in Fülle vorhanden ist.

Es ist unser letztendliches Ziel, diese Liebe zu entdecken.

EINE SANFTE ÜBUNG VOR DEM SCHLAFENGEHEN
Um in Ihre inneren Welten zu reisen, probieren Sie die folgende spirituelle Übung aus. Machen Sie sie jeden Abend vor dem Schlafengehen. Schließen Sie Ihre Augen und singen dann fünf oder zehn Minuten lang HU oder Ihr geheimes Wort. (Ein geheimes Wort kommt mit der zweiten Initiation. Man kann nach zwei Jahren des Studiums der ECK-Kurse um diese Initiation bitten.)

Kurz bevor Sie wegschlummern, sagen Sie zum Mahanta: »Bitte bringe mich zu dem Ort, wo ich alles lernen kann, was für meine Entfaltung gut ist. Bringe mich zu einem Goldenen Weisheitstempel.«

Oder sagen Sie: »Lass mich erleben, was Seelenreisen ist; du hast die Erlaubnis mir zu helfen.«

Füllen Sie Ihr Herz mit einem Gefühl der Wärme und Güte. Der Mahanta ist ein vertrauter Freund und Begleiter, der Sie so liebt, wie Sie ihn lieben. Seien Sie sich seiner Liebe, seines Schutzes und seiner Führung gewiss.

Sie werden in jeder Hinsicht sicher sein.

Sucher vergangene Zeitalter haben einen Lehrer entdeckt, der sie über die spirituellen Begrenzungen des Körpers und des Verstandes hinaus führen konnte, und sind ihm gefolgt. Zahllose andere, darunter auch viele Heilige, haben die Kunst und Wissenschaft des Seelenreisens gemeistert.

Es liegt in Ihren Händen, darin auch ein Meister zu werden.

Der Mahanta ist ein vertrauter Freund und Begleiter, der Sie so liebt, wie Sie ihn lieben.

Julie erhält einen inneren Schub durch den Blechmann aus dem Buch Der Zauberer von Oz. *Lauretta verpasst das Weltweite ECK-Seminar 1981, aber erfahren Sie, wie sie den neuen Meister trifft. Beide Geschichten sind in* Erde an Gott, bitte kommen ... , *Buch 1 und 2, erschienen.*

Ein Herz aus Gold zu finden
von Julie Olson

Als zwölfjähriges Kind hatte ich einen Traum. Ich stand auf dem Friedhof in der Nähe unseres Hauses. Eines nach dem anderen betrachtete ich die Kindergräber – flache Marmorplatten in der Größe von Schuhkartondeckeln, die ebenerdig da lagen.

Plötzlich erspähte ich eine intensiv glänzende Goldmünze, die in dem trockenen, braunen Gras funkelte. Als ich mich bückte, um sie aufzuheben, sah ich weitere Münzen, die auf einem breit angelegten Pfad über den Rasen verteilt waren. Ich sammelte viele von ihnen auf, um sie mit nach Hause zu nehmen, und fühlte mich reich und voller Ausgelassenheit. Während ich sie auflas, führte mich die Spur der Goldmünzen aus dem Friedhof heraus. Der Traum endete.

Am nächsten Tag ging ich nach der Schule auf den Friedhof, halb hoffend, eine wirkliche Goldmünze zu erblicken. Der Traum blieb in meiner Erinnerung, aber er hatte keine wirkliche Bedeutung bis etwa zwanzig Jahre später.

* * *

Im September 1986 wütete eine Infektion unkontrolliert in meinen Nieren und meinem

Blut. Mein Mann und ich lebten in einem neuen Stadtteil unserer großen Stadt und mein Arzt war verreist. Als mein Fieber 41 Grad erreichte, brachte mein Mann mich in ein Krankenhaus, das eine Notaufnahme besaß.

Die nächsten vier Tage waren ein Albtraum. Das Krankenhaus war überfüllt und personell unterbesetzt. (Es gab später eine staatliche Untersuchung wegen unzulänglicher Pflege.) Der Arzt kannte meine Krankengeschichte nicht und konnte mein Problem nicht diagnostizieren. Ich entwickelte eine lebensbedrohende Lungenentzündung, die vollkommen unentdeckt blieb. Ich lag im Krankenhaus, dem Tode nahe, umgeben von medizinischem Wissen und Technik.

Jeden Tag dachte ich: *Das kann nicht schlimmer werden.*

Aber jeden Tag wurde es schlimmer. Die ungeeignete Versorgung, unwirksame Medizin und überfüllte Zimmer waren alles Teile eines sorgfältig geschmiedeten göttlichen Plans. Es war zu dieser Zeit nicht offensichtlich, aber ich war genau da, wo ich hingehörte.

Ich war nie bei vollem Bewusstsein. Statt dessen spürte ich, wie ich um meinen physischen Körper herum oder über ihm schwebte, weil ich den dauernden Schmerz und das Unbehagen nicht fühlen wollte. Da ich vierzehn Jahre lang die Lehre von Eckankar studiert hatte, verlor ich nie diese so wichtige Verbindung zum Inneren Meister. Die Krankheit und der Schmerz versuchten, meine ganze Aufmerksamkeit zu beanspruchen, aber die liebevolle Gegenwart des Mahanta, meines spirituellen Führers, bewegte sich immer wieder in mein

Ich lag im Krankenhaus, dem Tode nahe, umgeben von medizinischem Wissen und Technik.

Bewusstsein herein und wieder hinaus.

Das gab mir großen Trost und Sicherheit.

Ich begann jedoch, den Heiligen Geist zu fragen, warum ich nicht die richtige medizinische Betreuung erfuhr. Was hatte mich in dieses verrückte Krankenhaus gebracht? Mein Mann und meine Eltern waren sehr beunruhigt, da ich nicht mehr die Kraft hatte, die Arme zu heben. Es war schwierig, zu atmen. Offensichtlich war ich dem Tode nahe.

Hilflos und schwach, zu krank, um irgendetwas zu fordern, konnte ich nicht einmal meine Aufmerksamkeit genug konzentrieren, um HU, den uralten Namen für Gott, zu singen. Gelegentlich blitzten nur das H und das U zusammen in meiner inneren Vision auf wie eine Leuchtreklame.

Am vierten Morgen begann ich, mich dem Ende zu nähern. Ich konnte tatsächlich spüren, wie ich den Halt in der physischen Realität verlor, und hörte an diesem Punkt auf zu kämpfen, um alles aufzugeben.

»Alles ist besser als das, Mahanta. Wenn ich so weit bin zu gehen, werde ich gehen.«

Mein Verstand klarte zum ersten Mal auf und eine innere Ruhe kam auf mich herab. Es war klar, ich war kurz vor dem Hinübergehen (Sterben). Mein Körper fühlte sich an wie eine zerbrochene, fiebrige Hülle, ohne weiteren Nutzen. Und doch floss ein kraftvoller Strom durch mich hindurch, der nicht körperlich war. Die Seele war ruhig, friedlich, beobachtete und war losgelöst.

Als ich mich jenseits des körperlichen Schmerzes bewegte, bemerkte ich ein bekann-

Ich begann den Heiligen Geist zu fragen, warum ich nicht die richtige medizinische Betreuung erfuhr. Was hatte mich in dieses verrückte Krankenhaus gebracht?

tes Gefühl, als würde ich schweben. Ich hatte es schon viele Male während der Spirituellen Übungen von ECK gespürt und wusste, ich befand mich außerhalb meines Körpers – vielleicht dieses Mal, um nie mehr zurückzukehren. Ich fuhr fort, zum Inneren Meister zu sagen: »Ich bin bereit, ich bin bereit.«

Ich fühlte keine Emotionen, keinen Zug zu meiner Familie oder geliebten Personen – nur ruhige Erwartung.

So, das ist also Sterben, dachte ich.

Dann, als ob jemand plötzlich einen Filmprojektor angeschaltet hätte, sah ich eine Szene aus dem klassischen Film *Der Zauberer von Oz*. Sie spielte sich in vollkommener Klarheit in meiner Vision ab – jede Note der Musik in perfekter Tonhöhe und klar, jedes Detail in lebendigen Farben, weit jenseits der Möglichkeiten von Metro-Goldwyn-Mayer.

Im Film findet Dorothy den Blechmann, der in den Wäldern dahinrostet und jahrelang in einer Position eingeklemmt war. Sie ölt seine Gelenke. Die reine Freude an der Bewegung lässt den Blechmenschen tanzen. Ich beobachtete jede Nuance der Bewegung des Blechmenschen, spürte jeden Ton, während reines Glück seinen ungelenken Körper beseelte.

Seine Freude wird nicht behindert von der unbeholfenen Hülle, die er trägt.

Das Lied des Blechmanns ist: »Wenn ich doch nur ein Herz hätte.« Er fleht Dorothy an, ihn in das Land von Oz zu bringen, damit er den Zauberer um ein Herz bitten kann, da sein Schöpfer vergessen hat, ihm eines zu geben.

Jedes Wort dieses Liedes prägte sich tief

ein. Die Szene verblasste am Ende seines Liedes.

Als ich in meinen physischen Körper zurückkehrte, liefen Tränen über meine Wangen. *Ich* war der Blechmensch – eingeschlossen in einer harten Schale aus physischem, emotionalem und mentalem Rost. Dieser Rost war Karma – eine Schale aus Schmerzen, die sich über Lebzeiten voll Leid und Enttäuschungen gebildet hatte. Jetzt hielt sie mich von meinem wahren Herzen – als Seele – fern.

Ich bat den Inneren Meister, mir zu helfen, mein Herz in diesem Leben für das Göttliche zu öffnen.

Nur die ECK-Lebenskraft konnte den karmischen Rost der Jahrhunderte lösen. Dieser Rost hatte sich über viele Inkarnationen hinweg angesammelt und reichte sogar bis nach Atlantis zurück. Mein Herz war so viele Male zerbrochen, da ich wichtige spirituelle Prüfungen nicht bestand.

Die Szenerie veränderte sich, und ich stand im Nebel.

Etwas begann, vor mir Gestalt anzunehmen, und ich wurde mir eines großen, runden Tisches bewusst. Ich setzte mich mit mehreren ECK-Meistern des Ordens der Vairagi an den Tisch.

Sri Harold Klemp war sofort erkennbar, ebenso wie Rebazar Tarzs und Fubbi Quantz. Ein Gespräch begann. Ich konnte die tatsächlichen Worte nicht hören, aber es gab eine Vibration oder ein Summen, das ihre Konferenz anzeigte. Ich wusste, dass sich die Unterhaltung um mich drehte. In dem Moment hörte

Ich bat den Inneren Meister, mir zu helfen, mein Herz in diesem Leben für das Göttliche zu öffnen. Nur die ECK-Lebenskraft konnte den karmischen Rost der Jahrhunderte lösen.

Wollte ich den physischen Körper jetzt verlassen? Als Seele war dies meine eigene Entscheidung.

das Gespräch auf und eine Frage drang in mein Bewusstsein:

»Julie, was möchtest du tun?«

Ein Gefühl großer Liebe, Geduld und Mitgefühls umgab mich, als ihre Frage einsickerte. Wollte ich den physischen Körper jetzt verlassen? Als Seele war dies meine eigene Entscheidung.

Zwei Gedanken tauchten so schnell auf, dass mein Verstand keine Zeit hatte, sie zu zensieren. Die Seele, die Beobachterin, sprach. Ein Gedanke war die Sorge um die Qualen und Schmerzen meines Mannes. Wir waren erst vier Monate verheiratet. Der zweite Gedanke: Ich habe die Seele, die gerade erst in unsere Familie eingetreten ist, noch nicht getroffen, was sehr wichtig für mich ist. (Meine Schwester hatte gerade erst ein Baby bekommen.)

In diesem Augenblick war mein Schicksal besiegelt. Es gab keine Gelegenheit, die Entscheidung rational zu begründen; sie wurde jenseits des Verstandes getroffen. Die Seele, das Goldene Herz, hatte ihre Entscheidung gefällt. Ich spürte eine plötzliche Woge der Entschlusskraft und Stärke und kehrte mit einem Schwung in meinen Körper zurück.

Danach ging alles sehr schnell. Innerhalb einer Stunde rief mein Hausarzt an. Ich wurde in seine Obhut in einem anderen Krankenhaus entlassen.

Die Krankenwagenfahrt war einsam. Ich spürte das Gewicht meiner Entscheidung, während die Realität des physischen Universums über mich hereinbrach. Die holprige Fahrt, die heulende Sirene, die schmale Liege, auf die ich gebunden war – all dies stand in starkem Kontrast zu meiner spirituellen Vision am Morgen. Ich fühlte mich schmerzlich allein.

Ironischerweise ergriff eine tiefe Todesangst mein Herz.

Genau in dem Moment begann der Krankenpfleger zu singen. Zuerst leise und dann lauter, teils ein Wiegenlied, teils eine Hymne. Ich spürte sofort die Gegenwart des Mahanta und entspannte mich. Ich konnte den Pfleger nicht sehen (und nach allem, was er wusste, war ich bewusstlos), aber seine beruhigende Stimme übertönte das Heulen der Sirene. Sein unbefangenes Lied enthielt die Heilkraft des göttlichen Tonstroms.

Ich bin so schwach, dachte ich, *ich könnte ihn nicht bitten weiterzusingen, wenn er aufhören sollte.* Aber sang weiter.

Als wir in dem neuen Krankenhaus ankamen, wurde ich von einem Wirbel von Aktivität ergriffen, als mein Körper an verschiedene Maschinen und Schläuche angeschlossen wurde. Ich blieb drei Wochen auf der Intensivstation. Es dauerte ganze zwölf Monate, bis meine Gesundheit wieder hergestellt war.

Der Lebende ECK-Meister erklärte dieses Jahr zum Jahr der Spirituellen Heilung für die Studenten von Eckankar – und viele andere suchende Seelen.

* * *

Der Kindheitstraum über die Goldmünzen kehrte zurück und blieb bei mir.

Es war ein Versprechen, das vor langer Zeit vom ECK gegeben worden war. In diesem Leben würde die Seele durch den Mahanta von den Todesfallen der Ignoranz befreit werden. Das

Sein unbefangenes Lied enthielt die Heilkraft des göttlichen Tonstroms.

Karma vieler Leben sollte aufgelöst werden – Leben, in denen ich jegliche Verbindung zu mir selbst als Seele verloren hatte. Jede Goldmünze in meinem Traum symbolisierte ein geheimes Geschenk des ECK – eine äußerst wichtige Einsicht in das Leben. Diese Einsichten sollten mich aus dem ständigen Kreis von Geburt, Tod und Wiedergeburt, aus der physischen Ebene (dem Friedhof) herausführen.

Die Seele war frei von ihren irdischen Bindungen.

Eckankar ist der Weg, den ich gewählt habe, um mir zu helfen, die Goldmünzen der Weisheit auf meinem Pfad zu sammeln. Ich empfinde tiefste Dankbarkeit gegenüber den Vairagi-Meistern und Sri Harold Klemp, dem gegenwärtigen Mahanta, dem Lebenden ECK-Meister, dafür, dass sie mir gezeigt haben, wie ich die Münzen benutzen muss, um mich selbst als Seele zu öffnen.

Ich denke, man könnte sagen, der Blechmann hat sein Herz aus Gold gefunden.

Die Gottwelten des ECK
von Lauretta McCoy

Es war das Wochenende des Weltweiten ECK-Seminars 1981 und ich war enttäuscht, dass ich nicht in der Lage war, dabei zu sein. Aber, da ich eine kreative Seele war, versprach ich mir selbst während einer spirituellen Übung, das Seminar im Traumzustand oder durch Seelenreisen zu besuchen.

In der folgenden Nacht hatte ich einen Traum.

Ich stand an einem Ort mit sanftem weißem

Ich versprach mir selbst während einer spirituellen Übung, das Seminar im Traumzustand oder durch Seelenreisen zu besuchen.

Seelenreisen – Reisen in die höheren Welten 201

Licht, als ein Mann in einem wunderschönen alten schwarzen Ford Modell T gefahren kam. Es sah nagelneu aus.

Donnerwetter!, dachte ich, *ich liebe dieses Auto wirklich.*

Das Auto in meinem Traum war in gewisser Weise geheimnisvoll. Es war zeitlos, besser als irgendein modernes Auto und wie die Seele, nichts konnte es von seiner Reise oder Bestimmung abhalten. Der Fahrer des Wagens kam zu mir. Wir begrüßten uns und brachten unsere Bewunderung für das schwarze Modell T zum Ausdruck. Er war ein durchschnittlich aussehender Mann, ungefähr meine Größe, in einem Anzug.

»Möchtest du mal mitfahren?«, fragte er.

Mir blieb das Herz stehen. Schon der Gedanke allein, in diesem Wagen zu fahren, ging über meine kühnsten Träume hinaus. Mein Herz sagte ja, aber Zweifel befielen mich. Ich sah ihn genauer an.

Wer ist dieser Mann, ich kenne ihn nicht.

»Nein«, sagte ich.

Aber meine Antwort schien ihn nicht zu stören und er fühlte, was in meinem Herzen war. Er nahm meine Hand in die seine und sagte mit freundlicher Stimme: »Komm, fahr mit.«

Die Einladung erfolgte mit viel Liebe. Ich schaute in sein sanftes Gesicht und alle Zweifel verschwanden. Ich wusste, es war in Ordnung, mit ihm zu fahren. Bevor wir in das Modell T einstiegen, machte er eine Geste, ihm zum hinteren Teil des Wagens zu folgen, und zeigte auf einen Aufkleber auf der Stoßstange.

Bevor wir in das Modell T einstiegen, machte er eine Geste, ihm zum hinteren Teil des Wagens zu folgen, und zeigte auf einen Aufkleber auf der Stoßstange. Darauf stand: »Die Gottwelten von ECK.«

Darauf stand: »Die Gottwelten von ECK«.
»Donnerwetter! Die Gottwelten von ECK!«, sagte ich und wachte sofort auf.

Was für ein wunderbarer Traum, dachte ich.

Wenige Tage später kamen meine Freunde vom Weltweiten ECK-Seminar sehr aufgeregt zurück. Eckankar hatte einen neuen Lebenden ECK-Meister. Eine meiner Millionen Fragen war: »Wie sieht er aus?« Niemand schien in der Lage zu sein, ihn zu beschreiben.

Schließlich fuhr ich zum ECK-Center, um selbst zu sehen, wie der neue Lebende ECK-Meister aussah. Da war es, ein Bild des freundlichen Mannes, der mir eine Fahrt in die Gottwelten von ECK in seinem wunderschönen Ford Modell T angeboten hatte. Es war Sri Harold Klemp, der Mahanta, der Lebende ECK-Meister.

Ich wusste, es war wahrhaftig der neue Lebende ECK-Meister, der in der Lage war, mir beim Wachstum und der Erforschung der inneren Welten Gottes Hilfe zu geben.

11
Seelenreisen lernen

Ann, sagen wir, lebte in einem Apartment. Sie hatte in ihren Träumen Seelenreisen gelernt, fragte sich aber oft, warum sie nie außerhalb ihres Apartmentgebäudes reiste.

Jedes Mal, wenn Ann einschlief und im Seelenkörper erwachte, konnte sie ihren physischen Körper auf dem Bett liegen sehen. Üblicherweise ging sie durch ihre Eingangstür hinaus in den Gang des Gebäudes. Dort wartete sie dann. Irgendwann erschien dann der Innere Meister und kam um die Ecke.

»Wo möchtest du hingehen?«, sagte er dann.

Ihre übliche Antwort war: »Ich möchte zu einem Goldenen Weisheitstempel gehen.« Dennoch war das Apartmentgebäude der Bereich ihrer Seelenreisen.

Eines Nachts fragte sie den Inneren Meister, warum sie niemals ihren Wohnbereich in ihren Träumen verließ. »Bitte zeige mir, was ich tun muss.«

»Wie hast du Seelenreisen gelernt?«, fragte er.

Sie begann also über das erste Mal nachzudenken, wo sie sich selbst außerhalb des Körpers befand.

»Wo möchtest du hingehen?«, sagte er dann. Ihre übliche Antwort war: »Ich möchte zu einem Goldenen Weisheitstempel gehen.« Dennoch war das Apartmentgebäude der Bereich ihrer Seelenreisen.

Sich außerhalb des Körpers befinden

Während dieser ersten Erfahrung mit Seelenreisen war Ann in die Küche und das Schlafzimmer gegangen, um sich in ihrem Apartment umzuschauen.

»Hey, das ist ja großartig«, hatte sie gesagt.

Bei jedem Schritt auf dem Weg hatte sie überlegt, was sie als Nächstes tun sollte. Sie brauchte eine Weile im Traumzustand, bis sie daran dachte, »Wah Z« zu singen, den spirituellen Namen des Inneren Meisters. Dieser Name brachte sie auf eine höhere Stufe. Obwohl ihre Intuition sie zu einem neuen Experiment drängte, fiel ihr zuerst nichts ein. Aber dann kam ihr der Gedanke, sich auf die Couch zu setzen und eine spirituelle Übung in ihrem Traum zu machen.

Die spirituelle Übung brachte sie aus ihrem Apartment heraus in den Gang. Dort hatte sie den Inneren Meister getroffen.

Seelenreisen kann in jedem Aspekt des täglichen Lebens benutzt werden. Es beinhaltet eine Menge mehr, als nur außerhalb des Körpers zu reisen.

Das war das erste und letzte Experiment, das sie je ausprobiert hatte.

Schließlich verstand Ann, warum der Meister nicht einfach im Traumzustand auf sie zukam und sagte: »Okay, wir gehen zu einem Weisheitstempel. Ich tue alles für dich; du brauchst nichts zu tun.«

Der Traummeister wollte, dass sie ihre eigene Kreativität und Initiative gebrauchte.

Am häufigsten hat jemand Misserfolg beim Seelenreisen oder Traumreisen wegen der Angst vor dem Tod. Ann begann mit Seelenreisen nach ihren eigenen Bedingungen zu experimentieren und Erfahrungen zu haben, so dass die Furcht zu verschwinden begann.

Im weitesten Sinne kann Seelenreisen in jedem Aspekt des täglichen Lebens benutzt werden. Es beinhaltet eine Menge mehr, als nur außerhalb des

Körpers zu reisen. Seelenreisen ist die Ausdehnung des Bewusstseins. Es erlaubt einem, jeden Tag mit mehr Bewusstheit in größerer Weisheit und Verständnis zu leben, die durch die Gnade des ECK, des Heiligen Geistes, kommt.

Antwort auf ein Gebet

Träume, Visionen und andere Erfahrungen bedeuten an und für sich wenig.

Aber im Zusammenhang unseres spirituellen Lebens sind sie Zeichen, wie sehr wir in Einklang mit dem Leben sind. Tatsächlich dreht sich das ganze Leben darum, uns zu lehren, wie wir in Übereinstimmung mit der Stimme Gottes, mit Licht und Ton, gelangen können. Viele finden den Weg zu ihren inneren Welten durch die Lehre von Eckankar.

Oft jedoch muss erst eine persönliche Tragödie eintreten, um uns zur Suche nach der Bedeutung des Lebens anzutreiben.

Betty (Name geändert) war eine Mutter, die ihrem Sohn sehr nahe stand; sie kam zu Eckankar nach seinem Tod durch einen Motorradunfall. Am Boden zerstört durch den Verlust, konnte sie in der Kirche keinen Trost finden. Sie weinte dann während des ganzen Gottesdienstes. Wenn sie sich nur Gott näher fühlen könnte, dann würde Er ihr vielleicht zu verstehen helfen, warum der Unfall geschehen war.

Und noch wichtiger, wo war ihr Sohn jetzt? Ging es ihm gut?

Ihre Gebete um Hilfe, dies zu verstehen, waren endlos.

Fünf Monate später, an ihrem absoluten Tiefpunkt, kam eine Erfahrung, die ihr Leben änderte.

Das ganze Leben dreht sich darum, uns zu lehren, wie wir in Übereinstimmung mit der Stimme Gottes, mit Licht und Ton, gelangen können.

Sie dachte erst, es war ein Traum, aber tatsächlich war es Seelenreisen.

Betty erwachte mit lebhaftem Bewusstsein in den anderen Welten. Eine Frau mit Brille und grauen Strähnen in ihrem dunklen Haar traf Betty und sie unterhielten sich einige Minuten lang.

»Kennen Sie meinen Sohn?«, fragte Betty und gab seinen Namen an.

»Natürlich kenne ich ihn«, sagte die andere Frau. »Er wohnt gleich da drüben in diesem weißen Haus.« Die Szene, eine ländliche Umgebung mit Wohnhäusern, schaute aus wie ein Erholungsort am See.

Dort fand sie ihren Sohn und sie hatten eine lange Unterhaltung. Er versicherte ihr, dass seine Gesundheit besser war als auf der Erde. Dann schaute er sie an und sagte: »Ich weiß, was du dir selbst antust. Bitte hör auf damit. Du schadest dir nur selbst.«

Bevor sie auseinandergingen, fragte sie, ob sie ihn in die Arme nehmen könnte, weil sie dazu keine Gelegenheit mehr vor seinem Tod hatte. Ein fröhliches Lachen blinkte in seinen Augen.

»Okay, Mama«, sagte er.

Seelenreisen hatte sie zu ihm gebracht. Sie konnte immer noch seine Wärme in ihren Armen fühlen, als sie aufwachte. Sogar sein Geruch hing noch in der Luft. Ein friedvolles, glückliches Gefühl hielt wochenlang an, bevor es langsam verschwand. Betty war entschlossen, alles über die neue Heimat ihres Sohnes im Himmel zu erfahren. Irgendwo auf der Erde, das wusste sie, hatte jemand die Antwort. Das war der Zeitpunkt, wo ihre Schwester sie mit Eckankar bekannt machte.

Das erste Buch, das Betty las, war *Spirituelle Aufzeichnungen* von Paul Twitchell. Es überzeugte sie, dass sie damit die Antwort auf ihre Gebete hatte. Hier war eine Erklärung über die anderen Welten, die Sinn machte.

Gelegentlich wird Betty immer noch vom Kummer über ihren Sohn übermannt. Dann schaut sie auf den Mahanta, den Lebenden ECK-Meister, dass er ihr hilft, die innere Ruhe wieder zu gewinnen, die sie bei ihrem Sohn während der Seelenreise empfunden hatte. Sie macht weiter jeden Tag die Spirituellen Übungen von ECK.

Einige Techniken des inneren Reisens sind in den Traumkursen von ECK angegeben, die man mit der Mitgliedschaft in Eckankar erhält. Weitere Methoden sind in dem Buch *Die Spirituellen Übungen von ECK* angegeben, das von Eckankar erhältlich ist.

Betty richtet nun ihre Bemühungen darauf aus, das göttliche Licht zu sehen und den heiligen Ton zu hören – Schlüssel zu den geheimen Welten Gottes.

Eine Geschichte wie diese kann einen inspirieren, nach Liebe und Wahrheit Ausschau zu halten. Dennoch findet man diese tatsächlich nur, wenn man das Richtige tut. Für die Menschen in ECK heißt das, die spirituellen Übungen zu machen, die in vielen ECK-Büchern und Kursen zu finden sind. Dafür braucht man bloß zehn bis zwanzig Minuten pro Tag. Ein Gesang, ein Mantra, ist einfach ein Liebeslied an Gott oder ein Weg, sich auf den Göttlichen Geist einzustimmen. Ein Gesang hilft Ihnen, das Leben zu schätzen zu lernen.

Viele ECKisten passen die Spirituellen Übungen von ECK an, um sie an ihren eigenen Zustand anzugleichen, sobald sie rauskriegen, wie das mit der ECK-Lehre geht.

Einige Techniken des inneren Reisens sind in den Traumkursen von ECK angegeben, die man mit der Mitgliedschaft in Eckankar erhält. Weitere Methoden sind in dem Buch Die Spirituellen Übungen von ECK *angegeben.*

> **EINEN GLÄNZENDEN GEGENSTAND ANSCHAUEN**
> Diese Technik führt Sie aus dem physischen Zustand heraus in ein höheres Bewusstsein. Konzentrieren Sie sich einfach auf einen glänzenden Gegenstand, wie z. B. eine Münze, einen Diamanten, ein Prisma oder einen Kristall.
>
> Schauen Sie beharrlich auf den Gegenstand. Dann stellen Sie sich vor, Sie gehen aus Ihrem Körper heraus, indem Sie sich leicht, glücklich und voller Liebe fühlen.
>
> Während Sie sich so konzentrieren, wiederholen Sie diese Bestätigung: »Ich verlasse jetzt meinen Körper. Ich möchte den Tempel von ECK in Chanhassen, Minnesota, sehen.«
>
> Machen Sie das immer wieder, bis es so geschieht.
>
> Sie werden sich außerhalb des Körpers wieder finden und ihn mit Freude und Staunen anschauen. Schauen Sie sich nach dem Mahanta um. Er ist im Tempelraum – ein lieber alter Freund von Ihnen.

Die Aufgabe von Eckankar ist es, den ganzen Weg nach Hause zu Gott durch Seelenreisen und andere Möglichkeiten zu zeigen.

Erste entscheidende Treffen mit ECK-Meistern

Die Aufgabe von Eckankar ist es, den ganzen Weg nach Hause zu Gott durch Seelenreisen und andere Möglichkeiten zu zeigen.

Das erste Treffen mit dem Mahanta, dem Lebenden ECK-Meister, kann ganz gewöhnlich sein, eine Gelegenheit, die wenig Interesse hervorruft. Der Augenblick könnte ohne offensichtliche Bedeutung vorbeigehen. Daher verpasst der Einzelne ihn und er geht verloren unter den allgemeinen Bedingungen der Zeit und des Ortes, unter denen er stattfindet.

Andererseits hat ein erstes Treffen mit dem Meister möglicherweise eine dramatische Wirkung. So weit reicht die Bandbreite der Wirkungen, die man feststellen kann, wenn man sich dem Meister zum ersten Mal nähert.

Eine Frau aus einem US-Staat des Sonnengürtels berichtet, dass sie einmal Wah Z in der Lobby eines Hotels in San Francisco traf. Es war Mitte der fünfziger Jahre. Das war fünfundzwanzig Jahre, bevor er seinen Platz als das spirituelle Oberhaupt von Eckankar einnahm.

Ein Fremder hatte ihr ein Exemplar des Buches *ECKANKAR – der Schlüssel zu geheimen Welten* von Paul Twitchell ausgehändigt. Aber in dem Buch war nichts für sie drin. Es ist wahr, Teile davon unterstützten ihre Ansichten über das Leben, aber insgesamt sah sie wenig Wertvolles darin. Der Fremde hatte seine Identität nicht preisgegeben. Und bald war jede Spur dieses Zwischenfalls in ihrem bewussten Verstand verblasst. Sie erkannte ihn erst Jahre später.

Bitte beachten Sie, *ECKANKAR – der Schlüssel zu geheimen Welten* wurde zum ersten Mal 1969 veröffentlicht, ungefähr fünfzehn Jahre, nachdem sie den Fremden in der Hotellobby getroffen hatte.

Dreißig Jahre nach diesem Ereignis, Mitte der 80er Jahre, erfuhr sie seinen Namen bei einem Eckankar-Treffen. Sein Gesicht war auf einem Buchdeckel. Erst dann erkannte sie den heutigen Lebenden ECK-Meister.

Der Mann schaute genau so aus, wie sie ihn in der Hotellobby in San Francisco in den fünfziger Jahren in Erinnerung hatte. Die Erinnerung an dieses Treffen mit dem Spirituellen Reisenden stürzte auf sie ein.

Die Prüfungen des täglichen Lebens entwickeln den Charakter eines Menschen, um ihn auf den Meister vorzubereiten.

Sie brauchte Jahre der spirituellen Vorbereitung, bevor sich ihr Spirituelles Auge öffnete.

Wie passt ihre Geschichte zum Seelenreisen? Die Prüfungen des täglichen Lebens entwickeln den Charakter eines Menschen, um ihn auf den Meister vorzubereiten. Nach dieser ersten, oft unangekündigten Begegnung beginnt ein Sucher mit einem langen Trainingskurs, der zu Seelenreisen und dem Meister führt.

Aber an den täglichen Dingen scheint sich wenig zu ändern.

Nach Hause zu Gott

Seelenreisen ist einfach das beste Mittel für die Seele, nach Hause zu Gott zu gelangen. Aber einige, die es meistern möchten, haben weniger große Ideale. Sie möchten diese uralte Wissenschaft lernen, um zu heilen. Andere sehen es als einen Weg an, ein Vermögen zu machen, Leute auszuforschen, Geschäftsgeheimnisse zu stehlen, Aufmerksamkeit als Aufklärer von Verbrechen zu erregen oder den Lebensunterhalt als Spezialist für verlorene Gegenstände zu verdienen. Sie geben jedem Motiv Raum, nur nicht der Sehnsucht nach Gott.

Nachdem ein Mensch zum ersten Mal dem Mahanta begegnet, nutzt der Meister den Traumzustand, um ihn auf das Licht und den Ton Gottes vorzubereiten.

Nachdem ein Mensch zum ersten Mal dem Mahanta begegnet, nutzt der Meister den Traumzustand, um ihn auf das Licht und den Ton Gottes vorzubereiten.

Glen, sagen wir, ist ein Initiierter, der eine spirituelle Übung machte, um eine bestimmte Ebene in der Kontemplation zu erreichen. Der Innere Meister tat ihm den Gefallen. Der Meister hob ihn in die fernen Welten an. Dort fuhr er Glen mit einem Auto nachts durch ein Wohngebiet. Die Häuser zogen vorüber. Auf einmal strahlte das hellste Licht, das man sich vorstellen kann, aus einem leerstehenden Grundstück. Sein blendender Schein war wie eine Magnesiumflamme.

Aber der Mahanta wusste, dass das reine Licht Gottes Glen wegen seiner spirituellen Unreinheiten zerstören konnte. Also fuhr der Meister schnell an dem Licht vorbei. Dieses schnelle Handeln verhinderte eine Verletzung des empfindlichen Spirituellen Auges von Glen.

Zu Beginn dieser Erfahrung hatte Glen den Ton dieser Ebene gehört. Er trug ihn tief in das Ferne Land. Aber er wusste, dass man Licht, Ton und den Meister zur spirituellen Vollendung benötigt. Der Innere Meister war ihm begegnet. Der Ton hatte ihn auf diese hohe Ebene angehoben. Aber wo war das Licht? Es war notwendig, um den Weg durch das Dunkel anzuzeigen.

Seelenreisen ist die Art der Handlung, die die Seele auf ihrer endgültigen Reise nach Hause zu Gott unternimmt. Mit anderen Worten, Seelenreisen ist die Rückkehr der Seele zu dem Ort ihrer Herkunft.

Ihre Heimat.

Seelenreisen ist die Rückkehr der Seele zu dem Ort ihrer Herkunft. Ihre Heimat.

* * *

Monica erfährt, dass Liebe den Tod besiegt. Ihre Geschichte erschien zuerst in Erde an Gott, bitte kommen ..., Buch 1.

Vaters Geschenk von der anderen Seite
von Monica Wylie

Ich war etwa fünfzehn, als mein Vater an einem Herzinfarkt starb. Er war mit einem

Herzfehler geboren worden. Als ich aufwuchs, hatte ich manchmal das Gefühl, dass ich verantwortlich war für Vaters schmerzhafte Angina pectoris. Er wollte immer etwas mit mir unternehmen, aber mein Tempo war zu schnell.

Eines Tages, während ich in der Schule war, hatte ich plötzlich die innere Gewissheit, dass mein Vater kurz davor war, uns zu verlassen. Ich sah ihn innerlich, wie er ein Eckankar-Buch las. Er sagte: »Ich möchte mich ausruhen.«

Dann legte er in meiner inneren Vision das Buch in seinen Schoß und transzendierte (ging hinüber) zu einer höheren Ebene der Existenz. Ich spürte, wie mich die Besorgnis meiner Familie in der Schule erreichte und konnte mich im Unterricht nicht mehr konzentrieren. Später an diesem Tag zu Hause schauten alle aus dem Fenster und warteten auf mich. Meine Mutter öffnete mir die Tür.

Als ich sie sah, wusste ich es.

Ich verarbeitete den Tod meines Vaters schlecht, weil ich ihn vermisste. Ich vermisste es, von ihm umarmt und gehalten zu werden, seine Berührung und seine freundliche Stimme. Aber weil ich mit dem Heiligen Geist, dem ECK, aufgewachsen war, war ich nicht verärgert. Innerlich wusste ich, dass sein Tod lediglich der Übergang in ein neues Leben für ihn war.

Trotzdem fürchtete ich mich in dieser Nacht davor, ins Bett zu gehen. Ich hatte noch nie solche Angst gehabt! Ich wollte bei meiner Mutter schlafen, aber sie wollte allein sein. Als ich ins Bett ging, spürte ich die Gegenwart meines Vaters in meinem Zimmer, deshalb zog ich mir die Bettdecke bis unter die Augen, bereit, meinen Kopf zu bedecken.

Plötzlich erschien Vater. Er trug seinen weißen Pullover und seine Brille, als ob er physisch da wäre. Als er auf mein Bett zuging, bekam ich Angst –, obwohl ich fühlte, dass er mich nicht erschrecken wollte.

Ich spürte die sanfte Stimme meines Vaters. »Fürchte dich nicht, Monica«, sagte er.

Meine erste Reaktion war, unter die Decke zu springen. Als Kind hatte ich manchmal Geister in meinem Zimmer gesehen, deshalb war es eine alte Angewohnheit, mir die Decke über den Kopf zu ziehen. Aber nach einem Moment zog ich die Bettdecke herunter. Vater war immer noch da. Ich erinnere mich daran, dass ich mich entschuldigte, dass ich so ängstlich war.

»Fürchte dich nicht«, sagte er noch einmal. »Du weißt es besser, nun wo du so lange in ECK gewesen bist.«

Er kam näher. Als er an meinem Fuß vorbeiging, gab er ihm einen zärtlichen Klaps. »Ich liebe dich«, sagte er. Seine starken Finger berührten meinen Fuß, genau so, wie er es immer morgens getan hatte, um mich aufzuwecken.

Dann verblasste die Vision. Dieser Besuch war Vaters Zeichen, dass er weg war, um noch einigen anderen Leuten auf Wiedersehen zu sagen.

Meine Erfahrung wurde von einem Freund meines Vaters bestätigt. Er hatte einen Klaps auf seinem Rücken gespürt. Als er sich umdrehte und sagte: »Was um alles in der Welt war das?«, sah er meinen Vater. Vater benutzte diese bekannten Berührungen, um die Leute wissen zu lassen, dass es ihm gut ging.

Ich träumte auch von meinem Vater. Eines Nachts kam er, um mich mit zum Tanzen zu nehmen.

Ich spürte die sanfte Stimme meines Vaters. »Fürchte dich nicht, Monica«, sagte er.

Der Mann, der mein Vater war, ist nun ein Mitarbeiter Gottes – das ist seine wahre Beschäftigung. Er ist in den inneren Welten, obwohl er auch in meinem Herzen ist.

»Nein, Vater«, sagte ich, »ich würde lieber zuschauen.«

Während ich zusah, tanzte er mit mehreren unbeschreibbaren Wesen. Ich spürte seine Freude darüber, dass er in der Lage war zu tanzen, endlich frei von den Herzschmerzen.

Während die Zeit verging, beobachteten wir unser gegenseitiges Wachsen. Es war für meinen Vater nicht wichtig, wie ich physisch aufwuchs, nur wie ich spirituell wuchs. Vater fuhr während eines Traumes oder einer spirituellen Übung mit seinem blauen Wagen vor, und wir besuchten dann verschiedene himmlische Ebenen. Er nahm mich mit, um diese Szene oder jene Aussicht in den inneren Welten zu sehen. Manchmal in einen Park.

An unserem Zielort unterrichtete uns dann der Innere Meister, der Mahanta, aus Vaters ECK-Kursen. So gelangten wir durch die astralen und mentalen Ebenen. Jetzt besuche ich ihn auf der ätherischen Ebene. Er trägt keine Brille mehr, und er erscheint dünner und viel feiner. Das ist mehr er selbst. Sie sehen also, während er höher steigt, sehe ich ihn mehr als reine Seele.

Eine Tages sagte er: »Ich bin nicht mehr dein Vater – denk daran. Ich habe nur auf der physischen Ebene als dein Vater gearbeitet. Aber erinnere dich immer daran, dass die Liebe, die ich als dein Vater für dich hatte, immer noch da ist. Ich liebe dich, und du liebst mich, und so ist das jetzt.«

Ich kann es nicht erwarten, diese Liebe an meine Kinder weiterzugeben.

Ich lerne weiterhin von dieser Seele, ein Geschenk, für das ich dem Inneren Meister sehr dankbar bin. Der Mann, der mein Vater war, ist nun ein Mitarbeiter Gottes – das ist seine wahre Beschäftigung. Er ist in den inneren Welten, obwohl er auch in meinem Herzen ist.

Und eines Tages werde ich genau wie er ein Mitarbeiter Gottes sein.

12
Über Seelenreisen hinaus: Sein, Wissen und Sehen

Seelenreisen ist einfach die Bewegung der Seele zu Gott.
 Diese Praxis ist das, was viele Anhänger von Weltreligionen vergeblich in ihren eigenen Lehren gesucht haben. Seelenreisen ist eine aktive Methode, nach Hause zu Gott zu gehen. Der Begriff selbst ist eine dynamische Art, diese natürlichen Möglichkeiten darzustellen, um zum Gipfel des Himmels aufzusteigen, oder um die Tiefen der Liebe Gottes zu seiner Schöpfung auszuloten.

Seelenreisen ist auch ein Reinigungsmittel für die Seele.

Anstatt zu erwarten, dass Sie die Philosophie hinter dem Seelenreisen voll erfassen, gebe ich Ihnen lieber Geschichten und Beispiele, um von seiner Wirkungsweise zu berichten. Mit der Zeit, mit Ihrer eigenen Erfahrung als Maßstab, werden Sie wissen, was hier am wichtigsten ist. Die Worte auf diesen Seiten sind wie Blumensamen, die in die fruchtbare Erde Ihres Herzens eingepflanzt wer-

Seelenreisen ist eine aktive Methode, nach Hause zu Gott zu gehen. Der Begriff selbst ist eine dynamische Art, diese natürlichen Möglichkeiten darzustellen, um zum Gipfel des Himmels aufzusteigen, oder um die Tiefen der Liebe Gottes zu seiner Schöpfung auszuloten.

Seelenreisen und die Ausdehnung des Bewusstseins machen uns aufmerksam auf die Wirkung unserer Worte und Handlungen auf andere, und letztlich auf uns selbst. Wir machen unseren eigenen Himmel und unsere eigene Hölle.

den. Sie werden sich an alles Nötige erinnern, wenn Sie es brauchen, um einen neuen Schritt in Richtung der unendlichen Liebe und Güte Gottes zu machen.

Alles hat seine Zeit und Gelegenheit. Seien Sie also geduldig.

Geschichten sind wichtig, weil sie ein Aquarell für unseren Verstand malen. Wie Samen oder kleine Zeitkapseln brechen sie auf der Leinwand des Verstandes auf und fügen unserer Erinnerung eine reichere Dimension hinzu. Wenn Sie sich also an einen bestimmten spirituellen Punkt erinnern müssen, wird Ihnen die richtige Geschichte einfallen. Eine Geschichte kann den spirituellen Hunger auf eine Art befriedigen, wie das die Logik nicht kann.

Seelenreisen und die Ausdehnung des Bewusstseins machen uns aufmerksam auf die Wirkung unserer Worte und Handlungen auf andere, und letztlich auf uns selbst.

Wir machen unseren eigenen Himmel und unsere eigene Hölle.

Seelenreisen durch Imagination

Ein Mann erzählte mir einmal, wie er als Junge gerne die Messe besuchte. In der Kirche saß er unter den anderen Gläubigen und bewunderte die Statuen der Heiligen, die sich über der Gemeinde auf hohen Sockeln auftürmten. Einige Statuen reichten bis an die Decke.

Wie wunderbar wäre es, neben ihnen zu stehen, dachte er.

Während also andere ihre Häupter im Gebet beugten, machte dieser geschäftige Junge Seelenreisen. Im Seelenkörper erhob er sich über seinen menschlichen Körper und postierte sich neben den Heiligen, deren Köpfe in solche Höhen aufstiegen.

Eines Tages teilte er seine einzigartige Fähigkeit seiner Mutter mit. Er gestand, wie sehr er die wunderbare Erfahrung liebte, an die Decke zu den Statuen aufzusteigen. Ja doch, er konnte seine Kirchenbank verlassen und zwischen den Heiligen umherfliegen. Oder noch besser, niemand konnte ihn sehen. Seine Mutter schürzte die Lippen und versuchte in ihrem Verstand damit klarzukommen, wo ihr Sohn hinzugehen behauptete.

»Du meinst, vor den Altar?«, fragte sie.

»Nein«, sagte er. »Ich meine da hoch an die Decke.«

»Erzähl nicht so verrückte Sachen«, sagte sie.

Das war's. Der Junge war still und sagte nichts mehr. Dennoch war er ob der Reaktion seiner Mutter verwundert über das, was er ihr offenbart hatte. In der Tat ein taubes Ohr.

Er hatte sich nicht nur in seiner Vorstellung an einem anderen Ort gesehen und gefühlt. Kein Zweifel. Denn, wo die Vorstellungskraft ist, dort ist die Seele. Es überraschte ihn, festzustellen, dass andere, die zur Messe gingen, niemals ihre Kirchenbänke in ihren feineren Körpern verließen, um in der Kirche herumzuschweben. Wie langweilig.

Warum geht man dann zur Kirche?, fragte er sich.

Ich erzähle diese Geschichte, um Ihnen zu zeigen, dass auch Sie in die verborgenen Welten jenseits unserer physischen Welt gehen können. Es beginnt alles mit der Vorstellungskraft. Aber erst müssen Angst und Schuld weggehen. Sie sind wie Steine und Mörtel einer hohen Steinmauer, die uns von unseren wahren spirituellen Rechten trennt.

Sie schließen die Freiheit aus.

Es beginnt alles mit der Vorstellungskraft. Aber erst müssen Angst und Schuld weggehen.

Bewusstes Seelenreisen

Unsere ersten Besuche auf den inneren Ebenen finden oft im Traumzustand statt. Gelegentlich haben einige wenige das Glück, mit Seelenreisen manchmal sogar zu beginnen, bevor sie Kontakt mit den äußeren Werken von ECK haben.

Earl, so wollen wir ihn nennen, schrieb über eine Seelenreisenerfahrung einige Jahre zuvor. Es war lange, bevor er von Eckankar oder den Spirituellen Reisenden von ECK gehört hatte.

Earl war damals ein Soldat, der auf einer Militärbasis stationiert war. Beim Schlafen nachts in der Baracke war er oft verblüfft, sich außerhalb des Körpers zu befinden und durch Wände zu gehen. Aber er dachte doch, dass es ein fantastisches Abenteuer war. Es gab auch andere Zeiten, zu denen er seinen Körper verließ. Aber seine außerkörperlichen Reisen fanden alle in den Baracken statt, ohne nach draußen zu gehen. Dennoch verlieh ihm dieses Können die einzigartige Fähigkeit, durch Wände und Schränke zu sehen, wo er die abgelegten Kleidungsstücke und die persönlichen Dinge anderer GIs erfassen konnte.

Er fühlte sich wie ein Mann mit Röntgenblick.

Aber trotz all dieser frühen außerkörperlichen Erfahrungen machte Earl eine seltsame Entdeckung. Er machte keine Seelenreisen nach seiner zweiten Initiation in ECK. Er beschreibt jetzt seinen spirituellen Bewusstseinszustand als einen, bei dem »ich sehe, ich weiß, ich bin.«

Sehen, Wissen und Sein.

Er spricht von dem »Ich«-Bewusstsein, das auf der Seelenebene vorhanden ist. Seelenreisen ist ein schneller Weg, sich in die höheren Welten zu begeben, aber sobald ein Mensch ein Bewohner der

Seelenebene wird, gibt es kein Gefühl der Bewegung. Wahrnehmungen sind unmittelbar und direkt.

Obwohl möglicherweise alle den Weg von ECK mit Träumen beginnen und dann zum Seelenreisen fortschreiten, kommt der Tag, an dem Seelenreisen sich zu einer neuen Methode verändert, Erfahrung zu gewinnen.

Dann kommt ein hoher Bewusstseinszustand – direkte Wahrnehmung. Wir gewinnen dann Erfahrung durch den einfachen Modus des Sehens, Wissens und Seins. Diese Veränderung ist ein Kennzeichen dafür, dass jemand als Bürger der ersten der spirituellen Welten akzeptiert wird.

Das ist die Seelenebene.

Der geheime Weg zum Himmel

Die ECK-Lehre kennzeichnet den geheimen Weg zum Himmel. Die ECK-Bücher und -Kurse brachten diesen spirituellen Pfad ans Licht. Das gilt auch für die Spirituellen Übungen von ECK, die Ihre kreativen Kräfte erweitern. Probieren Sie eine bestimmte Technik einige Wochen oder Monate lang aus, um einen spirituellen Durchbruch zu erleben. Ja, es kann eine Weile dauern. Das menschliche Bewusstsein braucht Zeit, sich anzupassen, damit es die Erleuchtung Gottes in vollem Ausmaß erhalten kann, wenn es so sein soll. Auch ohne eine visuelle Erfahrung des Blauen Lichts oder des Inneren Meisters haben Sie ein inneres göttliches Wissen. Sie wissen, dass Ihr spirituelles Leben in guten Händen ist.

Sie wissen es einfach.

Nicht alle müssen durch eine Phase gehen, die Einführungswerke von ECK studieren zu müssen,

Seelenreisen ist ein schneller Weg, sich in die höheren Welten zu begeben, aber sobald ein Mensch ein Bewohner der Seelenebene wird, gibt es kein Gefühl der Bewegung.

bevor sie sich das Recht auf Seelenreisen verdienen. Für manche kommt es früher. Ausbildung in den spirituellen Werken in früheren Leben kommt auch ins Spiel. Sie gewährt, was anderen als Abkürzung erscheint, die die ganze Strecke zurücklegen müssen, um eine feste spirituelle Grundlage zu entwickeln.

Seelenreisen bringt Sie durch die psychischen Welten. Das sind die Welten von Materie, Energie, Raum und Zeit. So ist es innerhalb der Grenzen der Zeit also leicht einzusehen, dass es eine Entfernung – Raum – zwischen hier und dort gibt, wenn Sie reisen wollen. Entfernung ist eine Unterteilung der Zeit. Also wird es eine gewisse Menge an Zeit brauchen, von hier nach dort zu reisen.

In den Welten unter der Seelenebene ist das Konzept von Raum und Zeit die wissenschaftliche Grundlage.

Aber in den spirituellen Gottwelten von ECK, von der Seelenebene an aufwärts, gibt es keinen Raum, wie wir ihn uns vorstellen. Noch gibt es dort Zeit. Beide sind kollabiert; sie existieren nicht. Welch eine Notwendigkeit besteht dann also dort für Seelenreisen?

Seelenreisen wird Sie nur dahin bringen, nämlich zur Seelenebene, aber dann beginnen Sie, die hohen Zustände des Sehens, Wissens und Seins zu entdecken.

Genau dort beginnt das wahre Abenteuer.

Über Seelenreisen hinausgehen

Nachdem Sie Seelenreisen lernen, kommt eine Zeit, es aufzugeben. Es ist bloß ein Teil Ihrer spirituellen Entwicklung.

Diejenigen in ECK, die ein gewisses Ausmaß an

Seelenreisen wird Sie nur dahin bringen, nämlich zur Seelenebene, aber dann beginnen Sie, die hohen Zustände des Sehens, Wissens und Seins zu entdecken. Genau dort beginnt das wahre Abenteuer.

Fortschritt aufweisen, werden die Seelenebene erreichen, ein Königreich jenseits von Zeit und Raum. Das heißt, dass sich dort nichts bewegt, auch nicht die Seele. Wenn Sie sich also über die Mentalebene zur Seelenebene bewegen, machen Sie nicht länger Seelenreisen. Es ist unmöglich. Dort entwickeln Sie die Fähigkeit des Sehens, Wissens und Seins. Anstatt der Bewegung erreichen Sie daher eine andere Ebene des spirituellen Bewusstseins innerhalb eines Augenblicks.

Sie sind einfach da.

Die Uralte Wissenschaft des Seelenreisens wird benötigt, um eine Brücke zu schlagen von der physischen Ebene zur Seelenebene.

Manche Seelenreisenerfahrungen sind sensationelle Ereignisse. Aber alles, was der Innere Meister will, wenn er Sie auf eine Seelenreise bringt, ist, Ihnen eine lebenswichtige Erfahrung zu geben, die für die spirituelle Reife notwendig ist. Damit beweist er das Überleben über den Tod hinaus. Ohne die Hilfe des Meisters werden Sie sich bis zum Ende der Zeiten auf dem Rad des Karmas und der Reinkarnation drehen.

Dank ECK jedoch gibt es einen besseren Weg. Es gibt den Reisenden, den Inneren Meister.

* * *

Doug berichtet von einem unerwarteten Besuch bei lieben Menschen. Aus Erde an Gott, bitte kommen ..., *Buch 2.*

Seelenreisenüberraschung
von Doug Munson

Ich saß mit meiner Schwester, ihrem Freund und etwa vierzig anderen Leuten in einem

Ohne die Hilfe des Meisters werden Sie sich bis zum Ende der Zeiten auf dem Rad des Karmas, und der Reinkarnation drehen. Dank ECK jedoch gibt es einen besseren Weg.

Eckankar-Workshop über vergangene Leben, Träume und Seelenreisen.

So begeistert ich war, nach einer Abwesenheit von einigen Jahren bei meiner Schwester zu sein, so empfand ich doch eine leere Stelle. Ich vermisste meine Frau, April, und unsere beiden Jungen.

Sie konnten die Reise zum Weltweiten ECK-Seminar nicht mit mir machen.

Ungefähr um zwei am Nachmittag forderten die Workshopleiter unsere Gruppe auf, eine Seelenreisenübung auszuprobieren.

»Legen Sie Ihre Aufmerksamkeit über und zwischen die Augenbrauen«, sagten sie.

Dieser Punkt ist das Tisra Til oder das Dritte Auge. Es ist der Ort, wo die Seele – Sie als ein bewusster individueller Funke Gottes – wohnt.

»Nehmen Sie nun einen tiefen Atemzug und singen Sie gemeinsam mit uns HU. Es wird wie »hjuu« gesprochen. HU ist ein uralter Name für Gott; es wird als ein Liebeslied an Gott gesungen. Nun stellen Sie sich einen Ort vor, wo Sie jetzt gerade sein möchten, nur für einen Augenblick oder zwei.«

Ich wusste, wo das war – zuhause.

Unsere Gruppe sang zusammen HU. Der Ton füllte den Raum wie eine himmlische Sinfonie. Er führte mich im Geist nach Minneapolis zur Couch in unserem Wohnzimmer, wo ich eine Sekunde lang mit gefalteten Händen saß. Dann stand ich auf, ging umher und schaute den Jungs beim Spielen zu. April war mit Hausarbeiten beschäftigt. Obwohl das alles nur in meiner Vorstellung zu sein schien, fühlte es sich dennoch real an. Es fühlte sich warm und wohl an, bei ihnen zu sein.

Unsere Gruppe sang zusammen HU. Der Ton füllte den Raum wie eine himmlische Sinfonie. Er führte mich im Geist nach Minneapolis zur Couch in unserem Wohnzimmer.

Aber dann riefen uns die Workshopleiter aus der Seelenreisenübung zum Workshop zurück. Meine Schwester und ihr Freund sagten, sie hätten auch Erfahrungen gehabt.

Dann ging es zu anderen Zusammenkünften.

Wir drei trafen uns am nächsten Morgen, um Sri Harold Klemp sprechen zu hören. Später machten meine Schwester und ihr Freund mit mir einen Spaziergang am Strand entlang und einen schnellen Ausflug nach Hollywood, bevor sie mich für den Nachmittagsflug heim nach Minneapolis zum Flughafen fuhren.

Am Abend begrüßte mich meine Familie am Flughafen mit Umarmungen und lebhaften Geschichten über das Wochenende, das wir getrennt verbracht hatten. Auf der Fahrt nach Hause erzählte ich April alles über meine Schwester und dass ihr Freund ein netter Mensch war. Aber ich wollte April und den Jungs sagen, wie sehr ich sie vermisst hatte, und erzählte ihnen daher von dem Seelenreisenworkshop.

»Ich habe am Samstag eine Seelenreise nach Hause gemacht«, sagte ich.

Mit großen Augen schaute sie mich an und sagte: »Um welche Zeit war das?«

»Oh, kurz nach zwei, kalifornische Zeit.«

»Weißt du«, sagte sie, und zeigte auf meinen jüngeren Sohn, »ungefähr um vier Uhr nach unserer Zeit sagte der kleine Kerl: ›Mama, ich habe gerade aus den Augenwinkeln Papa in der Küche bei dir gesehen. Er stand bei dir mit seiner Hand auf deiner Schulter.‹«

Unter Berücksichtigung des Unterschieds in den Zeitzonen war das genau dieselbe Zeit.

»Ich habe am Samstag eine Seelenreise nach Hause gemacht«, sagte ich. Mit großen Augen schaute sie mich an und sagte: »Um welche Zeit war das?«

13
Das Licht und der Ton Gottes

Es ist ein altes Missverständnis über Seelenreisen, dass es nicht mehr ist als eine einfache okkulte Projektion aus dem Körper in die Astralebene. Aber Seelenreisen ist eine alles umfassende Fähigkeit. Es geht weit über die Astralebene hinaus in die kausale, mentale und ätherische Ebene. Und dann direkt auf die Seelenebene.

Seelenreisen ist daher eine moderne Art, von der Seele auf ihrer Reise nach Hause zu Gott zu sprechen.

Die verschiedenen Phasen, die man in ECK erwarten kann, schließen Träume, Visionen, Seelenreisen, das ECKshar-Bewusstsein und Gottbewusstsein ein. Jede dieser Facetten spiegelt eine Vergrößerung des Lichts und Tons Gottes für den Reisenden wider.

Jede Phase der spirituellen Fertigkeiten in ECK bietet eine ganze Reihe von Erfahrungen und jede Phase führt zu einer höheren Ebene.

Eine Vision, um ein Beispiel zu zitieren, ist ein Ereignis, das dem Seelenreisen vorausgeht. Ein Mensch, immer noch an den physischen Körper

Seelenreisen ist eine alles umfassende Fähigkeit. Es geht weit über die Astralebene hinaus in die kausale, mentale und ätherische Ebene. Und dann direkt auf die Seelenebene.

gebunden, bleibt zurück, weil er sich nicht auf eine umfassende Suche nach Gott einlässt. Und dies umso mehr, wenn es das Verlassen der Sicherheit der menschlichen Hülle bedeutet. Daher schlüpft das Licht der Wahrheit mit einer Vision in ihn hinein. Eine Vision ist ein vielversprechender Beginn in Richtung des Reichs Gottes.

Unser Ziel ist die Gottrealisation in diesem Leben.

Unser Ziel ist die Gottrealisation in diesem Leben.

Es gibt noch mehr

Der folgende Bericht von einem Arzt in Kalifornien ist ein Beispiel für eine Vision.

In der Kontemplation entspannte er sich und erklärte sich zu einem Kanal für den Mahanta, das Sugmad (Gott) und Sat Nam (der mächtige Herrscher der fünften oder Seelenebene). Er war schon bereit, seine kontemplative Sitzung nach einem Weilchen aufzugeben, da kein Ergebnis in Sicht war. Dann schien in seinem Spirituellen Auge eine Flut von farbigen Strahlen vom Himmel in ihn hinein. Die unterschiedlichen Farben, so dachte er, standen für den Mahanta, das Sugmad und Sat Nam.

Dann sagte eine Stimme: »Das ist noch nicht alles.«

Danach sagte ihm eine starke Eingebung, dass ein fehlender Teil seiner Erklärung zu Beginn der Kontemplation das äußerst wichtige ECK war, der Heilige Geist Gottes. Also erklärte er sich jetzt auch zum Instrument für das ECK und daraufhin füllte sich der Himmel mit dem Licht und Ton Gottes.

»Eine wundervolle Erfahrung«, sagte er.

Wenn jemand eine Vision dieser Art hat, beginnt er, die tieferen Geheimnisse jenseits der Reichweite des menschlichen Auges zu sehen.

> **EINE ERINNERUNG**
> Wenn Sie nachts Seelenreisen machen möchten, während Ihr Körper schläft, erinnern Sie sich selbst tagsüber einige Male an diesen Wunsch. Sagen Sie zum Beispiel zu sich selbst: *Heute Nacht werde ich in meinem Traum Seelenreisen.*
> Ihr Verstand wird eine Idee besser akzeptieren, wenn sie den Tag über wiederholt wird.
> Nun stellen Sie sich die Art Traum vor, die Sie gerne haben möchten. Glauben Sie fest daran, dass er real ist. Malen Sie sich den Traum aus, malen Sie sich seine Ergebnisse aus. Sie können in Gedanken auch eine Filmszene zu dem Rat oder der Hilfe abspielen, die Sie vom Traummeister erhalten möchten.

Träume führen zum Seelenreisen

Der Traum ist eine natürliche, anfängliche Phase der Ausbildung, die der Mahanta, der Lebende ECK-Meister benutzt, um einen Studenten zu unterrichten.

Bald stellt der Betroffene fest, dass sich die Aufmachung seiner Träume im Vergleich zu den Tagen vor ECK ändert. Die Nebelhaftigkeit, die Sinnlosigkeit der Träume beginnt sich zu klären. Das Sonnenlicht der Wahrheit strahlt nun hinein. Daher empfindet man eine neue Richtung in seinen inneren Welten; sie bringt Träume der Klarheit und Bedeutung zur Entstehung. Der Traumzustand ist daher ein grundlegender Teil des Unterrichts des Mahanta. Seien Sie sicher, es gibt keine klaren

Der Traum ist eine natürliche, anfängliche Phase der Ausbildung, die der Mahanta, der Lebende ECK-Meister benutzt, um einen Studenten zu unterrichten.

Grenzen, die man zwischen den vielfältigen Stufen der Erfahrung ziehen kann.

Also kann auch ein ECKist, der schon ziemlich weit mit den Initiationen ist, über etwas berichten, was auf den ersten Blick gewöhnliche Träume oder Visionen vom Fließband zu sein scheinen.

In der Regel aber ist das selten der Fall. Er hat sich weiterentwickelt. Je mehr ein Initiierter von ECK Gott näher kommt, umso mehr lebt und bewegt er sich im vollen Bewusstsein. Ein einzigartiger Bewusstheitszustand ist sein Kennzeichen in jeder Welt, die er betritt.

Träume und Visionen sind ein faszinierendes Thema. Aber ein ECKist stellt fest, dass Seelenreisen sehr viel tiefer in das Rätsel des Lebens eindringt als irgendwelche astralen oder mentalen Projektionen.

Hinfort ist sein Ziel totale Bewusstheit und er legt die Spielzeuge psychischer Phänomene beiseite.

Innere Welten besuchen

Das nächste Beispiel zeigt das zweiseitige Spiel von ECK: Geben und Nehmen. Es beginnt mit einem Traum und setzt sich fort mit Seelenreisen.

In einem Traum also übergab der Mahanta einem ECK-Träumer eine Fotografie von dem Träumer mit zwei jungen Männern. Alle standen an einem Laternenpfahl. Der Träumer übergab ihnen etwas. Als er aufwachte, war die Bedeutung des Traumes klar: Er gab diesen beiden Menschen Licht, was durch den Laternenpfahl angezeigt wurde.

Die Bilder des Traumes hinterließen keinen Zweifel.

Aber dieser Traum führte zu einer zweiten Begebenheit. Um seinen Traum besser zu verstehen, ging dieser ECKist in Kontemplation, schlief aber bald ein.

Er erwachte in Sat Lok, der Seelenebene. Das war mehr als ein gewöhnlicher Traum. Diese Erfahrung war ein tatsächlicher Besuch der Grenzlinie zwischen den materiellen Welten und den spirituellen Ebenen. Rebazar Tarzs traf ihn dort. Der wunderbare ECK-Meister hatte ein spezielles Interesse an ihm und zeigte ihm den Weg zu spiritueller Reife. Rebazar sagte diesem Anhänger, dass sein Verständnis nun weit genug entwickelt war, um andere ECK zu lehren.

Die Botschaft hieß für den Träumer, sich in den Strom des Lebens zu begeben.

Die Traumerfahrung am Laternenpfahl hatte zu einem Besuch der Seelenebene geführt. Beachten Sie, es gibt keine scharfe Trennlinie zwischen der Traumphase und der Seelenreisenerfahrung, die danach kam. Denn Seelenreisen war ja tatsächlich der zweite Teil dieses Ereignisses.

Alles in allem ebnen Visionen und Träume den Weg zu Seelenreisen, obwohl das keine feste Regel ist.

Dieser Übergang vom Träumen zu Seelenreisen ist eine ganz wichtige Entwicklung in unserem spirituellen Leben. Sie kennzeichnet ein bewusstes Bemühen, in die fernen Welten Gottes zu reisen, ein Wunsch in Übereinstimmung mit dem Ziel der Seele.

Unsere Aufgabe ist es, ein Mitarbeiter des Sugmad, des allumfassenden Göttlichen, zu werden. Dadurch gewinnen wir eine immer größere Liebe für den Schöpfer und eine Bewusstheit von dem Schöpfer, Seiner Schöpfung und jedes Geschöpfes darin.

Die Botschaft hieß für den Träumer, sich in den Strom des Lebens zu begeben.

Seelenreisen ist daher der direkteste Weg, die himmlischen Welten in uns zu sehen.

Licht und Ton

Ja, Seelenreisen ist zum größten Teil eine Funktion der niederen Welten von Materie, Energie, Raum und Zeit. Dennoch ist es der direkteste Weg, durch die materiellen Welten zu den spirituellen Bereichen darüber zu gelangen. Es ist also ein wertvolles Werkzeug.

Fast jeder kann es lernen. Alles was man braucht, ist ein ernsthaftes Verlangen und der Antrieb, das Reich Gottes hier und jetzt, gerade in diesem Leben zu realisieren.

Seelenreisen ist daher eine Brücke. Sie schlägt einen Bogen über den Abgrund, der das Menschliche vom Göttlichen fernhält. Es ist ein natürliches, aber unerkanntes Talent, das sich mit den Spirituellen Übungen von ECK entwickelt.

Hier folgt ein Beispiel, wie Seelenreisen zu einem höheren spirituellen Zustand führen kann.

Ein Chela in Afrika legte sich ins Bett, bedeckte seine Ohren mit Kissen und lauschte dann dem Ton des ECK. Auf diesen heiligen Ton zu hören, ist eine sehr gute spirituelle Übung. Wie ein sanfter, aber rauschender Wind in der Ferne schien diese göttliche Melodie zugleich nah und fern zu sein. Tatsächlich war sie in ihm. Bald kam das Gefühl eines sanften Ziehens oben an seinem Kopf. Er blieb ruhig. Dann kam eine völlige Befreiung von seiner menschlichen Hülle.

Im wunderschönen Seelenkörper, umgeben von Liebe und Wohlwollen, schwebte er staunend über seiner menschlichen Form im Bett.

»Der ganze Raum war von leuchtenden Atomen und glänzenden riesigen und kleinen Sternen erhellt«, sagte er.

Er studierte seine Erscheinungsform. Zu seiner großen Freude stellte er fest, dass der strahlende Seelenkörper voller Leben mit Energie und Kraft war.

Nun sang er »Sugmad« als ein sanftes Wiegenlied. Daraufhin erkannte er, dass all die glänzenden Atome und Sterne ein Teil von ihm waren. Als er sang, begann die Energie in ihm zu vibrieren und nach außen zu fließen und alle Dinge und Wesen in diesem unendlichen Universum von Sternen zu erhalten. Welche ungeheure Liebe und Güte er für alle Wesen in dieser Weite des Lichts empfand!

Ein großer Ton entstand nun in seiner Brust. Er berührte alles in seinen Welten und gewährte allem Segen, Leben und Kraft. Das wiederum erhob ihn zu einer spirituellen Ekstase, ausgelöst dadurch, dass er allem Liebe und Güte gab.

Hin und wieder kehrt diese Ekstase zurück.

Die Erfahrung war eine kurze Huldigung an das Sugmad (Gott). Sie bereichert immer noch sein Leben in jeder Hinsicht. Diese Erfahrung begann als eine Seelenreise. Tatsächlich ging sie weit darüber hinaus und verwandelte sich in eine spirituelle Reise zu den hohen Welten Gottes. Und dennoch, der Saum des göttlichen Gewandes ist nicht das Ganze.

Wenn die volle Gotteserfahrung ohne Vorbereitung über einen käme, würde dies einen lange andauernden Rückschlag verursachen.

Wenn die volle Gotteserfahrung ohne Vorbereitung über einen käme, würde dies einen lange andauernden Rückschlag verursachen.

Den Körper verlassen

Bei einer klassischen Seelenreisenerfahrung verlässt man den menschlichen Körper bei vollem Bewusstsein, wobei das Licht und der Ton Gottes in den Seelenkörper strömen.

Manche Menschen haben das in einem früheren Leben getan und brauchen das ABC des Seelenreisens nicht zu lernen. Aber der Mahanta gibt ihnen einen Auffrischungskurs. Er wirkt wie ein Sprungbrett zu den heiligen Zuständen des Sehens, Wissens und Seins. Zu sehen, wissen und sein sind Qualitäten der Seele, die auf der Seelenebene und höher im Vordergrund unserer Aufmerksamkeit stehen.

Diese drei Attribute sind die Frucht des ECKshar-Bewusstseins.

Seelenreisen beginnt daher mit dem eigenen Bewusstseinszustand von heute. Es nimmt das menschliche Bewusstsein und dehnt es und gibt dem Betreffenden eine neue, tiefere Einsicht in die Wunder und Komplexität der Schöpfung.

Jetzt sehen wir uns einmal eine verblüffende, aber seltene Art des Seelenreisens an. Sie zeigt, wie diese uralte Wissenschaft sich in die Angelegenheiten und Umstände des vorhandenen Zustands jedes Suchers einfügt.

Michael aus Ghana hatte einmal eine Erfahrung, die seinen Glauben an die physische Realität erschütterte. Die Erfahrung warf einige Fragen auf. Diese Angelegenheiten führten ihn in den Jahren, die vor ihm lagen, zu einer Suche nach der Antwort.

Michael hat einen praktischen Verstand, wenn auch einen sehr komplexen. Also schickte ihn der Meister auf eine einzigartige außerkörperliche Reise, um sein Verständnis herauszufordern und zu erweitern.

Seelenreisen nimmt das menschliche Bewusstsein und dehnt es und gibt dem Betreffenden eine neue, tiefere Einsicht in die Wunder und Komplexität der Schöpfung.

Michael hatte von Menschen in Ghana, Nicht-ECKisten, gehört und gelesen, die sich in seltsamen unsichtbaren und geheimnisvollen Städten verirrt hatten, von denen sie behaupteten, sie existierten nicht. Ihre Erfahrungen verwirrten sie. Wenn sie ihre Geschichten erzählten, war es so gut wie unmöglich, ihnen zu glauben. Darüber hinaus gab es auch Geschichten von Menschen, die gestorben waren, von denen aber berichtet wurde, dass man sie in anderen Teilen Ghanas angetroffen hatte. Manchmal lösten sich diese »toten« Menschen in Luft auf, wenn eine lebende Person ihnen gegenübertrat.

Aber nichts davon hatte Michael im Sinn an diesem gewöhnlichen Tag, als er sich für einige persönliche Erledigungen in der Stadt Accra aufmachte.

Ein Taxi setzte ihn ohne Zwischenfall an seinem ersten Halt ab. Was er im Regierungsamt zu tun hatte, dauerte zehn Minuten. Der nächste Halt lag nur in kurzer Entfernung entlang einer von Bäumen beschatteten Straße, so dass Michael sich entschied, zu Fuß zu gehen. Von dort aus, nachdem er alles erledigt hatte, kam er auf die Idee, nach Hause zu laufen.

Genau da kam er in eine zwielichtige Zone hinein.

Ein großer, kräftiger Mann von fünfunddreißig rief ihm von hinten zu: »Wissen Sie, wo das Seitengebäude des Ministeriums für Erziehung ist?«

Michael sagte Nein. Sie gingen ihrer Wege.

Fünf Minuten später wusste Michael nicht mehr, wo er war. Er dachte, er kennte die Straßen von Accra wie seine Westentasche, aber die fremden Straßen und Gebäude um ihn herum waren ein

Nachdem er alles erledigt hatte, kam er auf die Idee, nach Hause zu laufen. Genau da kam er in eine zwielichtige Zone hinein.

verwirrendes Labyrinth. Was war los? Michael fragte nach der Richtung. Er ging danach durch eine enge Gasse zwischen einem Haus und einem großen Wohngebäude.

Seine Lage war hoffnungslos. Welcher Teil von Accra könnte das sein?

Die Erfahrung ging weiter und brachte ihn außerhalb der Stadt in einen Vorort. Aber diese Stadt lag in der falschen Richtung. Tankstellen, Kirchen, Verkehrsknotenpunkte der Stadt – alles vertraute Orte – waren entweder verschwunden oder in ihrem Aussehen verändert.

Armer Michael. Zu sagen, er war in einem verwirrten Zustand, heißt sein Missgeschick als Erleuchtung darstellen.

Er konnte auch nicht seine Schritte zurückverfolgen. Die Straßen waren neu oder anders angelegt. Noch schlimmer, die Tankstelle von wenigen Minuten zuvor war verschwunden, ebenso wie eine Bierbar mit einem blauen Baldachin über der Tür. Michael machte sich erst von dieser Erfahrung frei, nachdem er einen normalen Stadtbus aus diesem Vorort nach Accra nahm.

Später konnte er die Wegstrecke seiner seltsamen Reise in eine noch seltsamere Dimension nicht mehr nachvollziehen.

Natürlich verwirrte ihn das.

Er hatte niemals von irgend so etwas in der ECK-Lehre gelesen, aber er zog selbst einige Schlussfolgerungen. Erstens, war es möglich, dass diese physische Ebene viele Unterebenen hatte, die durch verschiedene Schwingungen voneinander getrennt werden? Kann so etwas Seite an Seite existieren, unsichtbar füreinander?

Ja, das stimmt. Keine absolute Demarkationslinie trennt die physische Ebene von der Astralebene, so dass die allerhöchsten Vibrationen der physischen Welt sich mit denen der niedrigen Astralregion darüber vermischen.

Dann kommen Aufenthalte durch Überschreitung vor.

Zweitens, die Frage: Wann hat er die unsichtbare Welt betreten?

Er schlussfolgerte, dass alles begann, als der große, kräftige Fremde ihm etwas von hinten zurief. (Dieser Fremde war ein ECK-Meister. Er war gekommen, um Michael zu helfen, seinen Bewusstseinszustand auf eine Art zu erweitern, die zu Michaels Bewusstheit passte.)

Zusammenfassend, diese Erfahrung aus einer anderen Welt begann mit dem Fremden und endete, als Michael im Bus wieder auf vertrautem Boden in Accra war.

Es ist interessant hier, dass Michael diesem seltsamen Sumpf von Ereignissen nicht ohne die unbefangene Hilfe eines Busfahrers entkommen konnte. Ganz sicher war das eine ungewöhnliche Seelenreisenerfahrung. Aber Michael lernte daraus, dass die Geschichten, die er über die seltsamen Städte und Menschen in Ghana gehört hatte, wahr waren. Ein Mensch aus dem Westen mag wohl über eine solche Erzählung lachen, aber die Menschen in Ghana wissen es besser.

Und Michael auch.

Anfänger im Seelenreisen bleiben gerne in der Nähe des Körpers. Es gibt ihnen mehr Vertrauen. Daher wird der Mahanta oder ein anderer ECK-Meister ihnen helfen, den menschlichen Bewusstseinszustand abzuschütteln und eine kurze Reise in eine höhere Ebene durchzustehen.

Keine absolute Demarkationslinie trennt die physische Ebene von der Astralebene, so dass die allerhöchsten Vibrationen der physischen Welt sich mit denen der niedrigen Astralregion darüber vermischen.

Eine solche Erfahrung kann ein Gefühl der Bewegung aus dem Körper, des Schwebens durch eine Decke oder Wand oder sogar des Fliegens in den Weltraum beinhalten.

Ein Lichtschimmer scheint am entfernten Rand dieses Raums. Der Spirituelle Reisende führt den Neuling dorthin und sie tauchen in eine ganz neuartige Umgebung ein. Dort betört eine faszinierende Welt den Neuankömmling.

Der neue Seelenreisende kann dort Stadtstraßen erforschen, die denen auf der Erde ganz ähnlich sind. Die Menschen aber gehen Pflichten nach, die auf der Erde unbekannt sind.

Zum Beispiel begrüßen manche von ihnen Ankömmlinge, die auf der physischen Ebene gestorben sind, um den spirituellen Unterricht auf der Astralebene aufzunehmen. Andere leiten Seelen an, die die Astralebene während ihrer Träume besuchen. Welchen Pflichten auch immer die Bewohner der Astralebene nachgehen, sie alle dienen der spirituellen Hierarchie in vielen lebenswichtigen Dingen, die das Leben am Laufen halten, wie das auch Menschen in jedem Teil des riesigen Königreiches Gottes tun.

Auf der Welle nach Hause reisen

Seelenreisen ist ein sehr bereichernder Teil von Eckankar. Sein Hauptnutzen ist, dass wir die Weisheit und das Wissen anzapfen können, das wir in den anderen Welten erworben haben. So können wir uns vierundzwanzig Stunden lang am Tag eines erhöhten Bewusstseinszustandes erfreuen.

Auf diese Art und Weise bauen die inneren und äußeren Erfahrungen aufeinander auf, um mehr

Liebe, Freude und Verständnis in unser Leben zu bringen. Diese tiefe Einsicht in das Wirken des täglichen Lebens ist wichtiger als irgendeine einzelne Erfahrung außerhalb des Körpers.

Aber die Seele nimmt viele Erfahrungen aus den inneren Welten in sich auf und verwebt sie zu einer Tapisserie von exquisiter Schönheit und unschätzbarem Wert.

Das ist Seelenreisen.

In Eckankar wenden wir uns von falscher Autorität ab. Wir anerkennen nur die wirkliche Führung, die aus dem Herzen entsteht. Die Kraft, dieses zu tun, kommt vom Mahanta, dem Lebenden ECK-Meister. Wenn Sie auf eine Seelenreise oder eine außerkörperliche Erfahrung stoßen, fragen Sie nicht jemand anders zur Bestätigung. Sie sind der alleinige Richter. Beweisen Sie sich Ihre eigene Erfahrung. Sie alleine müssen ihren Wert ausfindig machen.

Über seine aufregende Seite hinaus ist Seelenreisen ein direkter Weg, den Ton zu hören und das Licht Gottes zu sehen. Das kann man nicht vom menschlichen Bewusstsein aus tun. Der Ton und das Licht sind die Welle der göttlichen Liebe, auf der die Seele zum himmlischen Königreich reist; sie sind die Zwillingsaspekte des ECK, des Heiligen Geistes.

Das ECK ist die Stimme Gottes, der Tröster, der Geist der Wahrheit.

Sobald man die Geheimnisse von Visionen, Träumen, Seelenreisen und des ECKshar-Bewusstseins erlernt, ist man ein erfahrener Reisender in den hohen Regionen Gottes.

Dann kommt die Krone der Realisation, die Erleuchtung Gottes.

Diese tiefe Einsicht in das Wirken des täglichen Lebens ist wichtiger als irgendeine einzelne Erfahrung außerhalb des Körpers.

Sobald man die Geheimnisse von Visionen, Träumen, Seelenreisen und des ECKshar-Bewusstseins erlernt, ist man ein erfahrener Reisender in den hohen Regionen Gottes.

Erfahrung ist unser Markenzeichen in ECK. Ein Mensch kann alle Bücher über Glauben und Spiritualität in einer Stadtbibliothek lesen, aber das Lesen bringt ihm per Saldo gar nichts in den Gottwelten. Nur Erfahrung geht über die Umwege und Sackgassen des Lebens hinaus. Nur Erfahrung verrät uns den richtigen Weg zu dem Reich von allem.

So ist also die Kunst und Wissenschaft des Seelenreisens ein Meilenstein in der höchsten Reise der Seele zu Gott.

EIN TOR ZUM SEELENREISEN
Wenn Sie Seelenreisen lernen möchten, wenden Sie heute Nacht die folgende Technik an. Vor dem Schlafengehen schließen Sie Ihre Augen und legen Ihre Aufmerksamkeit auf das Spirituelle Auge. Es ist direkt oberhalb und zwischen den Augenbrauen.

Dann singen Sie HU. Füllen Sie Ihr Herz, Ihren Verstand und Körper mit warmer Liebe.

Dieses Gefühl der Liebe stellt das Vertrauen her, sich in einen neuen, unerforschten Bereich Ihres spirituellen Wesens vorzuwagen. Eine Möglichkeit, sich selbst mit Liebe anzufüllen ist, eine warmherzige, angenehme Erinnerung aufzurufen, wie z. B. die Umarmung eines Kindes oder der Kuss eines Partners.

Genau so erwärmt das Gefühl Ihr Herz mit tiefer Liebe.

Nun, immer noch mit geschlossenen Augen, schauen Sie in dem Spirituellen Auge nach der heiligen Person, die Ihr Ideal ist, ob Christus oder ein ECK-Meister. Sagen Sie mit sanfter Stimme: »Ich gebe dir die Erlaubnis, mich zu dem besten Ort für mein spirituelles Wohlergehen zu bringen.«

Dann singen Sie HU, Gott oder ein anderes heiliges Wort.

Als Nächstes sehen Sie sich selbst an einem vertrauten Ort, wie z. B. einem bestimmten Zimmer in Ihrem Haus. Sie können sicher sein, dass der Führer, der kommt, ein teurer langjähriger Freund ist.

Machen Sie diese Sitzung fünf- oder sechsmal während ebenso vieler Tage.

Eine spirituelle Übung ist wie eine physische Übung, insofern als alle Muskeln Zeit brauchen, sich einzustellen. Machen Sie daher diese spirituelle Übung mindestens eine Woche lang, bevor Sie das Handtuch werfen. Erfolg kommt mit Fleiß. Und wenn Sie eine regelmäßige Übung einige Wochen lang machen, sind Sie möglicherweise selbst überrascht über Ihre neue spirituelle Einstellung.

Deswegen gilt dieselbe Art der Disziplin sowohl für physische als auch für spirituelle Übungen.

Der einzige Sinn der Spirituellen Übungen von ECK ist, einen Anschluss oder Kanal zwischen Ihnen und dem Heiligen Geist, dem Hörbaren Lebensstrom, zu öffnen. Der Ursprung dieser Welle ist das Herz Gottes. In dem Augenblick, in dem Sie HU zu singen beginnen und auf diese besondere Art und Weise Ausschau nach der Wahrheit halten, ergeben sich Änderungen positiver Art in Ihnen.

Sie sehen sie möglicherweise zunächst nicht, aber Ihre Freunde und Ihre Familie werden sie sehen.

* * *

Der Tod hat einen langen Arm, wie Rhonda feststellte, aber das Leben reicht dennoch viel weiter.

Eine spirituelle Übung ist wie eine physische Übung, insofern als alle Muskeln Zeit brauchen, sich einzustellen.

Indem Sie HU zu singen beginnen und auf diese besondere Art und Weise Ausschau nach der Wahrheit halten, ergeben sich Änderungen positiver Art in Ihnen.

Diese Geschichte stammt aus Erde an Gott, bitte komme ..., *Buch 2.*

Ein Tod, der mein Leben veränderte
von Rhonda Mattern

1986 heiratete ich einen französischen ECKisten. Ich erinnere mich, dass ich dachte, wie bizarr und doch wunderbar es war, meinen gesamten Hochzeitsempfang mit meiner neuen Schwiegermutter in einer Ecke sitzend zu verbringen. Wir sprachen auf Französisch über Eckankar.

Meine Schwiegermutter, die ich hier Sophie nenne, war beunruhigt durch die Beschäftigung ihres Sohnes mit Eckankar. Während unserer Unterhaltung fragte sie mich über jeden Hochzeitsgast aus.

»Dieser Mann da drüben in dem schönen Anzug. Ist er in Eckankar?«

»Oui, Sophie.«

»Und die Frau aus Togo. Ich höre, sie ist Anwältin. Ist sie auch dabei?«

»Oui, Sophie.«

»Und der Arzt aus Versailles? Er ist in ECK?«

»Oui, Sophie.«

Sie glaubte es nicht. Wie konnten alle diese normalen Menschen sich mit etwas beschäftigen, was sie für so seltsam hielt?

Über die Jahre hatten Sophie und ich viele Gespräche von Herzen zu Herzen über ECK und andere Themen. Sie las sogar ein oder zwei ECK-Bücher, und obwohl sie mit Eckankar mehr vertraut wurde, blieb sie skeptisch.

Mein Mann und ich ließen sich 1992 scheiden, blieben aber gute Freunde. Ich blieb mit seinen Eltern in Verbindung und plante, sie nach dem

ECK-Europa-Seminar 1992 zu besuchen.

Wenige Wochen vor meiner Reise nach Europa bekam ich einen dringenden Anruf von meinem Ex-Mann. Mein Herz raste, als ich versuchte, mir einen Reim auf seine Nachricht zu machen: Seine Mutter, Sophie, hatte Selbstmord begangen. Mein Verstand zerstob in fünfhundert Richtungen auf einmal. Sophie, dem Leben so zugewandt und schön. Sophie, die Frau mit allem – das richtige Auto, der richtige Mann, das richtige Haus an der französischen Riviera, die richtigen Kleider.

Ich legte wie benommen den Hörer auf. Vier Stunden lang wanderte ich von einem Ende meines Apartments zum anderen und weinte unkontrollierbar. Irgendwie war die Tatsache kaum zu ertragen, dass ich sie niemals wiedersehen würde.

»Warte mal!«, sagte ich. »Ich *kann* sie wiedersehen!«

Bewusstes Seelenreisen war nie meine Stärke gewesen. Obwohl meine Jahre in Eckankar viele unglaubliche außerkörperliche Erfahrungen und luzide Träume mit sich brachten, kann ich sie selten willentlich herbeiführen. Aber in diesem Augenblick der Verzweiflung fühlte ich eine neue Entschlossenheit, die inneren Ebenen tapfer anzugehen und Sophie ein letztes Mal zu sehen.

Ich legte mich auf mein Bett nieder und sang einige Minuten lang HU. Ich konnte es versuchen, wie ich wollte, es passierte nichts. Ich schämte mich, dass ich nach achtzehn Jahren in Eckankar die Kunst des Seelenreisens immer noch nicht beherrschte.

Irgendwie war die Tatsache kaum zu ertragen, dass ich sie niemals wiedersehen würde. »Warte mal!«, sagte ich. »Ich kann sie wiedersehen!«

Wiederum schwappten Wellen der Trauer und des Verlustes über mich, Gefühle, die mein Verstand als negativ abstempelte. Als ich versuchte, diese negativen Gefühle zurückzudrängen, schweifte mein Verstand ab zu einer Stelle in einem der frühen Bücher von Paul Twitchell über Eckankar. Darin gelingt es Paul schließlich, ein Treffen mit seinem Lehrer, dem ECK-Meister Rebazar Tarzs, zu initiieren. Das Geheimnis, das Paul herausfand, war, in einem Schwingungsfeld auf den inneren Ebenen zwischen ihm selbst und seinem Lehrer zu reisen.

Erschrocken stellte ich fest, dass das Entscheidende nicht war, meine Gefühle beiseitezutun, sondern sie als ein Mittel zu benutzen, zu Sophie zu reisen.

Meine Gefühle waren wunderschön, tief und zu dem Augenblick völlig passend. Sie waren eine Welle, die von meinem Herzen ausging, eine Welle, um in die höheren Welten zu reisen.

Mit dieser Einstellung begann ich, mich auf meine Liebe für Sophie zu konzentrieren. Ich fühlte, wie ich mit einer schwindelerregenden spiralartigen Bewegung angehoben wurde. Es dauerte nicht lange und ich stand auf einer Wolke mit einer verwirrt dreinschauenden Sophie neben mir.

Eine Wolke, dachte ich.

Wie kitschig, Das kann nicht wahr sein. Wo sind die Tempel, die Meister? Das ist nur eine Einbildung.

Sophie war erstaunt, mich zu sehen. Sie sprach zu mir in einem aufgeregten Französisch.

»Rhonda, du bist's! Bin ich immer noch am Leben?«

Ich begann, mich auf meine Liebe für Sophie zu konzentrieren. Ich fühlte, wie ich mit einer schwindelerregenden spiralartigen Bewegung angehoben wurde. Es dauerte nicht lange und ich stand auf einer Wolke mit einer verwirrt dreinschauenden Sophie neben mir.

»Nein, nun, *ja*. Ich meine, du bist gestorben, aber als Seele bist du immer noch am Leben.«

»Warum bist du hier? Bist du auch tot?«

»Nein, ich wollte dich besuchen.«

»Ach so, dieses Eckankar, das ist also alles wahr?«

»Oui, Sophie.«

In der anschließenden Unterhaltung sprachen Sophie und ich über die Schuld, die sie darüber empfand, Selbstmord begangen zu haben. Die ganze Zeit, während ich zu Sophie sprach, stand ein Teil von mir daneben und schaute sich diese Erfahrung kritisch an.

So was kann doch nicht passieren, dachte ich. Ich mache mir bestimmt was vor. Ich habe nicht wirklich die Fähigkeit, bewusst Seelenreisen zu machen.

Plötzlich war Wah Z (der spirituelle Name von Sri Harold Klemp) neben uns, strahlend im Glanz weißen Lichtes. Ich sagte zu Sophie, ich möchte sie gerne bekannt machen mit jemand ganz Besonderem. Sie sah Wah Z und sagte: »Oh, das ist das Oberhaupt von Eckankar. C'est la grosse légume [das große Gemüse].«

Das hielt ich für einen spaßigen Kommentar, aber es geschah so viel, dass ich es einfach beiseiteschob.

Wir drei standen in einem Kreis und umarmten uns. Ich konnte Töne um uns schwirren hören und fühlte eine Liebe, die man mit Worten nicht beschreiben kann. Ich wollte in diesem Augenblick für immer da bleiben, aber so sehr ich es auch versuchte, ich konnte die Erfahrung nicht aufrechterhalten.

Plötzlich war ich in meinem Schlafzimmer zurück.

Wir drei standen in einem Kreis und umarmten uns. Ich konnte Töne um uns schwirren hören und fühlte eine Liebe, die man mit Worten nicht beschreiben kann.

Wieder in der physischen Welt verwurzelt, begann ich, meine Erfahrung zu bezweifeln. Jedes Mal, wenn ein Zweifel aufkam, hörte ich dann die Worte *la grosse légume*. Nach ein paar Runden dieser Art kam mir der Gedanke, dass eine Botschaft vom Göttlichen Geist durchzudringen versuchte.

Ich rief einen französischen Freund an. »Ist *la grosse légume* ein Standardausdruck im Französischen?«, fragte ich.

Er erklärte, dass »das große Gemüse« das Äquivalent von »ein hohes Tier« im Deutschen sei. Das machte Sinn. Sophie spaßte und hänselte gerne. Ich konnte mir vorstellen, wie sie den Mahanta zum ersten Mal sah und ihn als »hohes Tier von Eckankar« bezeichnete.

Plötzlich erstarrte ich. Warte mal. Ich kannte diesen Ausdruck auf Französisch nicht. Aber Sophie. Das bedeutete, sie *war* da.

Meine Erfahrung muss also real gewesen sein!

Auch wenn die Wochen und Monate vorbeigehen, fragt sich mein Verstand immer noch: Vielleicht habe ich *la grosse légume* schon mal in einer Unterhaltung gehört und es unbewusst abgespeichert. Vielleicht stand es in einem Buch. Vielleicht habe ich es schon einmal gewusst, habe es aber vergessen.

Aber als Seele weiß ich die Wahrheit. Im letzten Monat reiste ich noch einmal auf den Wellen der Liebe, um eine teure Freundin auf den inneren Ebenen zu besuchen.

Als Seele weiß ich die Wahrheit.

14
Spirituelle Übungen zum Seelenreisen

Ob Seelenreisen zu seinen spirituellen Bedürfnissen passt, muss jeder selbst entscheiden. Wenn sein Herz ja sagt und er Hilfe haben möchte, dann ist das meine Sache. Ich bin da, um zu helfen.

Das uns innewohnende Verlangen nach Gott

Seelenreisen bringt Schwung ins Leben. Es ist der direkteste Weg, um dem Geist der Sehnsucht nach Gott nachzugeben, der in jedes Herz bei der Geburt eingepflanzt wird.

»Suche Gott«, sagt das Herz.

Jede erwachende Seele ist wie der Sucher in dem Buch *Der Fremde am Fluss*. Hören Sie, was der Autor, Paul Twitchell, sagt:

»Sein [des Suchers] äußeres Leben unterschied sich kaum von dem anderer Leute – Arbeit, Plage, Mühe –, aber sein Kampf, das Leben zu finden, war tiefer, heftiger, und der Schmerz war größer, das Leiden unerträglich und seine Empfindsamkeit intensiver.

Seelenreisen bringt Schwung ins Leben. Es ist der direkteste Weg, um dem Geist der Sehnsucht nach Gott nachzugeben, der in jedes Herz bei der Geburt eingepflanzt wird.

Nichts konnte ihn spirituell anheben, und die Verantwortung oder der Erfolg, den andere Menschen hatten, berührten ihn nicht. Er war der Ausgestoßene, der Einsame und der Bedrückte, denn die Liebe war an ihm vorübergegangen, da es in seinem Leben nichts gab, wo sich die Liebe hätte verankern können.«

Dann fiel ein Strahl der Gnade auf den Sucher. Er begegnete dem Spirituellen Reisenden. Und mit dem Meister kam göttliche Liebe.

Wenn des Suchers Streben etwas in Ihnen zum Klingen bringen sollte, dann probieren Sie die folgende Übung »Der einfache Weg« aus.

> **DER EINFACHE WEG**
> Legen Sie, kurz bevor Sie einschlafen, die Aufmerksamkeit auf Ihr Spirituelles Auge. Es ist zwischen den Augenbrauen. Dann singen Sie still HU oder Gott.
>
> Halten Sie die Aufmerksamkeit auf dem leeren Bildschirm in Ihrer inneren Vision und halten Sie ihn frei von irgendwelchen Bildern. Wenn unerwünschte mentale Gedanken, Ideen oder Bilder aus Ihrer Vorstellung auf dem Bildschirm aufleuchten, ersetzen Sie sie durch das Gesicht des Lebenden ECK-Meisters.
>
> Nach einigen Minuten der Stille hören Sie möglicherweise einen schwachen, klickenden Ton in einem Ohr, vielleicht wie der Ton eines Korkens, der aus der Flasche gezogen wird. Sie werden sich selbst auf natürlichste Weise in der Seelenform vorfinden und auf Ihren physischen Körper im Bett zurückschauen.
>
> Würden Sie nun gerne einen kurzen Ausflug machen?
>
> Sie brauchen keine Angst zu haben, denn

nichts kann Ihnen geschehen, während Sie außerhalb des Körpers sind. Der Mahanta wird bei Ihnen sein, um über Ihren Fortschritt zu wachen und Unterstützung anzubieten. Nach einer Weile wird der Seelenkörper zurückkehren und sanft in das physische Selbst gleiten.

Das ist alles.

Wenn diese Übung beim ersten Mal nicht erfolgreich ist, versuchen Sie es später noch einmal. Die Technik funktioniert. Sie hat für viele andere auch funktioniert.

Was ist Seelenreisen?

»Seelenreisen ist eine individuelle Erfahrung, eine Erkenntnis des Überlebens«, heißt es in dem Buch *Das Shariyat-Ki-Sugmad*, Buch Eins. »[Es] ist ein[e] inneres Erlebnis, durch das sich Schönheit und Liebe allen Lebens einstellt. [Es] kann weder in Ritualen oder Zeremonien erfahren, noch in Glaubenssätzen eingefangen werden.«

Erkenntnis heißt, sich einer Sache voll bewusst sein.

Der Beweis, dass die Seele überlebt, stellt sich jedes Mal ein, wenn ein Mensch schlafen geht. Der Schlaf ist eine außerkörperliche Erfahrung. Das ist nur wenigen klar. Der Beweis, dass die Seele überlebt, liegt in dem Erwachen, und daher kann der Schlaf auch »der kleine Tod« genannt werden. Während des Schlafes verlässt die Seele den physischen Körper und reist an einen anderen Ort. Sie kehrt dann zurück und der Körper erwacht.

Aber für den Durchschnittsmenschen ist dieser natürliche Prozess des Kommens und Gehens der Seele ein unbewusster Akt. Die Erleuchteten jedoch haben diesen Prozess voll unter Kontrolle.

Wenn diese Übung beim ersten Mal nicht erfolgreich ist, versuchen Sie es später noch einmal. Die Technik funktioniert. Sie hat für viele andere auch funktioniert.

Der Beweis, dass die Seele überlebt, stellt sich jedes Mal ein, wenn ein Mensch schlafen geht. Der Schlaf ist eine außerkörperliche Erfahrung. Das ist nur wenigen klar.

Erkenntnis ist, wie Erfahrung, eine individuelle Angelegenheit.

Viele Missverständnisse und Ängste existieren bezüglich einer gottgegebenen Fähigkeit wie Seelenreisen. Um sich selbst vor der Unsicherheit des Unbekannten zu schützen, stattet die Öffentlichkeit sich selbst mit Angst aus. Sie flicht ein Gewebe der Feindschaft, um das Unbekannte einzuschließen und versucht so, sich selbst mit einem Netz von Aberglauben zu isolieren.

Der Durchschnittsmensch auf der Straße behandelt das Unbekannte mit mehr als nur einer Spur von Argwohn.

Erkenntnis, in ihrem Kern, ist die andere Seite von Unwissen. Erkenntnis durchteilt den Vorhang, der die Wahrheit von der Lüge, die Tatsache von der Fiktion und das Bekannte vom Unbekannten trennt. Der Vorhang stammt aus der Werkstatt des Kal. Kal Niranjan ist der König der Negativität und seine Aufgabe ist es, alle Seelen in Unwissenheit zu halten. Er verbirgt vor ihnen ihre ewige Natur.

Die Seele, die immer Wachende, existiert über den Schlafzustand des menschlichen Bewusstseins hinaus.

Einen neuen Standpunkt zu etwas einzunehmen, bringt Verständnis für die kleinen Dinge des Lebens. Seelenreisen bedeutet, sich in einen neuen, höheren Bewusstseinszustand zu begeben.

Einen neuen Standpunkt zu etwas einzunehmen, bringt Verständnis für die kleinen Dinge des Lebens. Zum Beispiel schrieb eine Frau und sagte, dass Seelenreisen in einem bestimmten Fall eine sehr subtile Erfahrung für sie war. Aber das Ergebnis bewirkte eine ganz bedeutende Veränderung im Bewusstsein für sie.

Achten Sie auf den praktischen Zweck des Seelenreisens in der folgenden Geschichte:

Sie berichtet von ihren Eltern in sehr fortgeschrittenem Alter. Beide sind in ihren Neunzigern.

Fünfzehn Jahre lang ging sie einmal in der Woche zum Mittag- oder Abendessen zu ihnen nach Hause – um ein Auge auf sie zu haben und in Verbindung zu bleiben. Es fiel ihr auf, wie viel sie von ihnen über die Jahre gelernt hatte.

Eines Tages hatten die drei ein Gespräch über Ältere und die Zeit, wo sie dann unfähig sind, für sich selbst zu sorgen. Würden ihre Kinder sie nicht mit den besten Absichten einladen, zu ihnen zu kommen, um bei ihnen zu leben oder in die Nähe zu ziehen?

Ihre Eltern äußerten ihre Meinung über dieses anscheinend großzügige Angebot.

Sie würden nicht umziehen wollen. Wenn sie es täten, wäre alles neu und sie würden niemand kennen. Sie müssten wieder von vorn anfangen. Ein Umzug bedeutete eine neue Kirche, neue Ärzte, neue Freunde – eine hochstressige Veränderung schon für jüngere Paare bei guter Gesundheit. Aber sie, mit weit weniger Energie als die Jungen, hätten zu viel Stress statt Bequemlichkeit.

Die Tochter verstand das natürlich. Sie konnte sehen, wie ihre wohlgemeinten Absichten von Seiten ihrer Eltern aussehen würden. So zog sie also alleine wieder ab. Sie respektierte ihre Wünsche, in ihrem jetzigen Haus zu bleiben.

Als klare Erkenntnis war dies nichtsdestoweniger eine bei weitem nicht dramatische Art von Seelenreisen.

Seelenreisen bedeutet, sich in einen neuen, höheren Bewusstseinszustand zu begeben. Das Ergebnis ist immer von positiver Wirkung. Indem es Licht in die Dunkelheit streut, bringt Seelenreisen Liebe, Weisheit und Frieden für alle, die davon berührt werden.

Wenn Sie eine ganz praktische Übung für Seelenreisen haben wollen, werden Sie die nächste, »Im Zimmer umher«, mögen.

Seelenreisen ist deshalb ein Mittel, um einen alten Standpunkt in einen neuen, höheren zu verwandeln.

Wenn Sie eine ganz praktische Übung für Seelenreisen haben wollen, werden Sie die nächste, »Im Zimmer umher«, mögen. Bleiben Sie dran. Dann sehen Sie, wie Ihr Bewusstseinszustand sich dehnt und zu größerer Liebe und Wertschätzung heranwächst, denn Sie werden feststellen, dass die spirituellen Schätze schon in Ihrer Reichweite sind.

Das wird Ihr kleines Geheimnis sein.

IM ZIMMER UMHER

Diese spirituelle Übung nutzt den Vorstellungskörper.

Setzen Sie sich auf einen Stuhl in Ihrer Küche. Machen Sie es sich bequem. Sagen Sie dann: »Ich mache einen kurzen Spaziergang im Seelenkörper.«

Schließen Sie Ihre Augen. Schauen Sie sanft, lieb und freundlich in das Spirituelle Auge. Singen Sie eine oder zwei Minuten lang HU. Sehen und fühlen Sie dann in Ihrer Vorstellung, wie Sie vom Stuhl aufstehen.

Wenn ich diese Kontemplation machen sollte, würde ich sagen: »Ich stehe jetzt im Seelenkörper von meinem Stuhl auf und gehe um den Küchentisch herum.«

Dann würde ich die Küche, die Farbe und das Muster der Tischdecke und die Blumen in einer Vase genau betrachten. Auch die Fruchtschale auf dem Seitenschrank und die Brotkiste.

Während der physische Körper in der Kontemplation mit geschlossenen Augen weitermacht, würde ich im Vorstellungskörper zum Fenster gehen und die Beschaffenheit der Vorhänge abtasten. Spüren Sie die Sanftheit des gelben Stoffes.

Seien Sie also neugierig. Entschließen Sie sich nachzusehen, was unter den Vorhängen ist. Beobachten Sie die Stelle, wo die Vorhänge auf den Fenstersims stoßen. Geben Sie genau acht auf kleine Details von Gegenständen in der ganzen Küche.

Gehen Sie dann zur Tür. Berühren Sie den Türknopf. Nehmen Sie wahr, wie er in Form und Farbe aussieht. Bevor Sie ihn umdrehen, sagen sie aber: »Auf der anderen Seite der Tür wartet der Innere Meister.« Öffnen Sie die Tür. Ganz sicher ist er da. Er sieht aus wie auf seinem Foto. Auch seine Augen zeigen die vertraute Liebe und Wärme.

»Bist du bereit?«, fragt er. »Komm, wir machen einen Spaziergang nach draußen.«

Sie und Wah Z (mein spiritueller Name) machen einen Spaziergang und bewundern die Aussicht entlang des Weges. Beginnen Sie eine Unterhaltung mit Wah Z. Vergessen Sie die schweren spirituellen Themen jetzt mal. Weisen Sie z. B. auf die Schönheit einer Blume hin oder den melodischen Gesang eines Vogels.

Wenn Sie zu Ihrem physischen Körper zurückkehren wollen, der auf dem Küchenstuhl ruht, sagen Sie ihm das.

»Wah Z, können wir zurück in die Küche gehen? Ich möchte mich selbst im Stuhl sehen.« Gehen Sie dann hinein in die Küche. Singen Sie während der ganzen Erfahrung HU oder Ihr geheimes Wort.

Wenn Sie in die Küche hineingehen, schauen Sie auf Ihren menschlichen Körper und sagen dann: »Bis später, Wah Z. Ich werde mich

jetzt in den Stuhl setzen und mich zusammensetzen.« (Ein bisschen Humor.)
Dann beenden Sie die spirituelle Übung, indem Sie Ihre physischen Augen öffnen.

Zuerst beginnt diese Technik mit der Vorstellung, aber mit der Zeit wird das Seelenreisen eine Realität.

Wenn Sie diese Technik wiederholen, gewöhnt sich die Seele daran, über das materielle Selbst hinauszugehen. Zuerst beginnt diese Technik mit der Vorstellung, aber mit der Zeit wird das Seelenreisen eine Realität. Geben Sie ihm also eine Chance. Eines Tages werden Sie sich in einem höheren Bewusstseinszustand vorfinden, genau so, wie Sie es so viele Male in Ihrer Vorstellung ausgeführt haben.

Gedanken und Imagination sind machtvolle Verbündete.

Gedanken und Imagination sind machtvolle Verbündete.

Vorstellung falsch gelaufen

Das menschliche Bewusstsein ist in der Hand des Kal, der negativen Kraft. Es ist ein Zustand geringer Überlebensfaktoren. Aber einige Menschen sind noch schlechter dran als die allgemeine Menge und haben häufiger Pech, als sie zu verdienen scheinen. Warum?

Hauptsächlich kommt das von negativen Erwartungen. Jede ist eine sich selbst erfüllende Prophezeiung, ein wandelndes Desaster. Sie wollen sich sicher von so etwas fernhalten.

Die Geschichte einer jungen Schwester ist ein Beispiel. Sie stand vor einer vielversprechenden Karriere in einem Krankenhaus, war aber am Boden zerstört, weil sie entlassen wurde, wegen ihrer Angewohnheit, zu spät zur Arbeit zu kommen. Innerhalb ungefähr eines Monats aber fand sie eine neue Stelle. Zuerst schien alles gut zu gehen.

Es stellte sich heraus, dass es ein schrecklicher Arbeitsplatz war. Andere Schwestern hatten eine starke Abneigung gegen sie und nutzten hinterlistige Tricks, um zu versuchen, sie zu vertreiben. Dennoch machte sie weiter. Aber jeder Tag war die Hölle auf Erden. Was hatte sie getan, dass sie eine so gemeine Behandlung verdiente?

Tatsächlich war das altes Karma, das abbrannte, als Vorbereitung für ihre Einführung in die ECK-Lehre.

Die Umstände wurden noch schlechter. Sie trug auch noch zu dem Problem bei, indem sie in ihrer Vorstellung nach einem einfachen Ausweg suchte. Sie bat Gott um Erlösung von der Erde. Sie wollte sterben.

Wie viel negativer kann man werden?

Aber bei Gott stießen ihre Gebete auf taube Ohren.

Sie erhöhte den Einsatz. Das nächste Gebet ging so: »Bitte Gott, lass mich durchschnittlich werden.« Vielleicht hatten die anderen Schwestern die Nase gerümpft, weil sie eine Schwester mit einer besseren Einstellung und besseren Fähigkeiten war.

Nichts in ihrer Macht Stehende wollte aber die Mauer aus Eis zum Schmelzen bringen.

Ihr nächster Schritt war, sich psychologisch beraten zu lassen. Eine Zeit lang sah es so aus, als ob die Sitzungen eine Hoffnung auf schönere Dinge bieten könnten, aber das traf nie ein. Sie nahm Abstand und sah, dass die Behandlung sich im Kreise drehte. Also gab sie sie auf. Ohne Ahnung, was sie als Nächstes am besten tun sollte, wusste sie gleichwohl, dass es Zeit war, sich selbst um ihr Leben zu kümmern.

Die Frage war *wie*.

Und dennoch war die Entscheidung, die Behandlung zu beenden, ein Augenblick der Wahrheit. Er veränderte ihr Herangehen an das Leben von einem negativen Akzent zu einem positiven. Irgendetwas würde sich schon einstellen. Sie wusste es einfach.

Dann entwickelte sie durch eine seltsame Folge von Ereignissen neue Gedankenmuster durch Selbsthilfegruppen. Kurze Zeit später tauchte die ECK-Lehre in ihrem Leben auf. Sie erkannte schnell die Wahrheit darin, weil sie das Verständnis boten, nach dem sie so lange gesucht hatte. Da war in der Tat ein Topf mit Gold am Ende des Regenbogens.

Ungefähr zur selben Zeit kam eine Erfahrung aus der Kindheit wieder, und sie zwang sie, Schritte in eine neue, unerprobte Richtung zu machen.

Aber achten Sie darauf, wie ihre neuen positiven Erwartungen die Dinge zur Sonnenseite wendeten.

Ein Arzt bot ihr bald eine Stelle als Mitarbeiterin an. Es war eine Traumposition, in deutlichem Kontrast zu den jämmerlichen letzten anderthalb Jahren. Aber die alten negativen Gedanken starben nur schwer aus. An einem bestimmten Punkt hatte sich in ihrem Verstand festgesetzt, dass ihr Tod nur wenige Monate von nun an eintreten würde. Ihr Ehemann ließ nichts unversucht, ihr zu erklären, dass sie nur einer Übertragung ihres alten negativen Erwartungszustandes ausgesetzt war. Der physische Tod stand nicht in ihren Karten.

Und es stellte sich auch entsprechend seiner positiven Erwartungen heraus. Sie lebt, die einst im Geiste tot war.

Das Leben war kein Rosengarten, seit dem Tag, an dem sie die Unterschrift für die Mitgliedschaft in ECK leistete. Aber wenigstens sieht sie jetzt die

Kurze Zeit später tauchte die ECK-Lehre in ihrem Leben auf. Sie erkannte schnell die Wahrheit darin, weil sie das Verständnis boten, nach dem sie so lange gesucht hatte.

Gründe und den spirituellen Nutzen ihrer Prüfungen. Schmerzen und Kummer reinigen doch die Seele.

Der Name der nächsten spirituellen Übung ist die Imaginationstechnik. Sie wird Ihnen helfen, positive Erwartungen zu entwickeln.

Die nächste spirituelle Übung ist die Imaginationstechnik. Sie wird Ihnen helfen, positive Erwartungen zu entwickeln.

IMAGINATIONSTECHNIK
Seelenreisen kann im Allgemeinen auf zwei Arten auftreten.

Eine Form ist die offensichtliche Bewegung des Seelenkörpers durch die Ebenen von Zeit und Raum. Es ist tatsächlich jedoch nicht Bewegung. Die Seele existiert bereits auf allen Ebenen. Die Erscheinung der Bewegung oder des Reisens ist einfach der festgelegte Status und die Umstände der niederen Welten, die in Übereinstimmung mit der Seele gelangen.

Das ist mit einem Wort Seelenreisen.

Ich möchte Ihnen eine erstklassige Imaginationstechnik zum Seelenreisen vorstellen. Stellen Sie sich eine Szene vor, und Sie können mit einem Lidschlag im Seelenkörper dort sein. Es fühlt sich vielleicht an wie eine schnelle Reise durch den Raum, und daher der Eindruck des Reisens. Seelenreisen ist aber der Prozess, die vorgestellte Umgebung um Sie herum so zu verändern, dass sie mit der spirituellen Realität übereinstimmt.

Um diese imaginative Technik auszuführen, nehmen Sie eine Szene aus dem Schatz Ihrer Erinnerungen und versuchen, darin eine Handlung zu verändern. Stellen Sie sich zum Beispiel vor, das Meer umspült einen Strand. Jetzt stellen Sie sich vor, wie das turbulente Meer still wird wie Wasser in einem Glas. Pro-

> bieren Sie diese Technik mit anderen mentalen Bildern aus. Verändern Sie ein grasendes Pferd in ein laufendes Pferd und so weiter.
> Wenn Sie diese Technik ausführen, werden Sie irgendwann das schwache Gefühl eines rauschenden Tones bemerken, wie Wind, der in einem Tunnel bläst. Dann wiederum ist vielleicht dieses Gefühl von schneller Bewegung da.
> Aber alles ist, wie es sein sollte.
> Fahren Sie fort mit dem imaginativen Experiment, und früher oder später werden Sie sich in dem mentalen Bild Ihrer Schöpfung befinden, oder in einem anderen, neuen.
> Viel Spaß bei diesem spirituellen Experiment.

Eine zweite, am Anfang dieses Abschnitts erwähnte Form des Seelenreisens ist die Ausdehnung des Bewusstseins. Diese Form ist der wahre Zustand der Offenbarung oder Erleuchtung, den man in ECK sucht. Es ist ein natürlicher Abkömmling der Imaginationstechnik.

Die Imaginationstechnik bietet eine tiefere Einsicht in die Wege des ECK (des Heiligen Geistes) und in die Mittel, Liebe, Weisheit und Freiheit für Sie selbst zu gewinnen.

Was ist spiritueller Erfolg?

Jemand, der mit den Spirituellen Übungen von ECK beginnt, fragt sich vielleicht: Was ist Erfolg?

Jemand, der mit den Spirituellen Übungen von ECK beginnt, fragt sich vielleicht: *Was ist Erfolg?* Könnte sein, dass die Antwort nicht weit weg ist.

Erfolg ist die erste Begegnung mit dem Mahanta, dem Lebenden ECK-Meister – dem Inneren und Äußeren Meister.

»Der ECKist muss das Kundun (die Gegenwart)

immer praktizieren, ob er diesen inneren Körper des Meisters sehen kann oder nicht«, heißt es in dem Buch *Das Shariyat-Ki-Sugmad*, Buch 1. »Man kann die Gegenwart jedoch oft durch die äußere Manifestation von Dingen bemerken, wie etwa den Schutz, den der Chela erlangt hat, das starke Gefühl der Liebe, das ihn umgibt, die Verbesserung seiner Lebensumstände und die Aneignung spirituellen Wissens. Dies alles wird dem ECKisten in unbeschränktem Maße gewährt, nachdem er via Seelenreisen in die höheren Welten übergewechselt ist.«

Vor einigen Jahren traf ein ECKist den Mahanta, kurz bevor er eines Morgens aufwachte. Der Meister übergab ihm etwas. Das war es. Nicht mehr.

Aber beim Weltweiten ECK-Seminar in diesem Jahr erschien ihm der Meister ein zweites Mal in einer Säule von Blauem Licht. »Ich werde jeden Schritt mit dir gehen«, sagte er.

Dann begann eine schwere Prüfung. Dem ECKisten wurde eine Krebsdiagnose gestellt. Wie versprochen, war der Mahanta bei ihm, um Trost, Hilfe und Führung bei jedem Schritt auf dem Weg durch monatelange Behandlung zu geben. Fünf Jahre später hat der ECKist überlebt.

Seine Ängste sind verschwunden. Er möchte andere nur noch wissen lassen, wie wichtig es ist, immer Liebe und Freude für alle Dinge in ihren Herzen zu bewahren.

Auch das ist spiritueller Fortschritt.

DIE WAHRHEIT ENTSCHLÜSSELN

Das ECK bringt immer Wahrheit, aber Wahrheit kommt vielleicht zu jedem von uns auf andere Art. Das Wort oder das Mantra, das Sie bei einer ECK-Initiation erhalten, ist Ihr per-

Das ECK bringt immer Wahrheit, aber Wahrheit kommt vielleicht zu jedem von uns auf andere Art.

sönlicher Schlüssel zum ECK-Lebensstrom, aber Sie müssen mit diesem Wort experimentieren.

Zunächst werden Sie wahrscheinlich denken, dass es der falsche Schlüssel ist, weil er nichts zu öffnen scheint. Arbeiten Sie sich durch diese anfängliche Stufe der Vorbereitung mit einer spirituellen Übung hindurch. Benutzen Sie die folgende kreative Technik:

Singen Sie Ihr geheimes Wort und stellen Sie sich vor, es ist groß dargestellt auf einem goldenen Schlüssel. Stecken Sie den Schlüssel in das Schloss einer Tür. Öffnen Sie die Tür mit Schwung. Da, sehen Sie? Das Licht und der Ton Gottes füllen den Raum dahinter.

Und wenn diese Technik nicht wunschgemäß verlaufen sollte, probieren Sie eine neue Herangehensweise aus. Der Schlüssel ist immer noch in Ordnung, aber vielleicht ist das Schloss eingefroren. Wärmen Sie also den Schlüssel mit einem Streichholz oder Feuerzeug, dann führen Sie ihn in das Schloss ein. Jetzt dreht er sich. Experimentieren Sie auch mit Schmieröl. Aber was immer Sie auch tun, arbeiten Sie weiter mit Ihrer Vorstellungskraft und Ihrem persönlichen Wort. Dann passen Sie auf! Der Mahanta wird Ihnen neue Ideen zum Ausprobieren eingeben.

Diese Übungen entwickeln Ihre kreative Kraft.

Auf jeden Fall wird immer eine neue spirituelle Erfahrung irgendeiner Art auftauchen. Es gibt immer einen Weg. Dieses Prinzip wird Ihnen in einer festgefahrenen Situation sehr zustatten kommen. Halten Sie also immer nach einem Ausweg Ausschau.

Und seien Sie sich sicher, dass Ihre spirituelle Entfaltung immer auf der richtigen Spur ist.

Was kam zuerst?

Ein altes Rätsel ist die Frage: Was kam zuerst, die Henne oder das Ei?

Das ist kein großes Geheimnis. Meiner Meinung nach kam zuerst das Ei. Die Eltern des ersten Kükens waren nicht ganz Hühner, aber fast so. Dieses eine Ei im Nest hatte ein *mutierendes* Küken in sich. Mit der Zeit vermischten sich einige dieser mutierenden Gene mit anderen, die nicht ganz Huhn und doch Geflügel waren, und so entwickelte sich das Huhn von heute.

Und genauso, was kommt zuerst, Traumreisen oder Seelenreisen?

Es gibt keine einfache Antwort.

L. M. aus Las Vegas, Nevada, berichtet von einem Ereignis, bei dem Seelenreisen die erste Hälfte einer zweiteiligen Erfahrung war, die sich später im Traumzustand fortsetzte. Und dann zog sich der Traum bis in die nächste Nacht hinüber.

Eines Morgens, als sie ihre spirituelle Übung im Bett machte, wurde sie vid Seelenreisen an einen Strand gezaubert, um die ECK-Meister Rebazar Tarzs und Wah Z (mein spiritueller Name) zu treffen. Sie hatte die ganze Zeit ein Problem mit einer mentalen Blockade gehabt. Das machte den Weg von ECK schwieriger, weil es sie zur Macht des Verstandes anstatt der Liebe hingezogen hatte. Alle Versuche, den Verstand zu kontrollieren oder zu überwinden, waren fehlgeschlagen.

Liebe, das war die Lektion, die sie von den ECK-Meistern lernen sollte, braucht wenig Anstrengung

L. M. berichtet von einem Ereignis, bei dem Seelenreisen die erste Hälfte einer zweiteiligen Erfahrung war, die sich später im Traumzustand fortsetzte.

Liebe, das war die Lektion, die sie von den ECK-Meistern lernen sollte, braucht wenig Anstrengung im Vergleich zu der Energie, die in einem Machtfeld gebraucht wird. Die Liebe tanzt, während der Verstand mühsam in schweren Stiefeln daherkommt.

im Vergleich zu der Energie, die in einem Machtfeld gebraucht wird. Die Liebe tanzt, während der Verstand mühsam in schweren Stiefeln daherkommt.

L. M. fragte Wah Z und Rebazar Tarzs um Rat, wie sie sich von ihrem starren Verstand befreien könnte.

»Mein Verstand hält an alten Ideen und Gedanken fest«, sagte sie. »Ich lasse sie los, übergebe sie dem ECK und bald kommen sie wieder und plagen mich.«

Die drei gingen weiter am Rande des Wassers entlang. Bald blockierte das Kraftfeld eines unsichtbaren Hindernisses ihren Weg. Es war eine absolute Sperre für weiteren Fortschritt. Sie verglich das Hindernis mit einem riesigen Bogen Plastikverpackung. Erst zapfte sie ihre kreativen Kräfte an, um einen Weg daran vorbei zu finden, und drückte dagegen, um durchzukommen. Aber das Hindernis hielt. Wie eine Sprungfeder schoss es sie mit einer enormen Geschwindigkeit durch die Luft zurück.

Als Nächstes dachte L. M. daran, eine gewöhnliche Nadel zu benutzen. Es erschien eine in ihrer Hand und sie stach in den Bogen; und das ganze Hindernis fiel zusammen. Nun war der Weg frei. Sie konnten wieder weitergehen.

Während dieses Testes hatten sich die beiden Meister als Beobachter im Hintergrund gehalten. Sie war mit der ausweglosen Situation selbst fertig geworden.

Die drei gingen also weiter den Strand entlang.

Nun kam eine Zone von dichtem weißem Nebel, was, wie sie später feststellte, eine Art Abschirmung war, um vor dem Eintritt in die ätherische Ebene zu schützen. Diese Ebene ist an der Spitze der Mentalwelt.

Ohne Ankerpunkte, von denen aus sie in dem weißen Nebel die Richtung hätte bestimmen können, stand sie daher vor einer weißen Wand. Unsicher über den richtigen Weg, den sie weitergehen sollte, eilte L. M. nichtsdestoweniger weiter. Die zwei ECK-Meister blieben in der Nähe, um Hilfe und Schutz im Notfall anzubieten. Als sie in den Nebel eintrat, stieß sie auf ein zweites Hindernis. Diesmal half die Nadel natürlich nicht. Man kann einen Nebel nicht anstechen und die Luft rauslassen.

Aber sie dachte an etwas anderes.

Das Wort *Baju* kam ihr in den Sinn, und sie wusste, dass es ein aufgeladenes spirituelles Wort war, das den Eintritt in die ätherische Welt ermöglicht. Sie sprach es aus; der Nebel klärte sich auf. Die kleine Gruppe ging also weiter. Vor ihnen tauchte ein runder Tempel auf, in dem der ECK-Meister Lai Tsi unterrichtete. Der ehrwürdige Meister kam heraus, um sie zu begrüßen. (Lai Tsi lebte und diente dem Sugmad einst im alten China.)

Er führte L. M. in einen Raum, wo ungefähr zehn andere Studenten saßen.

Lai Tsi sagte: »Ihr seid alle hierher gerufen worden, um an einem bestimmten Problem zu arbeiten. Ihr könnt auf dieser Ebene überall hingehen, um es zu lösen.«

Dann wandte er sich zu L. M.

»Du kannst, so oft es notwendig ist, hierher kommen, um Kontrolle über den Verstand zu erlangen.«

* * *

Am Morgen, als sie sich hinsetzte, um dem Mahanta über diese Erfahrung in Ihrem Initiiertenbericht zu schreiben, hatte sie das Buch *Das*

Die zwei ECK-Meister blieben in der Nähe, um Hilfe und Schutz im Notfall anzubieten.

Shariyat-Ki-Sugmad, Buch Eins, zur Hand genommen. Sie blätterte die Seiten einfach so durch und hielt an einer bestimmten Stelle an.

Hier ist der Abschnitt, auf den ihr Blick fiel: »Wer auf den Mahanta hört und mit Liebe im Herzen gehorcht, wird überall Liebe finden. Er wird die Liebe Gottes empfangen und sich in der Liebe des Lebenden ECK-Meisters aufhalten.«

L. M. hatte dank der ECK-Meister die Unterstützung, die sie benötigte, um den Verstand zu kontrollieren und die Macht der Liebe freizusetzen.

Am Ende ist es kaum von Bedeutung, ob Traumreisen oder Seelenreisen zuerst kommt. Aber es ist von hoher Bedeutung, die spirituellen Lektionen zu erfassen, die damit einhergehen.

Gehen wir jetzt zur nächsten spirituellen Übung weiter.

DIE BESTE SCHLAFTECHNIK ZUM SEELENREISEN
Es gibt drei Hauptschritte, um sich auf das Seelenreisen im Traumzustand vorzubereiten:
1. Richten Sie Ihren Zeitplan darauf aus, so viel Schlaf zu bekommen, wie nötig ist, um am Morgen frisch zu sein.
2. Einige Minuten, bevor Sie schlafen gehen, lesen Sie in einem der ECK-Bücher, um ein Signal für Ihre Absicht zu geben, eine spirituelle Aktivität während des Schlafes zu verfolgen. Eine gute Wahl ist *Das Shariyat-Ki-Sugmad*, Buch Eins oder Zwei, oder *Der Fremde am Fluss*.
3. Kontemplieren Sie dann über das Bild des Mahanta, des Lebenden ECK-Meisters. Laden Sie den Meister in dieser spirituel-

> len Übung wie folgt ein: »Ich heiße dich in der Wohnung meines Herzens willkommen. Bitte tritt als mein Gast ein.«
> Dann gehen Sie wie üblich schlafen, aber bleiben Sie mit dem Auge der Seele (das befindet sich ein bisschen oberhalb und zwischen den Augenbrauen) wachsam für das Kommen des Lehrers. Halten Sie Ausschau nach ihm, denn er ist immer bei Ihnen.

Die tägliche Routine der spirituellen Übungen

Die Selbsterkenntnis der Seele kommt durch die tägliche Ausübung der Spirituellen Übungen von ECK. Das wahre Wissen der Kräfte Gottes liegt darin, nicht in Büchern.

Rebazar Tarzs sagte einst: »Ich habe nie auf Wortwissen Wert gelegt, das in Büchern niedergelegt ist. Das führt nur zur mentalen Verwirrung und nicht zu solchen Praktiken wie die Spirituellen Übungen von ECK, die eine tatsächliche Erkenntnis der Wahrheit bringen.«

* * *

Der Erfolg beim Seelenreisen hängt von der täglichen Routine ab. Früh am Morgen ist die beste Zeit für eine spirituelle Übung, da der Tag noch frisch ist, aber Ihre Familie oder Arbeitszeit schreibt ihnen vielleicht eine andere Stunde vor. Aber machen Sie jeden Tag eine Kontemplation zu einer Zeit, die ihnen recht ist.

M. J. D. aus Texas ist ein bereitwillige Dienerin der Liebe Gottes für alles Leben, sowohl des inneren als auch des äußeren. Sie sagt: »Nutze mich nach deinem Willen.«

Die Selbsterkenntnis der Seele kommt durch die tägliche Ausübung der Spirituellen Übungen von ECK.

Der Erfolg beim Seelenreisen hängt von der täglichen Routine ab.

Es ist also kein Wunder, von ihrem Erfolg beim Seelenreisen zu erfahren. Tatsächlich kommen die ECK-Meister immer, um fortgeschrittenere und bessere Methoden aufzudecken. Das sind die geheimen Lehren.

Sie hat festgestellt, dass es sich auszahlt, die spirituellen Übungen zur selben Stunde jeden Morgen zu machen. (Schriftsteller, Künstler und Erfinder berichten oft von demselben Anreiz für ihre kreativen Bemühungen.) Man muss eine Zeit und einen Ort bestimmen, zu denen der Heilige Geist ungehindert in ein erwartungsvolles Herz und einen bereitwilligen Verstand einfließen kann.

Die folgende Geschichte ist daher ein Beispiel des Seelenreisens von M. J. D.

Peddar Zaskq (Paul Twitchells spiritueller Name), Rebazar Tarz und Wah Z kamen, um ihr Tipps zu einer neuen und leichteren Art des Seelenreisens zu geben. Peddar sagte, sie solle durch ein einziges Nasenloch zu atmen versuchen.

Hier ist das, was geschah:

M. J. D. war plötzlich im Seelenkörper im Spielzimmer der Familie. Das Zimmer ist eine bevorzugte Stelle für ihre spirituellen Übungen und dort bevorzugt sie den Lehnstuhl ihres Mannes. Im Seelenkörper versuchte sie, den Raum durch ein Fenster zu verlassen. Der Ausgang ging aber durch eine Wand. Einen Augenblick später war sie jedoch zurück im Stuhl und die drei ECK-Meister saßen neben ihr.

Das war sicher eine weniger wichtige Erfahrung. Dennoch wurde sie dadurch von einer warmen und tröstlichen Liebe angefüllt.

* * *

Eine Bemerkung ist hier angebracht. Neue Seelenreisende machen sich manchmal Sorgen darüber, wie sie in den physischen Körper zurückkommen. Das ist der leichtere Teil. Die Seele ist wie ein Ball am Ende eines Gummibandes, denn sie schnappt genau in dem Augenblick zurück, in dem der Betreffende seine Konzentration verliert. Das kann leicht passieren. Sobald er aber vom Körper frei ist, fühlt es sich so gut und natürlich an.

»Oh, da ist ja gar nichts dabei«, sagt man. »Das habe ich ja schon viele Male zuvor getan.«

Und genauso schnell ist die Erfahrung zu seinem großen Ärger vorbei, denn es gehen ihm dann all die Dinge durch den Kopf, die er gerne gesehen und getan hätte.

* * *

Dann wachte M. J. D. in ihrem physischen Körper auf und schrieb das Ereignis nieder.

Danach las sie wie üblich eine kurze Passage aus einem ausgewählten Buch, *Das Shariyat-Ki-Sugmad*. (Die Worte, die Sie dort finden, fügen jeder Erfahrung eine zusätzliche Dimension hinzu.)

M. J. D. ist dankbar für die Liebe und Hilfe der ECK-Meister. Deren Aufmerksamkeit, das weiß sie, beschleunigt ihre Reise nach Hause.

ERSTE ORIENTIERUNGSPUNKTE ZUM SEELENREISEN
Ein Weg, den Körper durch Seelenreisen zu verlassen, ist, sich nach dem Mittagessen hinzulegen, wenn Sie schläfrig sind.
Planen Sie ein Fünf-Minuten-Schläfchen. Dann beobachten Sie den Prozess des Einschlafens. Wenn Sie die Übung mit Ihrem Partner ausprobieren, verständigen Sie sich darauf, sich

Ein Weg, den Körper durch Seelenreisen zu verlassen, ist, sich nach dem Mittagessen hinzulegen, wenn Sie schläfrig sind.

> einige Augenblicke später außerhalb des Körpers zu treffen. Nun passen Sie auf. Versuchen Sie, den Moment zu erwischen, in dem Ihr Partner in einem Sprühnebel von strahlendem Licht vom physischen Körper frei ist und die nächsthöhere spirituelle Zone betritt.
> Natürlich sind Sie, der Beobachter, bereits auf der höheren Ebene.

Jeder verlässt den Körper beim Einschlafen. Es ist eine natürliche, wenn auch oft unbewusste Aktivität. Beim Seelenreisen ist der wichtigste Unterschied, dass wir einen höheren Zustand bei voller Bewusstheit erreichen wollen.

In dem Augenblick, in dem die Seele den menschlichen Körper verlässt, geht sie vielleicht durch eine blaugraue Zone direkt über der physischen Ebene.

In dem Augenblick, in dem die Seele den menschlichen Körper verlässt, geht sie vielleicht durch eine blaugraue Zone direkt über der physischen Ebene. Das dauert nur einen Augenblick. Diese Zone ist ein Eingang in die Astralebene. Das Gefühl der Bewegung vom physischen zum Astralkörper ist wie eine sanfte Windströmung, die durch eine große Iris geht.

Die Iris selbst ist das Spirituelle Auge.

Die Seele betritt daher diese neutrale Zone mit blaugrauen Tönen in der Astralform, einer Hülle, die wie tausend funkelnde Sterne glänzt.

Diese Pufferzone ist ein Korridor zwischen der physischen und den niederen Astralebenen. Sie ist wie ein Untergrundsilo für eine riesige Rakete und ist vielleicht siebzig Meter im Durchmesser und siebenhundert Meter tief. Die Decke dieses kreisrunden Loches ist zum Himmel offen. Dort sehen Sie vielleicht einen glänzenden Baldachin von weißem Licht. Oder sie sehen vielleicht auch einen Nachthimmel besprenkelt mit Pünktchen von glitzernden Sternen, oder eine andere Szene.

Welche Szene sich auch immer in der Öffnung der riesigen Decke entfaltet, die Seele steigt mit mächtiger Geschwindigkeit dorthin auf, und dann beginnt die wirkliche Reise.

Die meisten Menschen beginnen, sich an einen Traum erst zu erinnern, nachdem sie diese Startrampe zwischen den beiden Welten verlassen haben, nach ihrer Ankunft an einem ferngelegenen Bestimmungsort auf der Astralebene.

Rebazar Tarzs hilft ihr beim Seelenreisen

Eine Mutter aus den Niederlanden fühlte sich eines Nachmittags müde und legte sich daher für ein schnelles Schläfchen hin. Sie fühlte sich müde und doch ruhelos. Aber der Schlaf spielte Katz und Maus mit ihr, bis ihr ein Licht aufging.

Sie sagte daher: »Mahanta, gib mir eine Erfahrung.«

In diesem Augenblick fühlte sie einen Aufwärtssog in sich. Sie erhob sich hoch über ihr ruhendes menschliches Selbst und überquerte Ozean auf Ozean in den jenseitigen Welten. Schließlich war sie erschöpft von dem Versuch, die schnellen Veränderungen um sie herum aufzunehmen.

Dann ergriff sie ohne Vorwarnung die Furcht auf dieser spirituellen Reise.

Sterbe ich?, fragte sie sich. *Was wird aus meinen kleinen Kindern?*

Trotz dieser ärgerlichen Ängste hatte diese Seelenreisenerfahrung eine wunderschöne Seite. »Zu schön, um aufzuhören«, sagte sie. Das Gefühl der Sicherheit durch das Versprechen des spirituellen Schutzes durch den ECK-Meister muss dann ins

Spiel gekommen sein, denn die Erfahrung setzte dort wieder ein, wo sie geendet hatte.

Welten auf Welten zogen weiterhin wie der Blitz vorbei. Immer höher stieg sie, bis ins höchste Himmelszelt über das grenzenlose Blau hinaus in eine Arena von atemlosem Weiß.

Dieser weiße Ort war der Ozean der Liebe und Güte. Sie war zu einem Vorgeschmack des Hauses Gottes gekommen. Dort fand sie in einem Kreis einen Brunnen von Licht, geformt wie ein Schrein. Dieser runde Brunnen des Lichts badete sie in seinem Glanz. Sie empfand eine tief befriedigende freudige Erregung.

Aber im nächsten Augenblick öffneten sich ihre physischen Augen für den vertrauten Anblick und die Töne ihres eigenen Heims.

Die großartige Reise war vorbei.

Immer noch benommen vom Schlaf, schaute sie auf die Uhr. Es war 16:45 Uhr. Nur ein kurzes Schläfchen?

Aber dann fiel ihr etwas, oder eher jemand ins Auge, die Gestalt eines Mannes. Es war der ECK-Meister Rebazar Tarzs. Er hatte sie auf diesem Seelenreisenabenteuer geführt, um sie von Gottes heiligem Tempel, ihrer wahren Heimat, kosten zu lassen. Nun kam alles wie eine Flut zurück. Während der Erfahrung selbst aber war sie sich seiner Begleitung sehr bewusst gewesen. Das heißt, sobald sie den plötzlichen Anfall von Angst überwunden hatte.

Bei Seelenreisenerfahrungen davor, sagt sie, hatte sie nie das Haus verlassen.

»Nun sind alle Zweifel, die ich über ECK habe, völlig verschwunden,« sagt diese erleuchtete Mutter.

Welten auf Welten zogen weiterhin wie der Blitz vorbei. Immer höher stieg sie, bis ins höchste Himmelszelt.

Zwei Punkte: Erstens, sie brauchte nur den Mahanta um eine Erfahrung während eines Schläfchens zu bitten. Zweitens, nur ein reines Herz, frei von Unrat, kann sich dem Sugmad (Gott) nähern.

GYMNASTIK

Setzen Sie sich für diese Technik auf den Boden. Schließen Sie Ihre Augen und strecken Sie Ihre Beine vor sich aus. Atmen Sie tief durch. Dann bewegen Sie Ihre Fingerspitzen in Richtung Zehen. Strecken Sie sich nur, so weit wie Sie können, ohne Überanstrengung; es macht keinen Sinn, bei einer spirituellen Übung Ihre Muskeln zu überfordern.

Singen Sie gleichzeitig »Sugmad« (*SUUG-maad*).

Singen Sie jede Silbe auf lang gezogene Art. Wenn Sie sich nach vorne neigen, singen Sie die erste Silbe »Sug«. Dann kehren Sie langsam in die aufrechte Position zurück und singen »mad«.

Diese Übung öffnet das Bewusstsein der Seele zum Besuch der höheren Welten. Wiederholen Sie diese Übung siebenmal, dann ruhen Sie sich kurz aus. Beenden Sie die Übung mit fünf weiteren Wiederholungen.

Wenn daraus eine Seelenreisenerfahrung folgt, legen Sie sich hin und gehen Sie mit.

Und natürlich ist die Gymnastik-Technik nur für jemand, der physische Übungen gewohnt ist, und nur mit der Zustimmung seines Arztes. Die ECK-Schriften enthalten eine Menge anderer Seelenreisenübungen für diejenigen, die außer Form sind.

Zwei Punkte: Erstens, sie brauchte nur den Mahanta um eine Erfahrung während eines Schläfchens zu bitten. Zweitens, nur ein reines Herz, frei von Unrat, kann sich dem Sugmad (Gott) nähern.

Eine Realitätskontrolle

Sandy, eine Australierin, hörte sich die ECK-Audiokassette »Wenn Gott Gott ist, wer sind Sie dann?« an. Ein Punkt auf dem Band war, dass die Erfahrungen des »Durch-die-Luft-Fliegens« großen Spaß machten. Aber zu welchem Zweck?

Welchen Nutzen könnte eine solche Erfahrung jemandem im spirituellen Sinne gewähren, wenn es denn im Kern darum ginge?

Die Rede des Meisters auf dem Band rührte alte Erinnerungen auf. Sandy hatte tatsächlich gerne solche Flugerfahrungen gemacht. Sie waren ein Vergnügen. Aber was sie besonders bemerkenswert machte, waren die spirituellen Einsichten, die sie mit sich brachten, nicht nur die Freiheit des inneren Fliegens.

Sandys erste Versuche, außerhalb des Körpers zu fliegen, waren wie die eines jungen Huhns, unbeholfen und forschend. Sie strengte sich noch mehr an. Trotz größerer Anstrengungen reiste sie eine noch kürzere Strecke.

Die innere Stimme des Mahanta sagte: »Sei nicht so schwerfällig.«

Seinem Rat folgend, begann sie, sich sanft nach oben zu bewegen. Bald hatte sie das Vertrauen, die sanfte Aufmerksamkeit aufrechtzuerhalten, die notwendig ist, um oben zu bleiben. Nun stieg sie in die Luft auf. Weggetragen von ihrer Begeisterung, probierte sie Experimente aus wie Tauchen und Radschlagen.

Was für eine wunderbare Zeit!

Aber dann kam eine Realitätskontrolle.

Ein innerer Anstoß vom Mahanta brach in ihre Luftakrobatik ein: »Es ist schön, sich zu vergnügen«, sagte er. »Aber damit muss die Verpflichtung zum Dienen einhergehen.« Die Zunahme der spirituellen Kraft bringt die Verantwortung mit sich, diese Fähigkeiten in einen Dienst für andere zu verwandeln. Siehst du, das ganze Ziel der Entfaltung ist, dass wir eines Tages ein Mitarbeiter Gottes werden können.

Sandy ist dankbar für all die Einsichten, die sie durch die Spirituellen Übungen von ECK gewonnen hat.

Das Buch *The Shariyat-Ki-Sugmad*, Book Two, erhellt das größere Bild. Dort heißt es: »ECK ist der Hörbare Lebensstrom, die Essenz des Sugmad, der Heilige Geist und die Wissenschaft der Gottrealisation. Es erwächst aus der Erfahrung des Seelenreisens in den Zustand religiöser Bewusstheit, den der Betreffende aus eigenem Antrieb via die Spirituellen Übungen von Eckankar gewinnt.«

Der Zustand der religiösen Bewusstheit!

Sandys Realitätskontrolle wird dorthin führen, während sie mit Freude Handlungen des Dienstes für andere vollzieht.

Die beiden gehen Hand in Hand.

»Es ist schön, sich zu vergnügen«, sagte er. »Aber damit muss die Verpflichtung zum Dienen einhergehen.« Siehst du, das ganze Ziel der Entfaltung ist, dass wir eines Tages ein Mitarbeiter Gottes werden können.

DER BLAUE VORHANG GOTTES

Der erste Teil dieser Übung dient zur Erweckung der Sehkraft der Seele.

Nehmen Sie sich die Zeit, sich zehn oder zwanzig Minuten lang hinzusetzen oder hinzulegen, wenn Sie nicht gestört werden. Schließen Sie Ihre Augen, aber stellen Sie sich einen dunkelblauen Vorhang an der Wand vor Ihnen vor. In den ersten paar Tagen erwarten Sie, nur den tiefblauen Vorhang zu sehen. Später wird irgendeine Farbe des göttlichen Lichtes von ihm ausgehen.

> Dieses Ding, das Leben genannt wird, ist Ihr Ziel. Jeder muss seinen eigenen Weg zur Wahrheit finden, auf seinem eigenen Pfad und in seiner eigenen Zeit. Sollten Sie Hilfe wünschen bei diesem lebensverändernden, herausfordernden Ziel, müssen Sie nur fragen. Der Innere Meister wird kommen.

Der zweite Teil dieser Übung dient zur Schärfung Ihres spirituellen Hörens.

Während Sie auf den blauen Vorhang schauen, beginnen Sie, das Wort *HU* (ausgesprochen wie hjuu) zu singen, ein alter Name für Gott, den die Heiligen Tausende von Jahren gepriesen haben. Nach einigen Minuten singen Sie HU bei sich selbst, ohne hörbaren Ton. Setzen Sie das einige Minuten lang fort und hören Sie dann auf.

Bleiben Sie ruhig sitzen. Schauen Sie weiter auf den königlichen blauen Vorhang vor Ihnen. Hören Sie auf jeden Ton, auch auf die, die von draußen hereinkommen. Unter ihnen kann ein wahrer Ton sein, ein Ton von ECK, dem Heiligen Geist.

Und noch eins: Füllen Sie während der ganzen kurzen Übung Ihr Herz mit Liebe zu Gott.

* * *

Warum beten, meditieren oder kontemplieren wir? Ganz sicher muss der Grund etwas anderes sein als ein materialistischer Gewinn oder Vorteil. Dieses Ding, das Leben genannt wird, ist Ihr Ziel. Jeder muss seinen eigenen Weg zur Wahrheit finden, auf seinem eigenen Pfad und in seiner eigenen Zeit.

Der Weg dieser Suche ist sowohl einzigartig als auch einsam. Und doch wartet die ganze Schöpfung auf das Erwachen jeder individuellen Seele.

Also, warum beten, meditieren oder kontemplieren wir oder wenden uns der Praxis oder dem Verstehen von, sagen wir, Träumen zu?

Das ist so, damit Sie im Geist erblühen können. Der Reichtum des Lebens ist überall um Sie herum, wenn Sie bloß erwachen, Ihr Spirituelles Auge öffnen würden. Sollten Sie Hilfe wünschen bei diesem lebensverändernden, herausfordernden Ziel, müssen Sie nur fragen. Der Innere Meister wird kommen.

Übrigens

In dem Buch *Der Fremde am Fluss* teilt der ECK-Meister Rebazar Tarz dem Sucher ein großes Geheimnis mit.

»Der Weg der Liebe ist besser als Weisheit und Verständnis«, sagt er, »denn durch die Liebe kann dir alles zuteil werden« (Juwelen der Weisheit).

Kurz und gut.

Wenn Sie bis zu diesem Punkt gelesen haben, haben Sie die Reise durchgestanden. Aber die größere Reise steht noch bevor. Vielleicht sehen Sie jetzt, dass vergangene Leben, Träume und Seelenreisen alle ein wichtiger Teil der spirituellen Reise sind. Aber keines alleine ist die volle Substanz, denn jenseits von ihnen liegt das Herz und der Geist des Lebens. Dieses Etwas ist Gottes Liebe.

Das Prinzip aller Existenz beruht auf einer einzigen Wahrheit: Die Seele existiert, weil Gott sie liebt.

Halten Sie inne und denken Sie nach. Wenn das wahr ist, dann ist das Geschaffene an den Schöpfer gebunden. Das ist das Geheimnis des Lebens. Liebe ist alles. Es gibt nichts anderes. Die Menschen, Orte und Dinge um uns herum, die wir für selbstverständlich halten, sind alle eine Manifestation der Liebe Gottes.

Aber Kummer, Entbehrung, Einsamkeit und jeder andere Ausdruck negativer Natur sind alles Anzeichen einer zeitweisen Trennung von der Liebe Gottes.

Die Spirituellen Übungen von ECK werden denen, die aufrichtigen Herzens sind, helfen, die Quelle der göttlichen Liebe zu finden. Diese Bemühung, nach Hause zurückzukehren, muss aus einer bewussten Bemühung kommen. Das ist der Grund für die Spirituellen Übungen von ECK.

Andere Seelen haben diesen zeitlosen Pfad zu Gott in vergangenen Zeitaltern betreten. Eine ungenannte Vielzahl. Tausende mehr suchen ihn jetzt.

Ist die ECK-Lehre etwas für Sie? Nur Ihr Herz kann das sagen.

Die Erde ist eine Schule. Es ist der Ort, Güte, Dienen und alle anderen höchsten Qualitäten durch die Lektionen des täglichen Lebens zu studieren und etwas darüber zu lernen. Dann wird sich Ihr Spirituelles Auge für den Geist Gottes öffnen, der in jedem lebenden Ding aufscheint.

Denken Sie daran, wie die Geschichte der Menschheit zu lesen wäre, wenn mehr erleuchtete Seelen sich unter die Massen mischen würden, die in spiritueller Düsternis herumstolpern.

Trotz alledem ist der spirituelle Pfad von ECK eine individuelle Suche. Jeder Mensch muss ihn für sich selbst gehen.

Es läuft alles auf den freien Willen hinaus, oder nicht?

Ob die Stunde und die Zeit für Sie gekommen ist oder nicht, den Schritt in das größte Abenteuer des Lebens zu machen, ich bin sicher, dass die Worte auf diesen Seiten Sie für immer verändern werden. Sie werden niemals mehr derselbe sein. Die Seele hat vernommen und sehnt sich danach, nach Hause zu gehen.

Liebe und spirituelle Freiheit zu finden – das ist der Zweck unserer Inkarnationen.

Gute Träume für Sie und viele glückliche Reisen.

Glossar

Begriffe in KLEINEN GROßBUCHSTABEN sind im Glossar an anderer Stelle definiert.

ARAHATA. Ein erfahrener und qualifizierter Lehrer für Klassen in ECKANKAR.

CHELA. Ein spiritueller Schüler.

EBENEN. Die Stufen der Existenz, zum Beispiel die physische Ebene, die Astral-, Kausal-, Mental-, die ätherische und die Seelenebene.

ECK. Die Lebenskraft, der Heilige Geist oder Hörbare Lebensstrom, der alles Leben erhält.

ECKANKAR. Die Religion von Licht und Ton Gottes. Auch als die uralte Wissenschaft des SEELENREISENS bekannt. Eine wahrhaft spirituelle Religion für das Individuum in der heutigen Zeit. Die Lehre bietet einen Bezugsrahmen für jeden, der seine eigenen spirituellen Erfahrungen erforschen möchte. Von Paul Twitchell, dem Gründer in unserer Zeit, 1965 herausgebracht. Das Wort bedeutet »Mitarbeiter Gottes«.

ECK-MEISTER. Spirituelle Meister, die Menschen bei ihren spirituellen Studien und Reisen helfen und sie beschützen. Die ECK-Meister gehören einer langen Linie von SEELEN mit GOTTREALISATION an, die die Verantwortung kennen, die mit spiritueller Freiheit einhergeht.

GOTTREALISATION. Der Zustand des Gottbewusstseins. Vollständige und bewusste Wahrnehmung Gottes.

HU. Der älteste, geheime Name für Gott. Das Singen des Wortes *HU*, gesprochen »hju«, wird als Liebeslied an Gott aufgefasst. Es kann laut oder leise im Inneren gesungen werden.

INITIATION. Ein Mitglied von ECKANKAR verdient sie sich durch spirituelle Entfaltung und Dienst an Gott. Die Initiation ist eine private Zeremonie, in der der Einzelne mit dem Ton und Licht Gottes verbunden wird.

LEBENDER ECK-MEISTER. Der Titel des spirituellen Führers von ECKANKAR. Es ist seine Pflicht, SEELEN zu Gott zurückzuführen. Der Lebende ECK-Meister kann spirituelle Schüler im Physischen als Äußerer Meister, im Traumzustand als Traummeister und in den spirituellen Welten als Innerer Meister unterstützen. Sri Harold Klemp wurde 1981 der MAHANTA, der Lebende ECK-Meister.

MAHANTA. Ein Titel, der die höchste Stufe des Gottbewusstseins auf der Erde beschreibt, oft im LEBENDEN ECK-MEISTER verkörpert. Er ist das Lebendige Wort. Ein Ausdruck des Geistes Gottes, der immer bei Ihnen ist.

SATSANG. Eine Klasse, in der Schüler von ECK einen monatlichen Kurs von ECKANKAR studieren.

SEELE. Das wahre Selbst. Der innere, heiligste Teil jeder Person. Die Seele existiert vor der Geburt und lebt nach dem Tod des physischen Körpers weiter. Als ein Funke Gottes kann die Seele alle Dinge sehen, wissen und wahrnehmen. Sie ist das kreative Zentrum ihrer eigenen Welt.

SEELENREISEN. Die Erweiterung des Bewusstseins. Die Fähigkeit der SEELE, den physischen Körper zu transzendieren und in die spirituellen Welten Gottes zu reisen. Seelenreisen wird nur vom LEBENDEN ECK-MEISTER gelehrt. Es unterstützt die spirituelle Entfaltung der Menschen und kann den Beweis für die Existenz Gottes und das Leben nach dem Tod liefern.

SELBSTREALISATION. Die Erkenntnis der SEELE. Das Eintreten der Seele in die Seelenebene und ihre Wahrnehmung von sich selbst dort als reiner Geist. Ein Zustand des Sehens, Wissens und Seins.

SHARIYAT-KI-SUGMAD, DAS. Die heiligen Schriften von ECKANKAR. Die Schriften bestehen aus zwölf Bänden in den spirituellen Welten. Die ersten beiden wurden von den inneren EBENEN durch Paul Twitchell, den Gründer von Eckankar in unserer Zeit, niedergeschrieben.

SPIRITUELLE ÜBUNGEN VON ECK. Die tägliche Ausübung gewisser Techniken, um uns mit dem Licht und Ton Gottes in Berührung zu bringen.

SRI. Ein Titel des spirituellen Respekts, ähnlich wie Hochwürden oder Pastor, der für diejenigen verwendet wird, die das Reich Gottes erreicht haben. In ECKANKAR ist er dem MAHANTA, DEM LEBENDEN ECK-MEISTER, vorbehalten.

SUGMAD. Ein heiliger Name für Gott. Sugmad ist weder männlich noch weiblich; Es ist die Quelle allen Lebens.

TON UND LICHT VON ECK. Der Heilige Geist. Die zwei Aspekte, durch die Gott in den niederen Welten in Erscheinung tritt. Sie können durch inneres Betrachten und Hören und durch SEELENREISEN erfahren werden.

WAH Z. Der spirituelle Name von Sri Harold Klemp, gesprochen »Wah Sie«. Es bedeutete die Geheime Lehre. Es ist sein Name in den spirituellen Welten.

Weitere Erläuterungen von Eckankar-Begriffen finden Sie in *A Cosmic Sea of Words: The ECKANKAR Lexicon* [Ein kosmisches Meer der Worte: Das ECKANKAR-Lexikon] von Harold Klemp.

Stichwortverzeichnis

Abenteuer, spirituelle 151-52
Aberglauben 250
Abraham 170-71
Afrika. *Siehe auch* Eckankar: in Afrika; ECKist(s); von Ghana; Seelenreisen: in Afrika
  trauernder Vater in 41-44
  und schwarze Magie 111-12
  vergangenes Leben in 24-26
Albträume 112, 139-142
Angst (Ängste) 56
  vor Antwort 125
  vor Eisbergen 48
  Freiheit auszuschließen 219
  Höhen- 148
  vor dem Leben 22, 50-51
  und Liebe (*siehe* Liebe: und Angst)
  kein Platz für 116
  Quelle der 163
  vor Schlaf 112, 212
  vor Seelenreisen (*siehe* Seelenreisen: Furcht vor)
  vor Sünde 71
  Todes- 50-51, 66, 71, 199, 204
  Überwinden der 49, 60, 61, 87, 142, 146, 204-05, 259, 270 (*siehe auch* Liebe: und Angst)
  unbewusste 109
  Ursprung der 51
  davor, verlassen zu werden 162
  Verstehen der 91

Arahata 150
Ärger 52, 56-58, 107, 135
  aus der Vergangenheit 62
Astara 7
Astralebene. *Siehe* Ebene(n): astrale
Astralprojektion 187
Äthiopien. *Siehe* Kind(er): und Äthiopien-Geschichte
Atlantis 197
Atma Lok. *Siehe* Ebene(n): Seelen-
Atma Sarup. *Siehe* Körper: Seelen-
Ausbildung, spirituelle 222
Auseinandersetzung. *Siehe* Konfrontation
außerkörperliche Erfahrungen. *Siehe* Erfahrung(en): Nahtod; Erfahrung(en): außerkörperliche; Schlaf: als außerkörperliche Erfahrung
»Ausstieg aus der spirituellen Wohlfahrt«, Geschichte 34-39
Autorität. *Siehe* Eckankar: und Autorität

Begräbnisse x, xi
Baju 263
Baseball 174-75
Beratung, psychologische 255
Bewusstheit 238. *Siehe auch* Bewusstsein

Bewusstheit (*Fortsetzung*)
  Ausdehnung der 180
  religiöse 273
  spirituelle 154
  Verschiebung der 190
Bewusstsein. *Siehe auch*
    Gottbewusstsein; Seele(n):
    und höheres Bewusstsein
  als direkte Wahrnehmung 221
  von ECKisten (*siehe*
    ECKist(en): Bewusstsein der)
  Erweiterung, Ausdehnung des
    51, 190, 191 (*siehe auch*
    Seelenreisen; Seelenreisen:
    als Erweiterung des
    Bewusstseins)
  höheres 136, 221, 251, 254
  menschliches 221, 237, 254
  neuer -szustand 178
  soziales 26
  spiritualisieren 137
Beziehungen. *Siehe* Karma
  (karmisch): und Beziehungen
Bindung 127
Blau
  Mann in 112-13
Blaues Licht (von ECK) 87, 88,
  221)
  Meister erscheint in 259
Blechmann. *Siehe Zauberer von
  Oz, Der*
Bücher 240, 264. *Siehe auch*
  Eckankar: Bücher
Buddhismus 8
Budget. *Siehe* Finanzen

Cayce, Edgar 7
Chela(s) 108, 145. *Siehe auch*
  ECKist(en)
Christentum. *Siehe auch*
  Eckankar: unterscheidet
  sich vom Christentum und
  Reinkarnation 4, 5

Dankbarkeit 34, 83
  für ECK-Meister (*siehe* ECK-
    Meister: Dankbarkeit)
  für Lebenden ECK-Meister
    (*siehe* Lebender ECK-
    Meister: Dankbarkeit für)
Déjà-vu 191
Dienst 146
  und Beschäftigung 171
  für ECK 127-28
  an Gott 146
  Notwendigkeit für 273
  Vertrag (zu dienen) 145
Disziplin 132-33, 241
  Selbst- 145
  Träume aufzuschreiben (*siehe*
    Traumtagebuch)
Drittes Auge. *Siehe* Spirituelles
  Auge

Ebene(n)
  astrale 90, 91-92, 130, 189,
    214, 227, 236-37, 238, 268-69
  ätherische 189, 214, 227, 262
  besuchen 220
  fünfte (*siehe* Ebene(n): Seelen-)
  höhere 227
  innere 78, 89-90, 246
  kausale 6, 90, 91-92, 108, 189,
    227
  mentale 90, 91, 189, 214, 223,
    227, 262
  physische 90, 91, 145, 236-37,
    238, 268
  Seelen- 91, 145, 158, 188-89,
    220-21, 222, 223, 227, 228,
    234
  des spirituellen Bewusstseins
    223 (*siehe auch* Bewusstsein)
  verschmelzen miteinander
    236-37
  von Zeit und Raum (*siehe* Zeit
    und Raum)
  Zone dazwischen 268
ECK xiii, 68, 173. *Siehe auch*
  Hörbarer Lebensstrom;
  Göttlicher Geist; Heiliger
  Geist; Geist
  Dienst für (*siehe* Dienst: für
    ECK)
  Doppelaspekte von (*siehe*
    Licht und Ton (von Gott))

Einführung in 255
und Einsicht 12, 258
Geschenk des 200
Gnade des (*siehe* Gnade)
als Göttlicher Geist 12, 154
  (*siehe auch* Göttlicher Geist)
Gottwelten des (*siehe* Gottwelten (des ECK))
als Heiliger Geist 78 (*siehe auch* Heiliger Geist)
Hingabe, übergeben an 176-77, 262
Kanal für 143, 228
Leben vor 156
als Lebenskraft 197
Lebensstrom 260
Lehre von 42, 68, 79, 133, 156, 186, 188, 205, 221, 255
Liebe des 142
Seminar(e) 152, 188, 200, 224
Spiel des 230
spirituelle Fertigkeiten in 227
Ton des (*siehe* Ton: des ECK)
Traumwelten von 99
Vertrauen auf 119
Weg des 158
Weisheit des 164
Werkzeug für (*siehe* ECK: Kanal für)
Eckankar
  in Afrika 103
  Aufgabe von 208
  und Autorität 239
  bietet Antworten an 72
  Bücher 99, 221 (*siehe auch Erde an Gott, bitte kommen ...* (Klemp); *ECKANKAR – der Schlüssel zu geheimen Welten* (Twitchell); *Shariyat-Ki-Sugmad, Das*; *Spirituelle Übungen von ECK, Die* (Klemp); *Spirituelle Aufzeichnungen* (Twitchell); *Fremde am Fluss, Der* (Twitchell))
  finden 22, 205, 206-07
  Lehre von (*siehe* ECK: Lehre von)

Lehrer von (*siehe* Arahata)
macht Sinn 71
Mitgliedschaft in 99
Philosophie von 27
Satsang (*siehe* Satsang)
Seminare (*siehe* ECK: Seminar(e))
spiritueller Führer von (*siehe* Innerer Meister; Klemp, Harold; Lebender ECK-Meister; Mahanta; Wah Z)
Studium von 33, 80, 194
Traumlehre von 98-99 (*siehe auch* Traum (Träume))
unterscheidet sich vom Christentum 20
Vorteile von 188
Weg von 33, 146, 200
Workshop 223-25
ECKANKAR – der Schlüssel zu geheimen Welten (Twitchell) 209
ECKist(en)
  Bewusstsein des 230
  aus Ghana 25
  und Seelenreisen 230, 258-59
  Ziel des 230
ECK-Meister 163. *Siehe auch* Fubbi Quantz; Klemp, Harold; Lai Tsi; Prajapati; Rebazar Tarzs; Twitchell, Paul; Vairagi-Orden
  Dankbarkeit 267
  und geheime Lehren 266
  Hilfe, Unterstützung von 264
  Kommunikation der 92
  Schutz von 270
ECKshar 227, 234, 239
Einsicht 162
Ekklesiastes 67
Entfaltung 261
  Stufen der xiii
  Ziel der 273
Entwicklung, spirituelle 222
Epikur 67
Erde
  als Schule 12, 19

Erde an Gott, bitte kommen ...
(Klemp)
Buch 1, 12, 28, 139, 193, 211
Buch 2, 12, 28, 55, 115, 139, 165, 193
Erfahrung(en)
    außerkörperliche 69-70, 71, 72, 187, 239 (*siehe auch* Schlaf: als außerkörperliche Erfahrung; Seelenreisen)
    Beweis durch 239
    bewusste 173
    des Fliegens 272-73
    innere und äußere 238
    Leben verändernde 150
    als Lehrer 47, 61
    Nahtod- 187, 193-98
    psychische 187
    Schwierigkeit, damit umzugehen 187
    spirituelle 187
    Stufen der 230
    Verstehen der 173, 188
Erfolg, spiritueller 258, 259. *Siehe auch* Seelenreisen: Erfolg beim
Erinnerung
    an vergangene Leben (*siehe* vergangene(s) Leben: Erinnerungen an)
    unterbewusste 52-53
Erkenntnis 249. *Siehe auch* Bewusstheit; Gottrealisation
Erleuchtung. *Siehe* Gott: Erleuchtung; Offenbarung
Erwartungen 254
Erweckung(en) xii, xiii-xiv, 187. *Siehe auch* Seele(n): Erweckung der

Familie
    als karmische Gruppe (*siehe* Karma (karmisch): Gruppen)
Far Side, The [Die andere Seite]. *Siehe* Larson, Gary
Fate-Zeitschrift 7
Ferne Land, Das 211
Finanzen 97-98, 127. *Siehe auch* »Ausstieg aus der spirituellen Wohlfahrt«, Geschichte
Fliegen. *Siehe* Erfahrung(en): des Fliegens
Formeltechnik. *Siehe* spirituelle Übung(en): »Formeltechnik«
freier Wille 21, 75
Freiheit 258. *Siehe auch* spirituelle Freiheit
Fremde am Fluss, Der (Twitchell) 247, 264
Fubbi Quantz 197

Gebet(e) 205, 255, 274. *Siehe auch* Kontemplation; Seelenreisen: und Gebet
Geburt
    Bedingungen bei 75
    und Schicksal (*siehe* Schicksal)
    Wunder der 68
    Zyklen der 68
Gedanken 254, 256
Gefühle. *Siehe* vergangene(s) Leben: und Gefühle; Ebene(n): astrale
Geister. *Siehe* Tod (sterben): Sehen eines geliebten Menschen nach
Geld 37, 38
Gesang 207. *Siehe auch* HU: singen; Sugmad: singen
»Geschäftliche Herausforderung«, Geschichte 55-63
Geschichten. *Siehe auch* »Ausstieg aus der spirituellen Wohlfahrt«, Geschichte; »Geschäftliche Herausforderung«, Geschichte; Kind(er): und Äthiopien-Geschichte; Kind(er): und Dame-Geschichte; Halloween-Geschichte; Herz(en): der Gold-Geschichte; Jobwechsel-Geschichte; Rauchen-Geschichte; Seelenreisen: in Kirchen-Geschichte; »Seelenreisenüberraschung«, Geschichte;

titanische Geschichte;
Traum einer prophetischen
Geschichte; Traumheilung-
Geschichte
Wichtigkeit von 218
von anderen xiv
Zweck der 217-18
Gesetz(e)
von Karma 4, 21, 73, 74 (*siehe auch* Karma (karmisch))
der Liebe 73
spirituelle 22, 33
Unkenntnis des göttlichen 47
von Ursache und Wirkung 21 (*siehe auch* Karma (karmisch))
Ghana. *Siehe* Afrika; ECKist(en): aus Ghana
Glaube(n)
Prüfung des 119
Gnade 205, 248. *Siehe auch* Gott: Gnade -es; Mahanta: Gnade des Gott
Erfahrung -es 233 (*siehe auch* Gottbewusstsein; Gott- realisation)
Erleuchtung -es 221, 239 (*siehe auch* Erleuchtung; Gottbewusstsein; Gott- realisation)
Gegenwart -es 128 (*siehe auch* Licht: als Gegenwart Gottes)
Geheimnisse -es xiii
Gnade -es xii, 133
Güte -es 128
handeln, im Namen -es 93
Heim -es (*siehe* Gott: Reich -es; Ozean der Liebe und Güte)
Herz -es 188, 241
Kanal -es 228
Liebe -es xii, 12, 80, 128, 136, 191-92, 217-18, 265-66
Liebe zu 231, 274
Liebesgesang an (*siehe* HU)
Macht, Kraft -es 137, 181
Mitarbeiter -es 20, 214-15, 273
Namen -es (*siehe* HU)

-realisation (*siehe* Gottrealisation)
Reich -es 146, 228, 232
Reise zu 233, 240
und Schöpfung 160-61 (*siehe auch* Schöpfung)
schuf die Seele 27 (*siehe auch* Seele(n))
und Seelenreisen (*siehe* Seelenreisen: und Gott)
Segen des 80
Sehnsucht nach 247
und Spirituelle Übungen von ECK (*siehe* Spirituelle Übungen von ECK: und Gott)
sprechen mit 124
Streben nach 9
Ströme -es xiii (*siehe auch* Ton, Töne: Gottes; Stimme Gottes)
Suche nach 227-28
Tempel -es 270
Ton -es (*siehe* Ton (Töne): Gottes)
-welten 207, 240 (*siehe auch* Gottwelten (des ECK); Himmel)
Gottbewusstsein 227
göttliche Liebe 52. *Siehe auch* Licht und Ton (Gottes): als göttliche Liebe; Liebe
berührt von 191
entwickeln 6
kommt mit dem Meister 248
lernen über 12
Praktizieren der 83, 92
Strahl der 107
Göttlicher Geist. *Siehe auch* ECK; Heiliger Geist; Geist
alle leben in 113-14
Botschaft von 127, 246
einstimmen in (*siehe* Gesang)
Führung von 31, 115-17
Kraft des 47
Schutz von 135
Übereinstimmung mit 120
und Weckrufe (*siehe* Weckruf(e))
Wege des 77

göttlicher Plan 194
Göttliches Wesen. *Siehe* Gott;
 Sugmad
Gottrealisation 228, 273
Gottwelten (des ECK) 202, 222,
 240. *Siehe auch* Himmel;
 Ebene(n); Welt(en)
Großeltern
 Rolle von x
 Tod von x
Güte 86

Haggard, H. Rider 7
Halle der Berichte 91. *Siehe
 auch* Ebene(n): kausale
Halloween-Geschichte 14-17
Hebron 169-71
Heiliger Geist xiii, 241, 266.
 Siehe auch Göttlicher Geist;
 ECK; Geist
 als ECK 228
 fragen 195
 Gaben des 176 (*siehe auch*
  Liebe; Weisheit)
 und Glauben 180
 Gnade des (*siehe* Gnade)
 Harmonie mit 12
 Hilfe von 138
 Instrument für 173
 Öffnen des Herzens für 197
 Schutz von 112
 und Seele 68 (*siehe auch* Seele)
 Töne des 177 (*siehe auch* Licht
  und Ton (Gottes); Ton (Töne))
 sich verlassen auf 34
 Versprechen des 199
 und Wahrheit 164 (*siehe auch*
  Wahrheit)
 Zeichen des 35
Heilung 76. *Siehe auch* Ton-
 strom: als heilende Kraft
 der Herzen 165
 and HU (*siehe* HU: und
  Heilung)
 Jahr der Spirituellen 199
 spirituelle 163
 von Unfruchtbarkeit 136-38
Herren des Karmas. *Siehe*

Karma (karmisch): Herr(en)
 des
Herz(en)
 folgen, dem 31
 Führung von 239
 goldene 161, 162-63
 der Gold-Geschichte 193-200
 Gottes (*siehe* Gott: Herz des)
 Heilung des (*siehe* Heilung:
  der Herzen)
 öffnen 164, 191, 197
 reines 271
 ist in Übereinstimmung mit
  der Seele 31
Hierarchie, spirituelle 238
Himmel 185, 232
 geheime Weg zu 221
 wir machen unseren eigenen
  218
 Wunsch nach 51
Hingabe 176-77, 195. *Siehe auch*
 ECK: Hingabe an
Hölle 218
Hörbarer Lebensstrom 241, 273.
 Siehe auch Ton (Töne):
 Gottes; Tonstrom
HU 88
 chanten (*siehe* HU: singen)
 und heilen 166, 168
 ist für alle 168
 als Liebeslied an Gott 16, 56,
  90, 161-62, 224
 als Name Gottes 16, 87, 101,
  180, 195, 224
 als Schutz 112, 113
 singen 16, 87, 89, 90, 91, 106-
  07, 164-65, 167, 176-77, 180,
  186, 224, 241, 243, 252, 274
 und Träume 166
HUUUACH 88

Illusion 129
Impuls(e) 9
Initiation 259-60
 zweite 130, 220
Initiiertenbericht 108, 132, 263-
 64
Inkarnation(en). *Siehe auch*

Stichwortverzeichnis 289

vergangene(s) Leben;
  Reinkarnation
 gegenwärtige 20
 Grund für 19
 Saat für 74
 sich vorbereiten auf 81
 Wert der 52
innere Ebenen. *Siehe* Ebene(n):
  innere
innere Vision 37, 154. *Siehe
  auch* Spirituelles Auge;
  Drittes Auge
innerer Bildschirm 86
innerer Führer 86. *Siehe auch*
  Innerer Meister; Mahanta
Innerer Meister 88, 125, 221,
  258. *Siehe auch* Mahanta;
  Wah Z
 beantwortet Fragen 153
 bitten, fragen 32-33, 37, 81,
  120, 197, 275
 Dankbarkeit 115, 214
 Erfahrung mit 175-76
 Führung von 111
 Hilfe von 121
 hören auf 93
 lehrt 109, 214 (*siehe auch*
  Traummeister)
 und Seelenreisen 210, 223
 und Träume 163 (*siehe auch*
  Traummeister)
 Verbindung mit 194

Jahr der Spirituellen Heilung.
  Siehe Heilung: Jahr der
  Spirituellen
Job
 Sicherheit 171
 -wechsel-Geschichte 115-20

Kal Niranjan, der 129, 250, 254
Kanal, Kanäle. *Siehe auch* ECK:
  Kanal für; Gott: Kanal für;
  Mahanta: Kanal für innerer
  93
Karma (karmisch). *Siehe auch*
  Gesetz(e): von Karma
 abarbeiten 33, 51 (*siehe auch*
  Karma (karmisch): und
  Träume; Karma (karmisch):
  überwinden)
 abbrennen 52, 255
 und Angst 22 (*siehe auch*
  Angst (Ängste))
 auflösen 22, 200
 und Beziehungen 28-29, 134
 und Gerechtigkeit 161
 Gesetz von (*siehe* Gesetz(e):
  von Karma)
 -Gruppen 21-22, 53-55
 gutes und schlechtes 22
 Herr(en) des 8, 68, 73
 und Kausalebene 91-92 (*siehe
  auch* Ebene(n): kausale)
 Macht des 80
 menschliches 53
 Platz des (*siehe* Ebene(n):
  kausale)
 Platzierung 74
 Rad des (*siehe* Reinkarnation:
  Rad des)
 Regel(n) des 20, 73
 als Rost 197
 schaffen 22
 Schuld 135
 Spiel des 107
 als Teil des göttlichen
  Gesetzes (*siehe* Gesetz(e):
  Unkenntnis des göttlichen)
 und Träume 133, 136, 161,
  163
 überwinden 22, 41, 44, 60, 63,
  92-93, 134
 Verbindung 83
 vergangener Leben 74
 Verständnis 21
 Waage des 23, 44, 76
 Zyklus von 107
Kassandra. *Siehe* Traum einer
  prophetischen Geschichte
Katze(n). *Siehe auch* Reinkarna-
  tion: und Katze(n)
 Busy 160-63
Kausalebene. *Siehe* Ebene(n):
  kausale

Kind(er)
  und Äthiopien-Geschichte 3-4, 5
  und Dame-Geschichte 13-14
  ihnen nicht zuhören 7
  und Tod x-xi
Kirche
  und Begräbnisse (siehe Begräbnisse)
  und Seelenreisen (siehe Seelenreisen: in Kirchen-Geschichte)
  soziale Aspekte der ix-x
Klemp, Harold 35, 197, 200
  Erde an Gott, bitte kommen ..., Buch 1, 12, 28, 139, 193, 211
  Earth to God, Come In Please ..., Buch 2, 12, 28, 55, 115, 139, 165, 193
  Spirituelle Übungen von ECK, Die 207
Kommunikation, innere 92
Konfrontation(en) 105, 106-07, 117
Kontemplation 38-39, 167, 176, 186. *Siehe auch* Seelenreisen; spirituelle Übung(en); Spirituelle Übungen von ECK
  besuchen eines verstorbenen geliebten Menschen in 81
  fehlende Teile auffüllen 88
  über Mahanta (*siehe* Mahanta: Kontemplation über)
  Periode der 79
  tägliche 265
Kontrolle
  über andere 106 (*siehe auch* Macht)
Körper
  Auswahl des 74
  Befreiung von 232 (*siehe auch* Seelenreisen; spirituelle Freiheit)
  emotionaler (*siehe* Körper: innerer)
  Fähigkeit, zu verlassen xi, (*siehe auch* Erfahrungen:
    außerkörperliche; Seelenreisen)
  innerer 158
  kausaler (*siehe* Körper: innerer)
  menschlicher xi
  mentaler (*siehe* Körper: innerer; Verstand)
  Seelen- xi, 115, 189, 232-33
  zurückkehren zu 179, 198, 267
Kraft (*siehe* Macht)
Kreativität 52. *Siehe auch* Macht: kreative; Seelenreisen: und Kreativität; Spirituelle Übungen von ECK: und Kreativität
Krebs 259
Kummer 120-21, 205, 207, 243-44
Kundun 258-59
Kurs(e) 214, 221
  ECK-Traum 99, 207
  innerer 92

Lai Tsi 263
Lambretta. *Siehe* Traum (Träume): von Lambretta
Larson, Gary 123
Leben
  Angst vor (*siehe* Angst (Ängste): vor dem Leben)
  Erfüllung des 6
  Erlösung von 44
  Farm ix
  Fehler im 27
  Herausforderungen des 6, 50-51
  ist wertvoll 12
  Liebhaber des 165
  nach dem Tod (*siehe* Tod (sterben): Leben nach)
  Rad des 68
  Reichtum des 274
  Sabotage des 142
  Schlüssel zum 9
  Schritte im 79-80, 116, 118
  spirituelles 75, 79, 221
  und Verständnis, verstehen 27, 85, 200, 238-39

Zweck des 20
Lebender ECK-Meister 185.
    Siehe auch Klemp, Harold;
    Meister: Äußerer
  begegnen 258 (*siehe auch*
    Mahanta: treffen)
  Brief an 113
  Dankbarkeit 200
  erkennen 209
  Handeln im Namen des (*siehe*
    Mahanta: Handeln im
    Namen des; Mahanta:
    Kanal für)
  Inkarnationen des 45
  innere Form des 143 (*siehe
    auch* Innerer Meister;
    Mahanta; Wah Z)
  Liebe des 264
  als Mahanta (*siehe* Mahanta:
    und Lebender ECK-Meister)
  und Träume 139, 177-78, 210-
    11 (*siehe auch* Traummeister)
Leben nach dem Tod. *Siehe* Tod
  (sterben): Leben nach
Lektionen, spirituelle 264
Licht. *Siehe auch* Licht und Ton
  (Gottes)
  blaues 128 (*siehe auch* Blau:
    Mann in; Blaues Licht (von
    ECK))
  Brunnen von 270
  als Gegenwart Gottes 128
  goldenes 7, 82, 173
  golden-weißes 149, 151
  Gottes 102, 103, 158, 163, 164,
    180-81, 210-11, 273
  der Wahrheit 67, 149
  weißes 102, 128
Licht und Ton (Gottes) 228, 234
  anderen erzählen von 83
  Anhebung durch 55
  erfahren 175-76, 181, 239
  als göttliche Liebe 239
  Liebe für 127
  als Schlüssel 207
  Schlüssel zu 259-60
  und Seele 68, 164
  Übereinstimmung mit (*siehe*

Stimme Gottes:
    Übereinstimmung mit)
  Vergrößerung des 227
  Vorbereitung auf 154, 210-11
  und Wahrheit (*siehe auch*
    Wahrheit)
Liebe 86, 259
  als angeborenes Recht 191
  und Angst 80, 164
  arbeiten mit 93
  Band der 77
  bedingungslose, unbedingte
    83, 142
  definiert Seelenreisen 190
    (*siehe auch* Seelenreisen)
  und Energie 261-62
  ersetzt Verhaltensmuster
    (*siehe* Verhaltensmuster)
  und Freiheit 22 (*siehe auch*
    Freiheit; spirituelle Freiheit)
  für Gott (*siehe* Gott: Liebe für)
  Gottes (*siehe* Gott: Liebe -es)
  göttlich (*siehe* göttliche Liebe)
  Instrument für 176
  Macht der 79
  nach dem Tod 214
  reisen auf den Wellen der 246
  Suche nach 207
  Wunsch nach 79
Longau, Friedrich von 55
  Retribution [Vergeltung] 55
Losgelöstheit 67

Macht, Kraft
  Gottes (*siehe* Gott: Macht -es)
  kreative 260, 262
  der Liebe (*siehe* Liebe: Macht
    der)
  negativ (*siehe* Kal Niranjan,
    der)
  spirituelle 273
  Verstand (*siehe* Verstand:
    Macht des)
Mahanta 26, 176, 239
  Aufmerksamkeit 100
  äußere Seite des (*siehe*
    Lebender ECK-Meister;
    Meister: Äußerer)

Mahanta (*Fortsetzung*)
  Beruhigung 32
  bitten, fragen 24, 59, 90, 153, 172, 269, 271
  Botschaft von 131
  Dankbarkeit 143
  Gegenwart des 63, 100, 106, 138, 194-95, 199
  Gnade des 33
  handeln im Namen des 93
  Hilfe von 35-36, 60, 87-88, 102, 161, 171, 192, 207, 237, 259, 260
  hören auf 93, 264
  als Innerer Meister 28, 36, 49, 185 (*siehe auch* Innerer Meister)
  Initiiertenbericht an (*siehe* Initiiertenbericht)
  ist für alle 168
  Kanal für 228
  Kontemplation über 264
  und Lebender ECK-Meister 24, 87, 134 (*siehe auch* Lebender ECK-Meister)
  Liebe des 39, 135
  Reise mit 181 (*siehe auch* Seelenreisen)
  Schutz von 34, 185
  und Seelenreisen 234 (*siehe auch* Seelenreisen)
  sehen 245
  und spirituelle Freiheit 200 (*siehe auch* spirituelle Freiheit)
  als Spiritueller Reisender 185 (*siehe auch* Spiritueller Reisender)
  und Träume 134, 229 (*siehe auch* Traummeister)
  treffen 42-44, 113, 208, 258, 259
Mana 6
Mantra. *Siehe* Gesang; Wort(e): geheimes
Meister. *Siehe auch* ECK-Meister; Innerer Meister; Lebender ECK-Meister;

  Vairagi-Orden
  Äußerer 258
  Geschenk von 133, 136
  lehrt im Traumzustand 210 (*siehe auch* Traummeister)
  Nutzen der 136
  spricht durch andere 127
  treffen 72, 151
  wahrer 136
Meisterschaft, Selbst- 86
Mentalebene. *Siehe* Verstand; Ebene(n): mentale
Mission, spirituelle 8
Mitarbeiter. *Siehe* Gott: Mitarbeiter -es
Mitgefühl 76, 83, 198

Nahtoderfahrungen. *Siehe* Erfahrung(en): Nahtod
Napoleon 45-46
New Orleans 29-31
Nickerchen. *Siehe* spirituelle Übung(en): »Zeit für ein Nickerchen«
niedriger Blutzucker 100-103
Not. *Siehe* Leben: Herausforderungen des

Obdachlosigkeit 22-23
Offenbarung 258
Opfer 76
Orakel von Delphi 43
Ozean der Liebe und Güte 270

Paris 45
Pech 254
Peddar Zaskq 90, 266. *Siehe auch* Twitchell, Paul
Persönlichkeit 47
physische Ebene. *Siehe* Ebene(n): physische
Prajapati 161
Probleme lösen 87
Prophezeiung. *Siehe auch* Traum einer prophetischen Geschichte
  selbst erfüllende 254
psychische Attacken 109

Stichwortverzeichnis 293

Rad der Vierundachtzig. *Siehe*
    Reinkarnation: Rad der
Rauchen-Geschichte 152-54
Rebazar Tarzs 162, 163, 197,
    244, 265
    Führung von 270
    treffen 261
Reich Gottes. *Siehe* Gott: Reich -es
Reichtum 22-23, 38. *Siehe auch*
    Finanzen; Geld
Reinigung 87, 128, 133. *Siehe*
    auch Seele(n): Reinigung der
Reinkarnation 11, 20, 48
    Akzeptanz der 6
    Auswahl der 74
    Beweis der 80
    von geliebten Menschen 80-82
    und Geschlecht 66
    und göttliche Liebe 6
    und Katze(n) 9-10, 65-66
    Rad der 4, 55, 223
    Regeln der 73
    Überwinden der Notwendigkeit
        für 80, 200
    Verständnis der 5
Reisen. *Siehe auch* vergangene(s)
    Leben: und Reisen
    Nutzen von 26-27
    und Traum (Träume) 109-110
Religion(en). *Siehe auch* Buddhismus; Christentum;
    Eckankar
    Studium der 8
    und Überzeugungen xiv
Rosenkreuzer 7

Satan. *Siehe* Kal Niranjan, der
Sat Nam 228
Satsang 150-52
Schicksal, Bestimmung 19, 72,
    73, 75, 198. *Siehe auch*
    freier Wille
    Ändern des 136
    Gesetz des 191
Schlaf. *Siehe auch* Angst
    (Ängste): vor Schlaf;
    spirituelle Übung(en): »Die
    beste Schlaftechnik zum
    Seelenreisen«; spirituelle
    Übung(en): »Beobachten Sie
    sich beim Einschlafen«
    und Tod (*siehe* Tod (sterben):
        Schlaf des)
    als außerkörperliche
        Erfahrung 249, 268
    spiritueller (Schlummer) xiv
Schlüssel, verlorene 130, 131,
    132-33
Schmerz 194-95
Schöpfung 114, 234
Schuld 38, 71, 219, 245
Schulden 41. *Siehe auch* Finanzen; Karma (karmisch):
    Schulden; Geld
Seele(n)
    Aufgaben der 72-73 (*siehe*
        auch Schicksal)
    Auge der 265 (*siehe auch*
        Spirituelles Auge)
    als Beobachter 198
    Berichte der 91 (*siehe auch*
        Ebene(n): kausale)
    Bewegung der (*siehe*
        Seelenreisen)
    und Drittes Auge (*siehe*
        Spirituelles Auge)
    Erkennen der 63, 265
    Erwachen der 247, 274
    existiert auf allen Ebenen 189
        (*siehe auch* Ebene(n))
    Freiheit der 68, 200 (*siehe*
        auch spirituelle Freiheit)
    als Funke Gottes 68, 164
    als goldener Becher (*siehe*
        spirituelle Übung(en):
        »goldene Becher, Der«)
    und höheres Bewusstsein 10
    ist 189
    kehrt zurück 12 (*siehe auch*
        vergangene(s) Leben;
        Reinkarnation)
    als Licht und Ton (*siehe* Licht
        und Ton (Gottes): und Seele)
    Mission der 73
    und physischer Körper 195
    Qualitäten der 19

Seele(n) (*Fortsetzung*)
  Reinigung der 217, 257
  Reise der 146, 164 (*siehe auch*
    Gott: Reise zu)
  und Schmerz (*siehe* Seele(n):
    Reinigung der)
  Sehkraft der 273
  und spirituelle Entfaltung 7,
    8-9, 74 (*siehe auch*
    Entfaltung)
  Streben der 68
  Tür der 175
  Unsterblichkeit 27, 68, 250
  verpasst eine Gelegenheit 157
  Verwandlung der 42
  und Vorstellungskraft 219
  willkommen heißen 82
  Wohnsitz der (*siehe* Ebene(n):
    Seelen-)
Seelenreisen xiii, 93, 108, 185,
    200, 273. *Siehe auch*
    Spirituelle Übungen von
    ECK: und Seelenreisen
  in Afrika 234-37
  Arten des 188-89, 190, 233-34,
    257-58
  und Astralreisen 191
  es aufgeben 222
  als Ausdehnung des
    Bewusstseins 205, 218, 258
    (*siehe auch* Bewusstsein)
  bewusstes 243-46, 268, 269-71
  Definition von 188-89, 211,
    251-52
  und Ebenen 188-89 (*siehe
    auch* Ebene(n))
  vor Eckankar 220-21
  und ECKisten (*siehe*
    ECKisten: und
    Seelenreisen)
  Erfolg beim 265-66
  Furcht vor 190, 250, 269
  und Gebet 191
  Geheimnisse des 239
  als Geschenk des Himmels 186
  gibt Einsicht 234
  und Gott 191, 210-11, 217, 232
  als individuelle Erfahrung 249

  Innerer Meister und (*siehe*
    Innerer Meister: und
    Seelenreisen)
  in Kirchen-Geschichte 218-19
  und Kreativität 204
  lernen 203-05, 210, 234, 237-38
  meistern von 192
  Missbrauch 210
  Misserfolg bei 204
  Missverständnis 227
  Nutzen von 238
  und psychische Welten 222
  das Recht verdienen 221-22
  und Seelenebene 220-21, 223
  und spirituelle Bedürfnisse 247
  und spirituelle Reife 223
  transzendiert den Körper 191
  und Träume 220, 229-30, 261,
    264 (*siehe auch* Traum
    (Träume): Reisen)
  treffen eines geliebten
    Menschen in 205-06
  -Übung 224 (*siehe auch*
    spirituelle Übung(en);
    Spirituelle Übungen von
    ECK)
  und Verstandesreisen 191
  Wichtigkeit 191
  Wirklichkeit des 239, 254
  »Seelenreisenüberraschung«,
    Geschichte 223-25
Segen 93
  Träume als (*siehe* Traum
    (Träume): als Segen
Sehen, Wissen, Sein 220, 222,
    223, 234
Sekretärin-Geschichte 104-07
Selbstmord 125-26, 243, 245
Selbstsucht 50
Seminar(e). *Siehe* ECK:
    Seminar(e)
Shariyat-Ki-Sugmad, Das
  Buch Eins 145, 249, 259, 263-64
  Buch Zwei 264, 273
  lesen aus 267
Sicherheit 228. *Siehe auch* Job:
    Sicherheit
Sklaverei 24-25

Spirituelle Aufzeichnungen
  (Twitchell) 206
spirituelle Freiheit 44, 80, 115,
  142
  als angeborenes Recht 191
  finden 68
  und Karma 41 (*siehe auch*
    Karma (karmisch)
  Notwendigkeit für 74
  Schlüssel zu 52
  Weg zu xiv
  als Ziel xiv
spirituelle Lektionen 107
spirituelle Übung(en) 23-24, 37,
  85-86, 88-89. *Siehe auch*
  Spirituelle Übungen von
  ECK
  »Beobachten Sie sich beim
    Einschlafen« 114-15
  »beste Schlaftechnik zum
    Seelenreisen, Die« 264-65
    (*siehe auch* Seelenreisen)
  »blaue Vorhang Gottes, Der«
    273-74
  »Datei dekomprimieren, Die«
    92
  »einfache Weg, Der« 248-49
  Erfolg mit 241
  »Erste Orientierungspunkte
    zum Seelenreisen« 267-68
    (*siehe auch* Seelenreisen)
  »Filmleinwand-Methode« 86
  »Formeltechnik« 89-92
  »glänzenden Gegenstand
    anschauen, Einen« 208
  »goldene Becher, Der« 173
  »Gymnastik« 271
  »Ihre vergangenen Leben
    erwecken« 6
  »Imaginationstechnik« 257-58
  »Im Zimmer umher« 252-54
  und Kreativität 260
  »Mahanta, ich liebe dich« 164-
    65
  »Ozean von Licht« 180
  »Radioansager-Technik« 88-89
  »Reise auf einem Ozean von
    Licht« 180-81

  »sanfte Übung vor dem
    Schlafengehen, Eine« 192
  »sanfteste Traumtechnik, Die«
    110-11
  »Seminarträume« 127-28
  »Sherlock-Holmes-Technik«
    87-88
  »Tor zum Seelenreisen, Ein«
    240-41 (*siehe auch*
    Seelenreisen)
  im Traum 204 (*siehe auch*
    Traum (Träume))
  träumen, bei vollem
    Bewusstsein 177-79
  »Traummeister einladen, Den«
    163-64
  »Wahrheit entschlüsseln, Die«
    259-61
  Wert der 180
  »Wie Sie Antworten in Ihren
    Träumen bekommen« 179-80
  »Zeit für ein Nickerchen« 99-
    100
  Zeitgrenze bei 175
  »zweiteilige Tür der Seele,
    Die« 175-76
Spirituelle Übungen von ECK
  196, 258
  Ausübung der 207, 265
  Einsichten aus 273
  Erfolg bei 153, 265
  und Gott 265
  und Kreativität 221
  Nutzen der 33, 176
  und Seelenreisen 188-89
  Sinn der 241
  Töne hören in 189 (*siehe auch*
    Ton (Töne))
  vernachlässigen 158
  und Wahrheit 265 (*siehe auch*
    Wahrheit)
*Spirituelle Übungen von ECK,
  Die* (Klemp) 207
spiritueller Führer 23. *Siehe
  auch* ECK-Meister; Innerer
  Meister; Lebender ECK-
  Meister; Mahanta; Vairagi-
  Orden

Spiritueller Reisender 238, 248.
    Siehe auch ECK-Meister;
    Innerer Meister; Lebender
    ECK-Meister; Mahanta;
    Vairagi-Orden
Spirituelles Auge 82, 83, 114-15,
    180, 224, 228, 268
    öffnen 210, 275
Standpunkt
    ändern 250, 252
    spiritueller 4
Stimme Gottes xiii, 128-29
    ECK als 239
    als Segen 129
    Übereinstimmung mit 205
    als Vogelgesang 77-78
Stimmungen 91
Sucher
    Fortschritt des 8-9
    Kampf des 247
    Stimme des xiv
    werden xii, 72
Sugmad 176, 273. *Siehe auch* Gott
    Huldigung an 233
    sich nähern 271
    singen (chanten) 271, 233

Tagträume 185
Talente 75
Technik(en)
    der Vorstellung 77 (*siehe auch*
        spirituelle Übung(en);
        Spirituelle Übungen von
        ECK)
Tee 101-02
Tempel
    von ECK 35
    des eigenen Seins 156
    der Goldenen Weisheit 110,
        181, 192
    Gottes (*siehe* Gott: Tempel -es)
Test 262
Theosophie 7
Tisra Til. *Siehe* Spirituelles Auge
titanische Geschichte 48-50
Tod (sterben)
    und Auferstehung xii
    von geliebten Menschen 10,
        76-79, 80-81, 120, 126-27,
        144-45, 166-67, 185-86, 205,
        211-12, 242-43 (*siehe auch*
        Afrika: trauernder Vater in;
        Selbstmord)
    und Gerechtigkeit 44
    Leben nach ix, 223
    Natur des 78-79
    Prozess des 68, 195-96
    Schlaf des ix, xi, xiv
    Sehen eines geliebten
        Menschen nach 213-15, 244-
        45
    als Symbol 256
    als Tor 79
    Wahl des 198
    Wunsch nach 255
Ton (Töne)
    des Donners 129
    des ECK 77, 89, 232, 274
        (*siehe auch* Licht und Ton
        (Gottes))
    Gottes 177
    Gott spricht durch (*siehe*
        Stimme Gottes)
    eines Musikinstruments 128
    als Segen xii
    Summ- xii, 177
    einer Trommel 129
    von Vögeln 120
    des Windes 189
Tonstrom 165. *Siehe auch*
    Hörbarer Lebensstrom; HU;
    Licht und Ton (Gottes); Ton
    (Töne): des ECK; Ton
    (Töne): Gottes
    als Heilkraft 199
Ton und Licht Gottes. *Siehe*
    Licht und Ton (Gottes)
Traum (Träume) xiii, 72, 92,
    185, 205, 227. *Siehe auch*
    Traumzustand; spirituelle
    Übung(en): im Traum
    Antworten in 138, 179-80
    und Aufmerksamkeit 178
    vom Aufzug 147-48, 169
    beunruhigende 88 (*siehe auch*
        Albträume)

Botschaft des 171
Einsicht aus 159
Erinnerung 110, 155, 269
   (*siehe auch* Traumtagebuch;
   spirituelle Übung(en):
   "goldene Becher, Der")
von Ford Modell T 201
vom Friedhof 193
über geliebten Sterbenden 77-79
und Gesundheit 108-09
Gott spricht durch 129
Hilfe in 58-59, 101-02
und HU (*siehe* HU: und
   Träume)
als innere Erfahrung 155
von innerem Vertrag 142-46
innere Welten der 161 (*siehe
   auch* Traumzustand;
   Welt(en): innere)
Interpretation 124-25, 129,
   159, 274-75
und Karma 108 (*siehe auch*
   Karma (karmisch))
Kraft der 165
von Lambretta 97-98
vom Mahanta 113 (*siehe auch*
   Mahanta)
Manifestation von 117
Menschen in 159
von Münzen 193, 199-200
Notizbuch (*siehe*
   Traumtagebuch)
vom Rauchen (*siehe* Rauchen
   (Geschichte))
und Reisen (*siehe* Reisen: und
   Traum, Träume)
-reisen 89, 114, 176, 261
vom Rollstuhl 31, 34
schreiben 99-100 (*siehe auch*
   Traumtagebuch)
von Schule 157-58
Schutz in 111-14
und Seelenreisen (*siehe*
   Seelenreisen: und Träume)
als Segen 142
Sehen Verstorbener in 167-68
und Selbst-Verständnis 104-05

von Seminaren 127-28
Studium der 86
Symbole (*siehe* Baseball)
Tagebuch (*siehe*
   Traumtagebuch)
Technik 110-11
teilen 152
von Telefonnummern 123-27
und vergangene Leben xiii, 85-86, 90-92, 108, 191
Wach- 132
und Wahrheit 164
Warnungen in 115-16
als Weg zu Weisheit 98
Welt der 172 (*siehe auch*
   Traumzustand)
wiederkehrende 115-16
Workshop über 166-67
Zensor im 89
der Zukunft xiii (*siehe auch*
   Traum einer prophetischen
   Geschichte)
Traumbericht. *Siehe* Traum-
   tagebuch
Traum einer prophetischen
   Geschichte 168-72
Traumheilung-Geschichte 120-21
Traummeister 108, 109, 120,
   123, 125, 178, 204
   Aufmerksamkeit auf 165
   Erlaubnis geben 163, 176
   fragen 177
   Warnung von 132
Traumtagebuch 32, 107-08, 110,
   116, 175, 176, 180
   als Disziplin 132
   Nutzen des 109-10
Traumwörterbuch 175
Traumzustand 200
   Abarbeiten von Karma in 33
   (*siehe auch* Karma
   (karmisch): überwinden)
   Hilfe in 154, 168
   Seelenreisen in (*siehe*
   Seelenreisen: und Träume)
Twitchell, Paul 206, 209, 244,
   247, 266

Twitchell, Paul (*Fortsetzung*)
  ECKANKAR – der Schlüssel zu geheimen Welten 209
  Spirituelle Aufzeichnungen 206
  Fremde am Fluss, Der 247, 264

Überfluss 38
Übergang. *Siehe* Tod (sterben)
Überleben 12, 17
  -sskala 74
UFOs 8
Unfall, Unfälle 32, 133-34
Unfruchtbarkeit. *Siehe* Heilung: von Unfruchtbarkeit
Ursache und Wirkung 33. *Siehe auch* Karma (karmisch); Gesetz(e): von Ursache und Wirkung; Gesetz(e): von Karma

Vairagi-Orden 197, 200
Veränderung. *Siehe auch* Erfahrung(en): Leben verändernde; Standpunkt: ändern
  Wind der 171
Verantwortung
  zu dienen 273 (*siehe auch* Dienst)
  entbunden von 38
  Selbst- 74, 145
  spirituelle 75
  übernehmen 71, 125
vergangene(s) Leben xiii. *Siehe auch* Traum (Träume): und vergangene Leben; Reinkarnation
  in Afrika (*siehe* Afrika: vergangenes Leben in)
  Aufzeichnungen der 33 (*siehe auch* Ebene(n): kausale)
  bitten, es zu sehen 59-60
  Einfluss der 6, 11-12, 41, 86-88
  Einsicht in 23-26
  Erinnerungen an 4, 8, 27, 29-30, 38, 41, 47, 49-50, 52-53, 81, 85, 90-91, 92, 135 (*siehe auch* vergangene(s) Leben: und Kinder)
  Erkundung 7
  und Gefühle 11-12
  und Kinder 5 (*siehe auch* Kind(er): und Dame-Geschichte; Kind(er): und Äthiopien-Geschichte)
  lernen in 76, 85
  und Reisen 26-27
  Routine 76
  spirituelles Wachstum in 74-75
  Tipps zum Studium 9
  Trauma 47
  und Träume (*siehe* Traum (Träume): und vergangene Leben)
  Übung, um sich zu erinnern (*siehe* spirituelle Übung(en): »Ihre vergangenen Leben erwecken«)
  Verbindung zu 88
  wiedererkennen anderer von 10-11
  Wissen über 191
  als Zigeuner (*siehe* Halloween-Geschichte)
Vergebung 62
Verhaltensmuster 87. *Siehe auch* Rauchen-Geschichte
Verlangen, wahres 85
Verstand
  als Diener 31
  Kontrolle des (*siehe* Verstand: überwinden)
  Macht des 261
  überwinden 261-63
  unbewusster 176
Vision(en) xiii, 72, 83, 187, 205, 230
  Beispiel für 228
  des Einen 149
  als Ereignis vor dem Seelenreisen 227
  Geheimnisse von 239
  von Verstorbenen 121
Visualisierung 137
Vorstellung, Einbildung 80, 255.

Siehe auch Seele(n): und
   Vorstellungskraft;
   Technik(en): der Vorstellung

Wachträume. *Siehe* Traum
   (Träume): Wach-Wahrheit
   aufnehmen 72
   Augenblick der 256
   Einsicht in 12
   Erkenntnis der 265
   Licht der (*siehe* Licht: der
      Wahrheit)
   offenbart sich 164
   und physische Sinne 67
   Schlüssel zu 9
   Sehnsucht nach 79
   Suche nach 4-5, 8-9, 98-99,
      207, 241
   Weg zu 274
   Wissen der 8
Wah Z 115, 143, 245, 253, 266.
   Siehe auch Innerer Meister;
   Klemp, Harold; Lebender
   ECK-Meister; Mahanta
   arbeitet im Traumzustand 154
   singen 204
   treffen 209, 261
Weckruf(e) 6, 8, 72
Weisheit. *Siehe auch* Welt(en):
      Weisheit erworben in
   abwerten 11
   erlangen 200, 258
   aus dem Herzen 98
   Schlüssel zu 52, 85
Welt(en)
   astrale 80-81 (*siehe auch*
      Ebene(n): astrale
   ätherische (*siehe* Ebene(n):
      ätherische)
   erforschen 93, 151
   himmlische (*siehe* Himmel)
   innere 80-81, 151 (*siehe auch*
      Ebene(n): innere)
   mentale (*siehe* Ebene(n):
      mentale)
   niedere 4
   physische 162 (*siehe auch*
      Ebene(n): physische)

   Reisen in (*siehe* Seelenreisen)
   Traum- 126 (*siehe auch* ECK:
      Traumwelten von)
   Weisheit erworben in 238
   von Zeit und Raum (*siehe* Zeit
      und Raum)
Wendepunkt 79
Wiedergeburt. *Siehe*
   vergangene(s) Leben;
   Reinkarnation
Wirklichkeit 155
Wisconsin 53
Wissen, Gewissheit 48, 52, 221.
   Siehe auch Sehen, Wissen,
   Sein
Wort(e)
   Baju (*siehe* Baju)
   geheime 180, 260
   HU (*siehe* HU)
   Mana (*siehe* Mana)
   -wissen 265
   Wirkung der 218
Wunder 34, 35, 39

Zauberer von Oz, Der 193, 196
Zeitspur 4, 135
Zeit und Raum 114, 189, 190, 222
Zensor. *Siehe* Traum, Träume:
   Zensor
Zuhören 52
Zukunft 191
Zweifel 31, 145, 270-71
Zyklus, Zyklen 146. *Siehe auch*
   Geburt: Zyklen der; Karma
   (karmisch): Zyklus des

Wie man mehr über Eckankar, Religion von Licht und Ton Gottes, erfahren kann

Warum sind Sie für Gott ebenso wichtig wie jedes berühmte Staatsoberhaupt, jeder Priester, Pfarrer oder Heilige, der jemals lebte?
- Kennen Sie den Sinn Gottes in Ihrem Leben?
- Warum erscheint der Wille Gottes so unvorhersagbar?
- Warum sprechen Sie mit Gott, aber praktizieren keine Religion?

Eckankar kann Ihnen zeigen, warum Gottes besondere Aufmerksamkeit weder zufällig noch einigen bekannten Heiligen vorbehalten ist. Sie gilt nämlich jedem Einzelnen. Sie gilt jedem, der sich dem Göttlichen Geist, dem Licht und Ton Gottes öffnet.

Die Menschen möchten das Geheimnis von Leben und Tod kennen. Um diesem Bedürfnis zu entsprechen, haben Sri Harold Klemp, der heutige spirituelle Führer von Eckankar, und Paul Twitchell, der Gründer von Eckankar in unserer Zeit, eine Reihe monatlicher Kurse geschrieben, welche die Spirituellen Übungen von ECK vermitteln. Sie können die Seele auf einem direkten Weg zu Gott führen.

Jene, die Eckankar studieren möchten, können diese besonderen Kurse erhalten, welche klare, einfache Anweisungen für spirituelle Übungen geben.

Die Mitgliedschaft in Eckankar beinhaltet:

1. Die Möglichkeit, Weisheit, Nächstenliebe und spirituelle Freiheit zu gewinnen.
2. Zwölf Kurse mit Informationen über die Seele, die spirituelle Bedeutung von Träumen, Techniken zum Seelenreisen und über Wege, eine persönliche Verbindung zum Göttlichen Geist herzustellen. Sie können sie allein zu Hause oder zusammen mit anderen in einer Klasse studieren.
3. Die *Mystic World,* ein vierteljährliches Rundschreiben mit einer Weisheitsnotiz und Artikeln des Lebenden ECK-Meisters. Sie enthält auch Briefe und Artikel von Schülern

von Eckankar aus der ganzen Welt. (Anmerkung: Sie erhalten die *Mystic World* auf Englisch. Eine deutsche Ausgabe ist über eine gesonderte Bestellung erhältlich.)
4. Besondere Zusendungen, um Sie über kommende Eckankar-Seminare und -Aktivitäten in der ganzen Welt, über neu verfügbares Studienmaterial von Eckankar und anderes zu unterrichten. (Bemerkung: Mit gewissen Ausnahmen ist Korrespondenz von Eckankar normalerweise auf Englisch.)
5. Die Möglichkeit, an ECK-Satsang-Klassen und -Buchbesprechungen an Ihrem Wohnort teilzunehmen.
6. Die Möglichkeit, zu einer Initiation zugelassen zu werden.
7. Die Teilnahme an bestimmten Treffen für Mitglieder von Eckankar bei ECK-Seminaren.

Wie Sie mehr erfahren

Um eine Mitgliedschaft in Eckankar mit Ihrer Kreditkarte zu beantragen (oder um eine kostenlose Mitgliedschaftsbroschüre zu erhalten), rufen Sie (nur Englisch) 001 (952) 380-2222 an, wochentags von 8 bis 17 Uhr zentralamerikanische Zeit. Oder Sie senden ein Fax an 001 (952) 380-2196, 24 Stunden täglich. Oder Sie schreiben an: Eckankar, Att: Information, PO Box 2000, Chanhassen, MN 55317-2000 USA.

Sie können auch die Haupt-Website von Eckankar www.Eckankar.org besuchen oder die regionalen Websites: www.Eckankar.at, www.Eckankar.ch, www.Eckankar.de.

Einführende Bücher über ECKANKAR

Wie man Gott findet
von Harold Klemp

Hier können Sie lernen, die Führung zu erkennen und zu deuten, die wir alle vom Göttlichen Geist in alltäglichen Ereignissen *bereits erhalten* und die uns zu innerer Freiheit, Liebe und göttlicher Führung leitet. Der Autor gibt uns spirituelle Übungen, die physisch, emotional, mental und spirituell anheben, und übermittelt einen Laut, HU, der eine Umwandlung bewirken und zur inneren Anhebung gesungen werden kann.

Frage den Meister, Buch 2
von Harold Klemp

Als ein spiritueller Führer für unsere Zeit erhält Sri Harold Klemp, der Mahanta, der Lebende ECK-Meister, von Tausenden auf der ganzen Welt Briefe. Ihre Fragen sind schwierig. Aber Sri Harold gibt mitfühlende, unumwundene und manchmal überraschende Antworten.

Seine Antworten sprechen zum Herzen, zur Seele. Sie helfen Ihnen, das Wirken der Liebe Gottes in Ihrem täglichen Leben zu erkennen. Seine Aufgabe ist es, Ihnen zu zeigen, wie Sie die spirituelle Stärke gewinnen, sich den Herausforderungen der heutigen Welt mit Hilfe der uralten Weisheit von Eckankar zu stellen.

Die Spirituellen Übungen von ECK
von Harold Klemp

Dieses Buch ist eine Treppe mit 131 Stufen. Es ist eine ganz besondere Treppe, denn Sie müssen nicht alle Stufen gehen, um oben anzukommen. Jede Stufe ist eine spirituelle Übung, eine Möglichkeit, wie Sie die inneren Welten erforschen können. Und was erwartet Sie oben? Das Tor zu spiritueller Freiheit, Selbst-Meisterschaft, Weisheit und Liebe.

Wer sind Sie? Warum sind Sie hier?
35 Goldene Schlüssel zu diesen Fragen
von Linda C. Anderson

Entdecken Sie 35 goldene Schlüssel, um Ihre spirituelle Bestimmung durch die uralte Lehre von Eckankar, Religion von Licht und Ton Gottes, zu meistern. Die dramatischen wahren Geschichten in diesem Buch kommen allem gleich, was man heute in der spirituellen Literatur findet. Lernen Sie Wege kennen, um unmittelbar mehr Liebe, Frieden und Zielbewusstheit in Ihr Leben zu bringen.

Diese und andere Eckankar-Artikel können Sie über örtliche oder Internet-Buchläden erhalten. Schauen Sie in Ihrem Telefonbuch unter **Eckankar** nach, um ein Eckankar-Center in Ihrer Nähe zu finden. Oder rufen Sie (nur Englisch) **001 (952) 380-2222** an, wochentags von 8 bis 17 Uhr zentralamerikanische Zeit. Sie können auch ein Fax an Eckankar senden unter 001 (952) 380-2196, 24 Stunden täglich. Oder Sie schreiben an: **Eckankar, Att: Information, PO Box 2000, Chanhassen, MN 55317-2000 USA.**

Vielleicht gibt es eine Eckankar-Studiengruppe in Ihrer Nähe

Eckankar bietet dem spirituellen Sucher eine Reihe örtlicher und internationaler Aktivitäten. Mit hunderten von Studiengruppen in aller Welt ist Eckankar auch in Ihrer Nähe! In vielen Gegenden gibt es Eckankar-Center, wo Sie in einer ruhigen Umgebung und ohne Druck die Bücher durchblättern und mit anderen, die ebenfalls an dieser uralten Lehre interessiert sind, sprechen können. Dort können Sie auch an neu beginnenden Gesprächsklassen teilnehmen, die sich damit beschäftigen, wie man die Eigenschaften der Seele erwirbt: Weisheit, Macht, Liebe und Freiheit.

In aller Welt veranstalten Eckankar-Studiengruppen besondere eintägige oder Wochenend-Seminare über die grundlegende Lehre von Eckankar. Für weitere Informationen besuchen Sie die Eckankar-Website unter www.Eckankar.org. Sie können in Ihrem Telefonbuch unter **Eckankar** nachsehen oder unter der Nummer **001-952-380 2222** anrufen (nur Englisch), um Informationen über eine Mitgliedschaft und die Ihnen am nächsten gelegenen Eckankar-Center oder -Studiengruppen zu erhalten. Faxen Sie an Eckankar unter 001 (952) 380-2196, 24 Stunden täglich. Oder Sie schreiben an: **Eckankar, Att: Information, PO Box 2000, Chanhassen, MN 55317-2000 USA.**

☐ Bitte senden Sie mir Informationen über ein Eckankar-Center oder eine Studiengruppe in meiner Gegend.

☐ Bitte senden Sie mir weitere Informationen über die Mitgliedschaft in Eckankar, welche ein zwölfmonatiges spirituelles Studium beinhaltet.

Bitte mit Schreibmaschine oder Druckschrift ausfüllen: 943

Name _____
        Vorname (first)   Nachname (last)

Straße (Street) _____ Nr. (Apt. #) _____

Ort (City) _____ (State/Prov.) _____

Postleitzahl (Zip/Postal Code) _____ Land (Country) _____

Über den Autor

Harold Klemp wurde in Wisconsin geboren und wuchs auf einem kleinen Bauernhof auf. Er besuchte eine zweiklassige ländliche Volksschule, bevor er auf die High School in einem religiösen Internat in Milwaukee, Wisconsin, kam.

Nach einem Theologiestudium in Milwaukee und Fort Wayne, Indiana, ging er zur US Air Force. Dort wurde er als Sprachenspezialist auf der Universität von Indiana und als Funküberwacher auf der Goodfellow Air Force Base in Texas ausgebildet. Es folgte ein zweijähriger Einsatz in Japan, wo er zum ersten Mal mit Eckankar in Berührung kam.

Im Oktober 1981 wurde er der spirituelle Führer von Eckankar, der Religion von Licht und Ton Gottes. Sein voller Titel ist Sri Harold Klemp, der Mahanta, der Lebende ECK-Meister. Als der Lebende ECK-Meister ist Harold Klemp für die kontinuierliche Weiterentwicklung der Lehre von Eckankar verantwortlich.

Seine Aufgabe ist es, den Menschen zu helfen, in diesem Leben ihren Weg zurück zu Gott zu finden. Harold Klemp reist zu ECK-Seminaren in Nordamerika, Europa und im Südpazifik. Er hat auch Afrika und viele Länder in der ganzen Welt besucht, um spirituellen Suchern zu begegnen und anhebende Vorträge zu halten. Von seinen öffentlichen

Vorträgen gibt es viele Video- und Tonbandkassetten.

In seinen Vorträgen und Schriften hat Harold Klemps Sinn für Humor und sein praktischer Umgang mit spirituellen Dingen vielen Menschen rund um die Welt dabei geholfen, Wahrheit und mehr innere Freiheit, Weisheit und Liebe in ihrem Leben zu finden.

International Who's Who of Intellectuals
Ninth Edition

Nachdruck mit freundlicher Genehmigung von Melrose Press Ltd., Cambridge, England, entnommen dem *International Who's Who of Intellectuals*, Ninth Edition, Copyright 1992 von Melrose Press Ltd.